土耳其：伊斯坦堡
棉堡 卡帕多起亞 安卡拉 番紅花城

34 

土耳其：伊斯坦堡.棉堡.卡帕多起亞.安卡拉.番紅花城/朱月華, 墨刻編輯部作. -- 初版. -- 臺北市：墨刻出版股份有限公司出版：英屬蓋曼群島商家庭傳媒股份有限公司城邦分公司發行, 2024.03
192面；16.8×23公分. -- (Mook city target ; 34)
ISBN 978-986-289-986-1(平裝)

1.CST: 旅遊 2.CST: 土耳其

735.19　　113001807

墨刻整合傳媒廣告團隊
提供全方位廣告、數位、影音、代編、
出版、行銷等服務
為您創造最佳效益
歡迎與我們聯繫：
mook_service@mook.com.tw

作者朱月華・墨刻編輯部
攝影墨刻編輯部
主編朱月華
封面設計羅婕云
美術設計許靜萍・駱如蘭・羅婕云
地圖繪製董嘉惠・墨刻編輯部

出版公司
墨刻出版股份有限公司
地址：115台北市南港區昆陽街16號7樓
電話：886-2-2500-7008／傳真：886-2-2500-7796
E-mail：mook_service@hmg.com.tw
發行公司
英屬蓋曼群島商家庭傳媒股份有限公司城邦分公司
城邦讀書花園：www.cite.com.tw
劃撥：19863813／戶名：書虫股份有限公司
香港發行城邦（香港）出版集團有限公司
地址：香港九龍土瓜灣土瓜灣道86號順聯工業大廈6樓A室
電話：852-2508-6231／傳真：852-2578-9337／
E-mail：hkcite@biznetvigator.com
城邦（馬新）出版集團 Cite (M) Sdn Bhd
地址：41, Jalan Radin Anum, Bandar Baru Sri Petaling, 57000 Kuala Lumpur, Malaysia.
電話：(603)90563833／傳真：(603)90576622／
E-mail：services@cite.my
製版・印刷漾格科技股份有限公司
ISBN978-986-289-986-1・978-986-289-989-2（EPUB）
城邦書號KV4034 **初版**2024年3月
定價380元
MOOK官網www.mook.com.tw
Facebook粉絲團
MOOK墨刻出版 www.facebook.com/travelmook
版權所有・翻印必究

執行長何飛鵬
PCH集團生活旅遊事業總經理暨墨刻出版社長李淑霞
總編輯汪雨菁
資深主編呂宛霖
採訪編輯趙思語
叢書編輯唐德容・王藝霏・林昱霖
資深美術設計主任羅婕云
資深美術設計李英娟
影音企劃執行邱茗晨
資深業務經理詹顏嘉
業務經理劉玫玟
業務專員程麒
行銷企畫經理呂妙君
行銷專員許立心
行政專員呂瑜珊
印務部經理王竟為

張子午攝

離開鎮上，往伊朗邊境的方向走，一眼就能看見高達5,137公尺的亞拉拉特山，終年積雪的山峰占據天際，壯觀無比。

張子午攝

國境之東的建築瑰寶

位在鎮中心東方6公里的山丘上，以撒帕夏宮殿(İshak Paşa Sarayı)建在三面都是懸崖的陡峭山丘上，氣勢磅礴的雄踞一方，多烏拜亞濟特及遠方連綿的山嶺開展在底下，壯闊而渺遠。

以撒帕夏宮殿建於17到18世紀之間，是當時統治鄰近區域王國的皇室所在地，集住居、軍事、行政、宗教、學術、後宮等功能於一身，融合了各個不同時期、文明的建築風格，包括塞爾柱、鄂圖曼、喬治亞、波斯、亞美尼亞……從細節到整體，像華麗的萬花筒令人目不暇給，在土耳其歷朝各代的建築中，有著非常獨特的地位。(門票70TL)

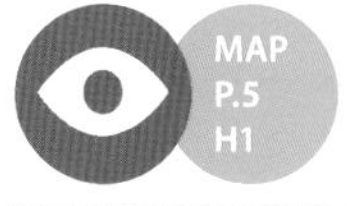

多烏拜亞濟特
Doğubayazıt

位在土耳其的極東之境，這個與伊朗交界的小鎮生活機能完備，居民以庫德族居多，由於位於邊境，軍人的身影無所不在。大部分旅人來此地是為了跨越邊境到伊朗，以及一睹土耳其最高峰亞拉拉特山(Mt Ararat)。據《聖經》記載，上帝讓大洪水淹沒地球，只有挪亞方舟滿載生物，最後停靠在亞拉拉特山峰上。

長途巴士站位於市區西方3公里，前往艾爾茲倫約4小時，主要大街上有多家客運公司售票處。市中心的Ağrı Caddesi另有多班小巴開往阿格德(Iğdır，車程45分鐘，可由此轉往卡爾斯)、凡城(車程約3小時)。鎮上主要街道為Dr. İsmail Beşikçi Caddesi，街上有幾家民營旅行社，可代為安排到亞拉拉特山附近健行、登山等活動。

場上的方尖碑竟是大老遠從埃及搬來！◎黑髮黑眼的父母親竟然會生出了金髮碧眼的小孩?!◎
大帝舉著十字架打下天下？◎查士丁尼大帝靠一根石柱治好頭痛?!◎ 藍色清真寺竟然是伊斯
築大師錫南最大的遺憾?!◎蘇丹收購中國藍白瓷器竟然是為了測毒?!◎托普卡匹皇宮垂簾聽政
」聽政?!◎宛若夢境的地下水池竟埋藏了1600年?!◎托普卡匹皇宮的《後宮甄嬛傳》一樣陰險
鯖魚三明治就在港邊的小船上現做現賣？◎番紅花城人人都是有殼蝸牛！◎伊斯坦堡的「東
哪裡？◎以弗所在兩千多年前就有沖水廁所了！◎古時男人上圖書館是為了招妓?!◎先知穆罕

竟是為了貓?!◎兩千多 年的阿芙洛迪特神殿劇院就有
賓座位！◎最古老的情 色廣告就在以弗所！◎千百年
票是動物骨頭做的?!◎ 只有指甲般大小的小餃子
味？◎在洞穴煙囪裡爬 上爬下只為了喝咖啡是怎麼一
◎布萊德彼特主演的電 影《特洛伊》大木馬竟立在大
!◎土耳其Lokum軟糖 在番紅花城最有名！◎卡帕多
「香菇頭」是怎麼長出 來的？◎美味燜肉就藏在陶甕
碧輝煌的朵瑪巴切皇 宮連君王都大喊太奢華了！◎

土耳其：

伊斯坦堡

棉堡 卡帕多起亞
安卡拉 番紅花城

34 City Target

蜜餅Baklava？來加濟安提普就對了！◎巡航博斯普魯斯海峽穿梭歐洲區和亞洲區◎在千年
石柱中泡溫泉享受獨一無二的經驗！◎高達兩公尺的巨型頭像群只在尼姆魯特山！◎挪亞方舟
在土耳其最高峰亞拉拉特山?!◎蘇菲教派不停旋轉的宗教儀式是為了接近真主阿拉？◎小亞細
的希臘羅馬遺址就在以弗所！◎亞歷山大大帝石棺裡埋的不是亞歷山大?!◎聖誕老公公的骨骸
利亞博物館?!◎ Nike球鞋打勾商標的設計靈感來自以弗所勝利女神浮雕?!◎朵瑪巴切皇宮水晶
達4.5公噸！◎賽馬場上的方尖碑竟是大老遠從埃及搬來！◎黑髮黑眼的父母親竟然會生出了金
的小孩?!◎君士坦丁大帝舉著十字架打下天下？◎查士丁尼大帝靠一根石柱治好頭痛?!◎ 藍色清
然是伊斯蘭世界建築大師錫南最大的遺憾?!◎蘇丹收購中國藍白瓷器竟然是為了測毒?!◎托普卡
垂簾聽政變成「隔窗」聽政?!◎宛若夢境的地下水池竟埋藏了1600年?!◎托普卡匹皇宮的《後宮甄
一樣陰險毒辣！◎烤鯖魚三明治就在港邊的小船上現做現賣？◎番紅花城人人都是有殼蝸牛！◎
堡的「東區商圈」在哪裡？◎以弗所在 MOOK 兩千多年前就有沖水廁所了！◎古時男人上
是為了招妓?!◎先知穆罕默德斷袖竟是為了貓?!◎兩千多年的阿芙洛迪特神殿劇院就有VIP貴賓
◎最古老的情色廣告就在以弗所！◎千百年前的戲票是動物骨頭做的?!◎只有指甲般大小的小餃
麼滋味？◎在洞穴煙囪裡爬上爬下只為了喝咖啡是怎麼一回事？◎布萊德彼特主演的電影《特洛
木馬竟立在大馬路旁?!◎土耳其Lokum軟糖在番紅花城最有名！◎卡帕多起亞的「香菇頭」是怎

土耳其：
伊斯坦堡
棉堡 卡帕多起亞
安卡拉 番紅花城

34 

contents

本書所提供的各項可能變動性資訊，如交通、時間、價格(含票價)、地址、電話、網址，係以2024年2月前所收集的為準，如果你在旅行中發現資訊已更動，或是有任何內文或地圖需要修正的地方，歡迎隨時指正和批評。你可以透過下列方式告訴我們：
寫信：115台北市南港區昆陽街16號7樓 MOOK編輯部收
傳真：02-25007796
E-mail：mook_service@hmg.com.tw
FB粉絲團：「MOOK墨刻出版」www.facebook.com/travelmook

行前大補帖——土耳其

前進伊斯坦堡先看這裡

伊斯坦堡景點名人堂

蘇菲教派不停旋轉的宗教儀式是為了接近真主阿拉？◎小亞細亞最熱門的希臘羅馬遺址就在

愛琴海&地中海 景點名人堂

P.109愛琴海&地中海

P.110伊茲米爾

【必看重點】濱海散步大道、卡迪菲卡雷堡壘、考古博物館、阿珊索爾塔

【周邊景點】貝爾加馬(佩加蒙)

P.118以弗所遺址

【必看重點】音樂廳、市政廳、曼努斯紀念碑、圖密善神殿與波里歐噴泉、海克力士之門、克里特斯大道、圖拉真噴泉、哈德良神殿、修拉斯提卡浴場、塞爾瑟斯圖書館、大理石大道、大劇院、港口大道

【周邊景點】以弗所博物館、聖約翰教堂、聖母瑪利亞之屋、徐林傑山城

P.128棉堡

【必看重點】石灰棚、棉堡溫泉、希艾拉波利斯遺址

【周邊景點】阿芙洛迪西亞斯遺址

P.138安塔利亞

【必看重點】安塔利亞博物館、卡雷齊老城區

【周邊景點】阿斯班多斯、杜頓瀑布

【如果有更多時間】特洛伊、博德魯姆藍色巡航、達里揚與蘇丹尼耶溫泉

安納托利亞中部 景點名人堂

P.149安納托利亞中部

P.150安卡拉

【必看重點】安納托利亞文明博物館、凱末爾陵寢、安卡拉大城堡

【周邊景點】哈圖夏遺址

P.160番紅花城

【必看重點】番紅花城歷史博物館、鄂圖曼宅邸

P.164卡帕多起亞

【必看重點】居勒梅、居勒梅戶外博物館、烏其沙、歐塔希沙、于爾居普、策爾維戶外博物館、帕夏貝、恰烏辛、阿凡諾斯、地下城、德弗倫特山谷、玫瑰谷與紅谷

【如果有更多時間】梅芙拉納博物館

黑海&安納托利亞東部 景點名人堂

P.181黑海&安納托利亞東部

P.182尼姆魯特山國家公園

【如果有更多時間】凡城、加濟安提普、特拉布宗、錫瓦斯、卡爾斯、珊樂烏爾法、多烏拜亞濟特

百年前的戲票是動物骨頭做的?!◎只有指甲般大小的小餃子是什麼滋味？◎在洞穴煙囪裡爬

um軟糖在番紅花城最有名！◎卡帕多起亞的「香菇頭」是怎麼長出來的？◎美味燜肉就藏在

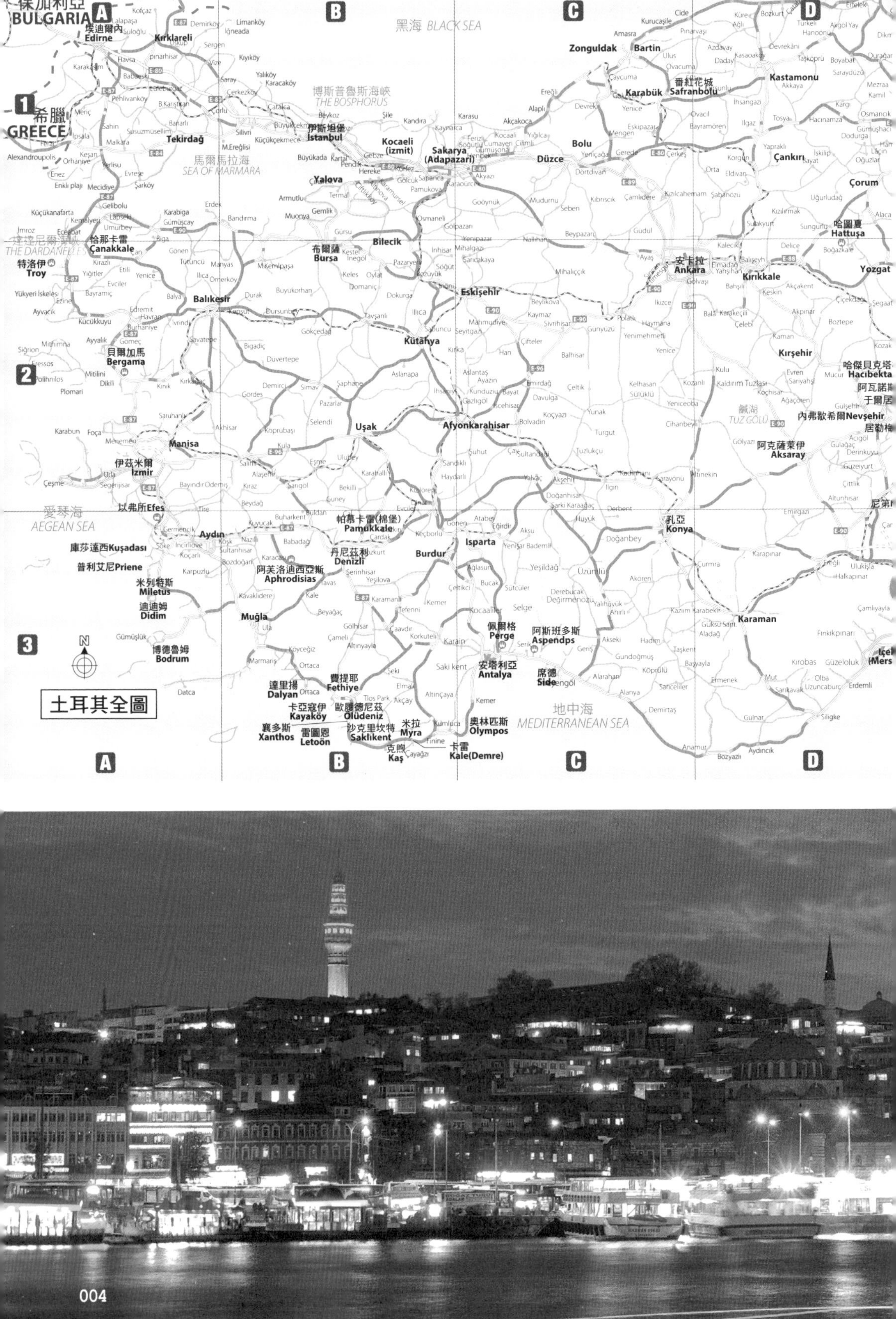
土耳其全圖
保加利亞 BULGARIA
希臘 GREECE
黑海 BLACK SEA
博斯普魯斯海峽 THE BOSPHORUS
馬爾馬拉海 SEA OF MARMARA
達達尼爾海峽 THE DARDANELLES
愛琴海 AEGEAN SEA
地中海 MEDITERRANEAN SEA
鹹湖 TUZ GÖLÜ
埃迪爾內 Edirne
伊斯坦堡 İstanbul
恰那卡雷 Çanakkale
特洛伊 Troy
貝爾加馬 Bergama
布爾薩 Bursa
伊茲米爾 İzmir
以弗所 Efes
庫莎達西 Kuşadası
普利艾尼 Priene
米列特斯 Miletus
迪迪姆 Didim
博德魯姆 Bodrum
阿芙洛迪西亞斯 Aphrodisias
帕慕卡雷(棉堡) Pamukkale
丹尼茲利 Denizli
費提耶 Fethiye
達里揚 Dalyan
卡亞寇伊 Kayaköy
歐魯德尼茲 Ölüdeniz
襄多斯 Xanthos
雷圖恩 Letoön
沙克里坎特 Saklıkent
米拉 Myra
克殉 Kaş
卡雷 Kale(Demre)
奧林匹斯 Olympos
安塔利亞 Antalya
佩爾格 Perge
阿斯班多斯 Aspendos
席德 Side
番紅花城 Safranbolu
安卡拉 Ankara
哈圖夏 Hattuşa
哈傑貝克塔 Hacıbekta
內弗歇希爾 Nevşehir
阿克薩萊伊 Aksaray
孔亞 Konya
Zonguldak
Bartin
Karabük
Kastamonu
Kocaeli (izmit)
Sakarya (Adapazarı)
Düzce
Bolu
Çankırı
Çorum
Yalova
Bilecik
Eskişehir
Kütahya
Balıkesir
Manisa
Uşak
Afyonkarahisar
Aydın
Muğla
Burdur
Isparta
Kırıkkale
Yozgat
Kırşehir
Karaman
Tekirdağ
Kırklareli
A
B
C
D
1
2
3
N

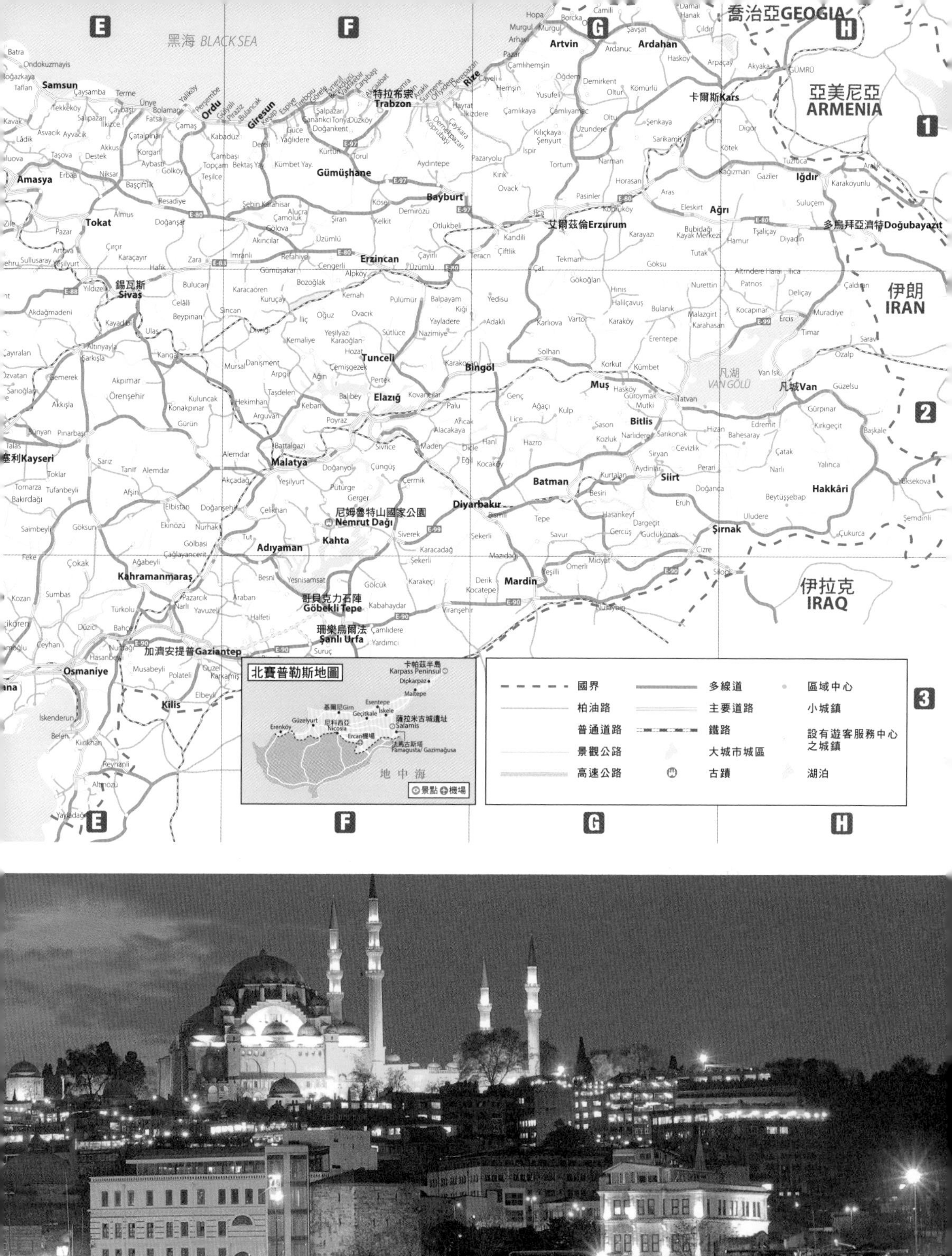
E
F
G
H
1
2
3
黑海 BLACK SEA
喬治亞GEOGIA
亞美尼亞 ARMENIA
伊朗 IRAN
伊拉克 IRAQ
Samsun
Amasya
Tokat
Ordu
Giresun
特拉布宗 Trabzon
Rize
Artvin
Ardahan
卡爾斯Kars
Gümüşhane
Bayburt
Iğdır
Ağrı
艾爾茲倫Erzurum
多烏拜亞濟特Doğubayazıt
Erzincan
錫瓦斯 Sivas
Tunceli
Bingöl
Muş
凡湖 VAN GÖLÜ
凡城Van
Elazığ
Bitlis
塞利Kayseri
Malatya
Batman
Siirt
Hakkâri
Diyarbakır
尼姆魯特山國家公園 Nemrut Dağı
Kahta
Adıyaman
Şırnak
Kahramanmaraş
Mardin
哥貝克力石陣 Göbekli Tepe
珊樂烏爾法 Şanlı Urfa
加濟安提普Gaziantep
Osmaniye
Kilis
北賽普勒斯地圖
卡帕茲半島 Karpass Peninsul
薩拉米古城遺址 Salamis
尼科西亞 Nicosia
基爾尼Girn
法馬古斯塔 Famagusta/ Gazimağusa
地中海
景點
機場
國界
柏油路
普通道路
景觀公路
高速公路
多線道
主要道路
鐵路
大城市城區
古蹟
區域中心
小城鎮
設有遊客服務中心之城鎮
湖泊

航向土耳其的偉大航道

護照辦理

什麼狀況下需要辦？

1.未持有護照。

2.護照效期不足6個月時。

哪裡辦？

首次申請普通護照者，需本人親自至領事事務局或外交部中、南、東辦事處辦理。若實在無法親辦，也必須先親自到戶籍所在地之戶政事務所辦理「人別確認」，再備齊相關文件，委託交通部觀光局核准之綜合或甲種旅行社代辦(一般加收約300~500元)，換發護照者不在此限。

◎外交部領事事務局

台北市濟南路一段2之2號(中央聯合辦公大樓)3~5樓 (02) 2343-2888(總機)、(02) 2343-2807~8(護照查詢專線) 週一至週五8:30~17:00，週三延長至20:00(以下各區辦事處皆同) www.boca.gov.tw

◎外交部中部辦事處

台中市南屯區黎明路二段503號1樓

(04) 2251-0799

◎外交部雲嘉南辦事處

嘉義市東區吳鳳北路184號2樓之1 (05) 225-1567

◎外交部南部辦事處

高雄市苓雅區政南街6號3~4樓(行政院南部聯合服務中心) (07) 715-6600

◎外交部東部辦事處

花蓮縣花蓮市中山路371號6樓 總機：(03)833-1041

如何辦？

相關規定在外交部領事事務局網站有詳盡説明，以下僅作簡要介紹。

◎辦證資料：

1. 身分證正本、正反面影本各1份(18歲以下者須另備父或母或監護人之身分證正本及正、反面影本各1份。14歲以下需準備戶口名簿正本及影本1份或最近三個月內戶籍謄本正、影本1份)。
2. 六個月內所照護照專用白底彩色照片2張。
3. 簡式護照資料表(未成年人及受監護宣告之人申請護照，應先經父或母或監護人在簡式護照資料表下方之「同意書」簽名表示同意，並繳驗新式國民身分證正本)。
4. 外文姓名拼音(可參考外交部領事事務局網站。換發新護照者，需沿用舊護照拼音)。
5. 役男申請短期出境須先至內政部役政司網站申請出國核准後，再行出國。
6. 換發護照者，需準備舊護照。

◎要多久？

一般件為10個工作天，遺失護照補發則須11個工作天。如果是急件，可以加價提前領取。

◎多少錢？

年滿14歲者之護照規費為1,300元，未滿14歲者之護照規費為900元。

◎效期

年滿14歲者之護照效期為10年，未滿14歲者之護照效期為5年。

土耳其短期觀光簽證辦理

因觀光及商務前往土耳其，得憑6個月以上且停留土國期限截止日起算，至少尚餘60天效期之普通護照，事先上網申辦停留期限30天之電子簽證，由該國陸、海、空邊境口岸入境，沒有特殊問題，送出申請後即刻可收到電子簽證。

要特別注意的是，申請電子簽證時所填資料必須與護照登載內容相符，否則該電子簽證將被視為無效而無法入境，入境時需提供列印出的電子簽證。

如果申請多次入境簽證，或因就學、工作等事由，則仍須預先向土耳其駐外使領館申辦適當簽證後，始能入境。

土國嚴禁攜帶違禁品及毒品入出境，列為管制之古物亦禁止攜帶出境。

◎駐台北土耳其貿易辦事處Taipei Türk Ticaret Ofisi

www.evisa.gov.tr 電子簽證費用：免費申請

110台北市基隆路1段333號19樓1905室

(02)2757-7318

旅遊諮詢與實用網站

◎土耳其文化及旅遊局Türkiye Ministry of Culture and Tourism

www.ktb.gov.tr/、goturkiye.com/

◎駐台北土耳其貿易辦事處Taipei Türk Ticaret Ofisi

110台北市基隆路1段333號19樓1905室

(02)2757-7318

◎駐土耳其代表處Taipei Economic and Cultural Mission in Ankara

Resit Galip Cad. Rabat Sok. No. 16 G.O.P. 06700 Ankara Türkiye

+90 (0) 312 436 7255~6 週一至週五9:00-17:00

www.roc-taiwan.org/tr/

飛航資訊

搭乘土耳其航空可直飛伊斯坦堡，其他航空公司都必須轉機，半夜才抵達伊斯坦堡的狀況很多，而回程班機也大多是早班機；在選擇航空公司、購買機票時，要依照自己的旅行計畫慎選航班才能享受愉快的旅程。從台北到伊斯坦堡，通常都得經過1~2個轉機航點，想要節省時間的話，可選擇轉機航點少，順向飛行航點的航班，例如亞洲籍航空公司航班。

◎台灣飛航土耳其主要航空公司

土耳其航空 www.turkishairlines.com

長榮航空 www.evaair.com/zh-tw/index.html

新加坡航空 www.singaporeair.com.tw

阿聯酋航空 www.emirates.com/tw/chinese/

韓亞航空 flyasiana.com/C/HK/ZH/index

馬來西亞航空 www.malaysiaairlines.com

卡達航空 www.qatarairways.com

土耳其行前教育懶人包

基本資訊

正式國名

土耳其共和國Republic of Türkiye

地理位置

位居歐、亞大陸交界，三面環海(愛琴海、地中海、黑海)，東北與高加索諸國(亞美尼亞、喬治亞)接壤，西北與東歐(保加利亞、希臘)相接，東部及東南部與中東(伊朗、伊拉克、敘利亞)為鄰。境內亞洲部分稱為安納托利亞(Anatolia)或俗稱的小亞細亞(Minor Asia)，約占總面積97%；歐洲部分稱為色雷斯(Thrace)，安納托利亞與色雷斯之間有博斯普魯斯海峽、馬爾馬拉海、達達尼爾海峽連接黑海和愛琴海。

面積

779,452平方公里

人口

約8,527.9萬人

首都

安卡拉Ankara

宗教

無官方國教的世俗國家。83%信奉伊斯蘭教，多數屬於遜尼教派(Sunni)，13%無宗教信仰，僅有少數2%的基督徒，以及為數更少的猶太教徒。

種族

絕大多數的土耳其人是從蒙古中亞一帶來的突厥人(Turks)，不過經過數千年的融合，早已混血東西方各色人種。此外，庫德族人(Kurds)有1,400萬人，其中約一半生活在安納托利亞東部，還有少數的阿拉伯人、亞美尼亞人、希臘人及猶太人。

語言

以土耳其語為主，屬烏拉爾阿爾泰語系(Ural-Altaic)，用拉丁文字書寫。

旅遊資訊

時差

雖然土耳其國土東西很寬，但統一成一個時區。2016年宣布廢除冬令時間，採用夏令時間，台灣時間減5小時為土耳其當地時間。

貨幣及匯率

土耳其幣稱為土耳其里拉(TL，Türk Lirası)，符號為 ，比里拉更小的輔幣為Kr(Kuruş)，1TL=100Kr。紙鈔幣值有5TL、10TL、20TL、50TL、100TL、200TL，硬幣則有1Kr、5Kr、10Kr、25Kr、50Kr、1TL。

1TL=NT$1.02(2024.02)，遊客可在機場、大型飯店、銀行及街頭對幣所兌換土耳其里拉，上述兌幣處的匯率有所差距，建議經過匯率比較再擇優兌幣。

電壓

220V，採雙圓頭插座。

國際電話

台灣直撥土耳其：002－90－城市區域號碼去0－電話號碼

土耳其直撥台灣：00－886－城市區域號碼去0－電話號碼

小費

土耳其沒有給小費習慣，但建議給飯店的床頭小費、行李員US$1小費。若是到高級餐廳用餐，拿到帳單時可先確認是否有列入服務費(servis ücreti)，若不含服務費，可根據服務品質給予總金額5~10%的小費。

住宿

旅館的土耳其語為Otel，民宿則為Pansiyon。民宿的房價約為1,500～2,500TL，若選擇使用公共衛浴，價格會更便宜一點。商務旅館的房價約為2,000～3,500TL，高級飯店的房價約為4,000～8,000TL，至於奢華飯店的房價則是萬元起跳。一般而言，土耳其的飯店比歐洲大部分地區便宜，尤其是逢淡季、透過旅行社或訂房網站都會比較便宜。

要注意的是，土耳其飯店的星級標準和一般認知有點落差，尤其是在中部和東部，有些號稱五星級飯店，但服務和設備可能不如預期。旅客可透過國際大型住宿搜尋網站比較訂房，有些民宿只接受以土耳其里拉現金付費。

飲水

自來水不可生飲，以買礦泉水或飯店的自來水煮開為宜。

網路

◎無線網路

土耳其是個無線網路普及的國家，咖啡館、餐廳、旅館、民宿、長途巴士甚至公園大多有免費的無線網路可使用，但旅館、民宿的網路連線品質不一，常出現找得到訊號卻無法連線，或是只能在大廳使用的狀況。

公共廁所要收費

男廁的土耳其文為Bay，女廁為Bayan，土耳其的公共廁所常要收費，巴士總站也不例外，記得準備些零錢以備不時之需。要注意的是，土耳其的蹲式廁所不會備有衛生紙，只有裝水的水桶，供如廁後淨身用；坐式馬桶則常有如免治馬桶般的沖水設施，但須自行手動打開水龍頭。

◎行動上網

手機開通國際網路漫遊是一種方式，不過費用相當高，建議使用當地電信公司發行的上網卡，或是在國內上網購買土耳其sim卡或歐洲跨國sim卡，抵達土耳其後隨插即用。

土耳其的三大電信公司為TURK CELL、Vodafone、Türk Telekom(國營電信)，三家公司都有推出可通話、傳簡訊、上網的預付儲值卡或固定流量套裝方案，機場大廳就設有櫃台，可詢問比較。購買時須出示護照，建議現場請門市人員協助開通，試用沒問題再離開。

◎WIFI分享器

若2人以上一起出遊，在台灣租借WIFI分享是比較好的方法，且可上網預訂、出境前在機場取貨。缺點是要多帶一台機器，此外，若是到比較偏僻的地方，訊號可能不太好。

最佳旅行時刻

土耳其幅員遼闊，東西狹長，愈向東走，海拔愈高。西部的愛琴海、地中海沿岸屬於地中海型氣候，夏乾冬雨；安納托利亞高原中央區夏天乾熱，冬天溼冷，春、秋最宜人；安納托利亞高原東部多高山峻嶺，冬季長而冷；黑海區多雨、潮濕。

大致而言，6月至8月是旅行旺季，氣候炎熱，遊客多，凡事得先預定；10月至翌年4月是淡季，氣候嚴寒，旅客較少；5月和9月則是介於淡旺季之間，氣候溫和。伊斯坦堡和其他地方又有些不同，旺季是4月、5月、9月和10月。

Did YOU Know

博物館卡好處多多！

土耳其文化觀光部在各區推出博物館卡，持卡可在限定天數內自由參觀指定博物館一次，天數的算法由進入第一間博物館開始計算。若有計畫參觀許多博物館或考古遺址景點，購買博物館卡可省下不少預算，而且，旺季時可避開排隊購票入館的人潮。

最方便、最超值的是「伊斯坦堡博物館卡Museum Pass İstanbul」，此外，還有適用於以弗所、佩加蒙等遺址的「愛琴海博物館卡Museum Pass the Aegean」、適用安塔利亞附近遺址的「地中海博物館卡 Museum Pass the Mediterranean」、以及「卡帕多起亞博物館卡 Museum Pass Cappadocia」。終極版是「土耳其博物館卡 Museum Pass Türkiye」，15天4,000TL讓你走遍全土耳其，不過，如果要購買此卡，記得要將漫長交通時間考慮進去。博物館卡可上官網購買，也在各大博物館售票處購買。

muze.gov.tr

國定假日及宗教假日

日期	節慶
1月1日	新年Yılbaşı
3月21日	諾魯齊節Nevruz
4月上旬-5月初	伊斯坦堡鬱金香節İstanbul Tulip Festival
伊斯蘭曆10/1，每年西曆日期不定，2024年為4/10-/12	開齋節Ramazan Bayramı
4月23日	國家主權及兒童日Ulusal Egemenlik ve Çocuk Bayramı
5月19日	凱末爾紀念日(青年體育節)Atatürk' u Anma Gençlik ve Spor Bayramı
伊斯蘭曆12/10，每年西曆日期不定。2024年為6/17-/20	古爾邦節(宰牲節)Eid al Adha
7月15日	民主及民族團結日Democracy and National Unity Day
8月30日	勝利日Zafer Bayramı
10月29日	土耳其共和國紀念日Cumhuriyet Bayramı

土耳其交通攻略

國內航空

土耳其國土面積約為台灣的22.5倍，東西寬1,550公里，南北長670公里，城市與城市之間的交通，飛行無疑是最節省時間的選擇，尤其是如果要從最西邊的伊斯坦堡前往土耳其東部，飛機才是最方便的交通工具。只是，大多航線都是往來伊斯坦堡和安卡拉，許多中型城市之間無航班直接往來，有時候還要經伊斯坦堡或安卡拉轉機。

土耳其國內的主力航空公司為土耳其航空，航點多，班次也頻繁。另還有許多廉價航空，價格甚至和長途巴士差不多，不同的航空公司有專營航線，班次也相當頻繁，能為旅程減少大量的交通時間。

注意搭機的機場及時間

如從伊斯坦堡出發，有可能使用歐洲區新的伊斯坦堡機場，或是亞洲區的Sabiha Gökçen機場，搭機前要注意起飛地點。此外，各處機場的國內線安檢都相當嚴格，若遇上熱門時段，作業速度很慢，建議至少提前三小時抵達機場。

◎土耳其航空Turkish Airlines

土耳其航空是土耳其的國籍航空，其國內航點高達四十多個城市、50座機場。

+90 212 463 6363 www.turkishairlines.com

◎Anadolu Jet

土耳其航空的副品牌，航線串連大約40座機場，又以安卡拉出發的航線為多，伊斯坦堡出發的航班使用亞洲區的Sabiha Gökçen機場。

0850 333 2538 www.anadolujet.com

◎SunExpress

也是土耳其航空的副品牌，大約串連二十座機場，主要為土耳其東部和南部海岸，又以安塔利亞和伊茲米爾之間最頻繁，沒有連接伊斯坦堡機場。

+90 232 444 0797 www.sunexpress.com.tr

◎Pegasus Airlines

航點及班次僅次於土耳其航空，串連四十多座機場，包括東部的Kars、Batman和Erzurum等地。

0850 250 6777 www.flypgs.com

鐵路系統

土耳其國鐵(TCDD)因「東方快車」而聞名，不過土耳其國鐵線路不夠周延，且車次少、速度慢，不如搭乘長程巴士便利，但另一方面，土耳其國鐵價錢便宜，特別是臥鋪設備不輸歐洲火車，所以，如果旅遊時間充裕，不妨嘗試一下搭乘土耳其火車的樂趣。

近年土耳其國鐵設備大幅改善，已有愈來愈多的人以火車作為旅行的交通工具，尤其是伊斯坦堡、安卡拉和孔亞之間的高速鐵路開通之後，大幅縮短旅行時間。要注意的是，搭乘旅客多，建議提早到車站以免耽誤搭車時間。

車站Garı

伊斯坦堡和安卡拉是鐵路系統最大的起迄站，其中尤以由安卡拉出發的火車網絡最密集。

伊斯坦堡有錫爾克吉車站(İstanbul Sirkeci Garı)、Halkalı Garı、海德爾帕夏(Haydarpaşa)、İstanbul Pendik等四座火車站，郊區火車馬爾馬拉線(Marmaray)可串連四座車站。

艙等

長距離火車分快車及特快車，座位分一等及二等，臥鋪(Yataklı)也分兩種，第一種為1~3人臥鋪，有洗臉台、床位也寬敞，第二種為4人一間的普通臥鋪。一等車及臥鋪都要預約。

路線

自2002年至今已建設了總長長達251公里的高速鐵路(Yüksek Hızlı Tren，YHT)路線，目前已經通車的高速鐵路路線包括：

İstanbul–Ankara
İstanbul–Eskişehir
İstanbul–Karaman
İstanbul–Konya
Ankara-Konya
Ankara-Eskişehir
Ankara-Karaman
Ankara-Sivas

除此，Ankara-İzmir在建設中。

其他較常被遊客利用的路線包括：

İstanbul–İzmir(其中包含一段渡輪到Bandırma)
İzmir–Selçuk-Denizli

費用及訂位

一般火車票價通常是巴士的一半，來回票又可省約20%。

訂票可到車站或旅行社預訂及查班次，也可上

土耳其國鐵網站查詢班次並購票。

www.tcdd.gov.tr

長途巴士

在土耳其國內移動，除了航空公司，長途巴士比想像中發達得多，現代、舒適、線路多、班次密集、車型新穎、有冷氣且禁煙，提供相當好的服務，而且票價相對便宜許多。

最大的缺點是土耳其國土太大，城市與城市之間的車程動輒七、八個小時，甚至十小時以上，做旅行計畫時得把車程估算進來。

若車程超過七、八小時，搭乘夜車最節省時間，同時可以節省一晚的住宿費，不過，由於路途並非全程平整，因此，是否要選搭夜車？搭夜車能否睡得安穩？得視個人狀況考量。

巴士車上設備齊全

口碑不錯的巴士公司（例如：Metro Turizm、Pamukkale Turizm、Kamil Koç）的車況都不錯，夜車則常搭到新車，分為一排4個位子或2+1的不同車款，雖然座位可傾斜的角度不算大，但座椅大多符合人體工學，還算舒適。

座位前方設有個人視訊螢幕，只是頻道不多或根本沒得選，車上另有訊號不太好的wifi，但至少可接上USB充電。冷氣大多很給力，搭夜車一定要多帶件外套或薄毯。

車上沒有廁所，長途巴士大約每2~3小時會停靠休息站，讓乘客上廁所或覓食，停留時間約15~30分鐘，在休息站上廁所記得要自備零錢。

長途巴士站

長途巴士站多在城郊，稱為Otogar或Garaj或Terminal，從市中心至車站多半有迷你巴士(dolmuşes)或市區巴士接駁，可以向旅館詢問，若向設在市中心的巴士公司辦公室購票，可直接詢問是否有Servis(就是指市中心到長途巴士站的免費接駁)，不過，接駁車車程較費時，若已經快趕不上巴士發車時刻了，還是搭乘計程車比較有效率。

同樣地，幾乎每個目的地也都有從車站到市中心的巴士，巴士公車大多也會提供免費接駁。不過，幾個有地鐵、電車等大眾運輸工具的城市並不提供接駁服務(Servis)，如伊斯坦堡、安卡拉、孔亞等地。

Otogar的搭乘處、號碼、前往地點都標示得很清楚，而且其內常有電信郵政局(PTT)、租車櫃台、旅行社、商店、餐廳、行李寄放處(Emanetçi)、咖啡館及服務中心、計程車招呼站，宛若一座大型商城。

購票與票價

購票(Billetı)可在市區內的巴士公司櫃台或直接到長途巴士站購買，除了旺季外，應該當天購買都有空位。為了確保行程順暢，在逢學校假期期間(6月中到9月中)、國定假日、週末，最好事先上網訂位購買。

土耳其巴士規定未婚男女的座位需要分開，若上網訂票就有明顯的男性區與女性區，現場買票的話，對外國旅客規定不嚴，一般不會多加詢問。

車上服務

車上有隨車服務人員，長途班車還會配備兩名。一上車就會細心招呼，一一確認每位乘客的下車地點，若搭乘夜車也會提前叫醒乘客，不用擔心睡過頭、坐過站。

中途停站休息時，服務人員會以土耳其語說明稍後發車時間，下車前務必和服務人員再次確認，以免錯過發車。

巴士上路一段時間後，服務人員會推著小車提供免費的茶、咖啡、果汁、礦泉水和小餅乾等，夜間巴士多半還會附簡單的早餐。

如果不知要前往的目的地該搭哪家公司的巴士，到了長途巴士站後可以先到服務櫃台詢問，櫃台人員會建議該前往哪些巴士公司櫃台。車站大廳的大型電子時刻表也會顯示城市、時間、公司、月台號碼等資訊。

出發前也可在巴士公司的官網上訂票，但通常只有土耳其文的網頁，此外，另可利用平台網站Obilet.com查詢時刻、票價和刷卡購票，但這個平台不一定會列出所有巴士公司和時刻，僅可作為參考，非旺季的話還是現場購票最好。

◎Obilet.com

www.obilet.com

主要巴士公司

◎Metro Turizm

路線遍及全土耳其主要城市和城鎮。

0850 222 3455 **www.metroturizm.com.tr**

◎Ulusoy

路線以土耳其西部、中部和黑海等區的主要城市為主。

+90 212 658 0278、+90 212 658 0279、+90 545 150 4141 **www.ulusoy.com.tr**

◎Pamukkale Turizm

以土耳其西部城市、愛琴海和地中海沿岸城市為主，班次頻繁且服務好。

www.pamukkale.com.tr

◎Kamil Koç

路線遍及全土耳其主要城市和城鎮，包含東部和黑海都有服務，網路口碑不錯。

www.kamilkoc.com.tr

租車自駕

開車自駕的便利性人人皆知，而且還可以深入大眾運輸到不了的地方。然而土耳其國土大，城與城之間路途遙遠，會耗去不少的時間、金錢、精神和體力，加上路況不明，土耳其的油價在全世界又可說數一數二貴，因此，並不鼓勵自駕走遍土耳其，建議以飛機、火車、巴士作長程移動，再租車作為小區域和近郊的交通工具，尤其是在卡帕多起亞地區租車自駕能發揮的功效最大。

先行預約

在國外租車旅遊，最重要的不外乎能挑到車輛種類齊全、有完善事故處理機制、值得信賴的租車公司。

建議先在台灣預約好租車，由於國外多為手排車，如果到了當地才臨櫃辦理，經常租不到自排車，建議先在網路上預約，不但比較能挑選到心目中理想的車型，還能仔細閱讀價格計算方式及保險相關規定，租起來比較安心，也不需擔心語言溝通問題。

租車和買機票一樣，越早訂車越便宜，即使是同一車款，不同租車公司也會有不同優惠方案，所以貨比三家絕不吃虧。此外，要注意大型租車公司多有提供甲租乙還的服務，但可能須另外加價，如果選擇當地租賃業者可能就無法提供此服務。

還車前記得把油加到取車時的位置，油量若不足會被收取缺少的油資，而租車公司的油價可能會比石油公司高。

目前只要是擁有網站的租車公司，基本上都可以透過網路預約，一些國際連鎖品牌如果在台灣設有分公司，更能溝通無礙處理好預約作業，只待到當地辦理手續、取車即可。

◎Hertz **www.hertz.com.tw**

◎AVIS **www.avis-taiwan.com**

◎Budget **www.budget.com**

◎Europcar **www.europcar.com**

記得辦好國際駕照

如果出國前已經確定要租車，記得要辦好國際駕照，並同時攜帶仍在有效期的台灣駕照備查。
須注意護照、駕照及信用卡上的英文姓名須一致，此外，若駕駛不只一位，第二位駕駛也要備齊所有證件，與主駕駛在取車櫃檯辦理登記。

渡輪

從伊斯坦堡要跨越馬爾馬拉海到對岸的布爾薩或其他城市，搭乘渡輪是較快速又方便的選擇，有的僅供人搭乘，有的則是人車通行，主要的碼頭和航線包括：

İstanbul (Kabataş)–Bursa

İstanbul (Kadıköy)–Bursa

İstanbul (Eminönü)–Bursa

İstanbul (Yenikapı)–Bursa、Bandırma、Yalova

◎BUDO

budo.burulas.com.tr

◎İDO(İstanbul Deniz Otobüsleri)

www.ido.com.tr

Top Highlights of Türkiye 土耳其八大絕色風情

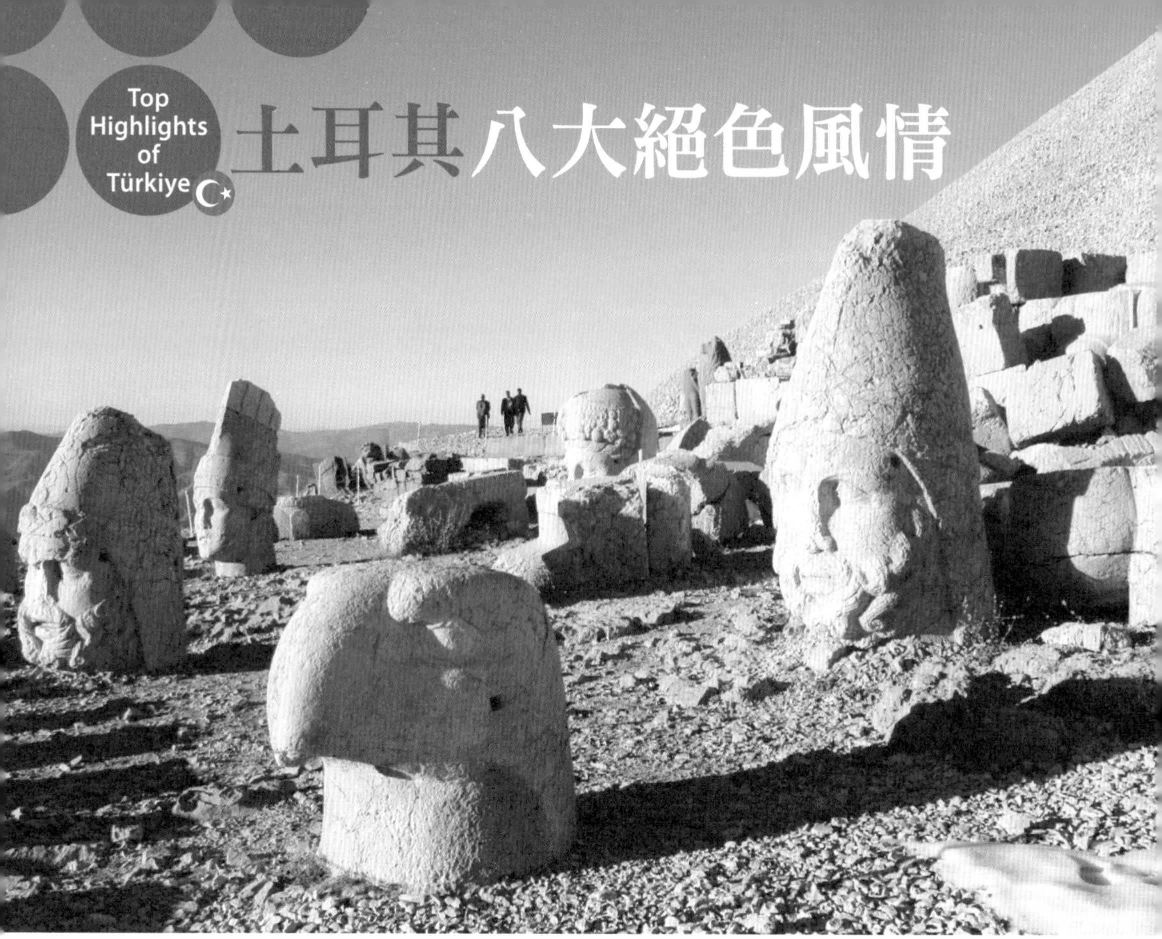

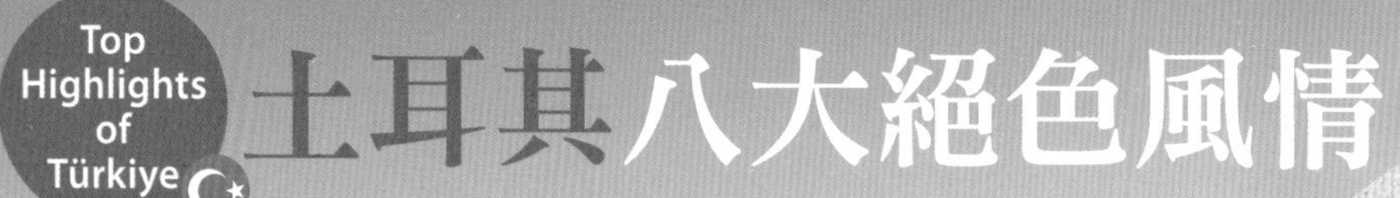

01 古代文明的交會點

土耳其歷史悠久、幅員廣闊、人文豐富，在這塊人稱「小亞細亞」(Minor Asia)的安納托利亞(Anatolia)高原上，自古就是亞、歐、非洲的交通要衝，多元文化匯集此地。

一百萬年前，安納托利亞便出現了人類的蹤跡，而一萬年前，山洞裡所發現的壁畫，是最早的文明痕跡。

從西元前1900年開始，在接下來的六百年間，安納托利亞出現了足堪與古埃及匹敵的西台帝國(Hitties)，雙方曾兵戎多年，並簽訂和平條約。隨後弗里吉亞(Phrygian)、里底亞(Lydian)幾經不同文明的入侵、融合來到了希臘文明。

西元前334年，亞歷山大大帝從希臘越過達達尼爾海峽來到土耳其，趕走波斯人，成功融合東西兩種文明，那時希臘文明的版圖極東可達今天的印度，整個小亞細亞的文明在當時發展至最高峰。

在三百年的希臘文明期間，藝術、建築、科學等成就可觀，愛琴海一帶的城市影響最深，規模最具代表的莫過於以弗所(Ephesus)和貝爾加蒙(Pergamon)兩大城。

後繼的羅馬文明進入小亞細亞之後，除了整修先前希臘時期的城市，為這些城市注入新的建築風格，同時也建立新城。在羅馬文明之後，基督教文明遍布小亞細亞，當時拜占庭帝國的君士坦丁大帝獨尊基督教。此時值得瞭解幾項聖經中的重要事蹟，包括：諾亞方舟於亞拉拉(Mt Ararat)山上岸；先知亞伯拉罕曾住在爾發(Urfa)和哈倫兩處；耶穌門徒聖保羅出生於塔索斯，並在小亞細亞全境內傳教；聖約翰在以弗所終；聖母瑪麗亞在當地安度她的晚年；聖經《啟示錄》中7座教堂也都座落於小亞細亞這塊土地上。

不過，現今的土耳其九成多人口信奉伊斯蘭，處處是清真寺，這些古文明遺蹟仍能保存至今，拜後繼文明的包容之賜，現代旅人才有眼福見證兩千年以上的古蹟。

02
鄂圖曼帝國不朽霸業

統治土耳其歷史長達八個世紀的鄂圖曼，幾乎就等於是土耳其的代名詞，它的興衰與榮辱，緊緊牽繫著每個土耳其人的命運。

鄂圖曼崛起於13世紀蒙古人入侵、拜占庭帝國衰敗，正需要新秩序的的權力真空期。1453年，麥何密特二世(Sultan Mehmet II)率軍占領君士坦丁堡，並改名為「伊斯坦堡」，也宣示了鄂圖曼的新紀元到來。到了16世紀，鄂圖曼帝國在蘇蕾曼大帝(Sultan Suleyman the Magnificent)的領導下，文治武功達到頂峰，疆土橫跨歐亞非三洲，從維也納到黑海、阿拉伯半島、北非埃及，全在它的掌握之下，占了世界六分之一的領土。

在後續的三百年，鄂圖曼國勢每下愈況，與此同時，歐洲人展開了航海世代，地理大發現扭轉整個局勢。過去鄂圖曼土耳其只要進犯歐洲，歐洲人便聞之色變，到了18世紀，歐洲人已經不再畏懼土耳其人，此時的鄂圖曼不但無力對外擴展勢力，在內政上，蘇丹們殘殺手足、宦官亂政、後宮淫亂、貪污腐敗，輝煌的帝國開始崩解，直到第一次世界大戰，鄂圖曼站錯了邊，同盟國戰敗，土耳其幾乎被列強瓜分，幸有凱末爾率軍抵抗外侮，推翻鄂圖曼，土耳其才得以發展成現代國家。

土耳其人對於鄂圖曼總是充滿愛恨情愁，一方面亟欲西化，決心與過去鄂圖曼腐敗的象徵一刀兩斷，一方面又緬懷偉大帝國曾經擁有的輝煌，即便一百多年過去，土耳其人還在追尋新的價值。

03
歐亞十字路口的民族大熔爐

土耳其人口約8,527.9萬人，是台灣的三倍多，其中多數的土耳其人屬蒙古利亞種的突厥種(Turks)，庫德族人(Kurds)約一千萬人，還有少數的阿拉伯人、亞美尼亞人、希臘人及猶太人。

突厥人是塞外民族，以遊牧為主，秦始皇一統天下的當時，突厥與匈奴有血親的關係，突厥在中亞建立了一些帝國後(如建泰姬瑪哈陵的印度皇帝就有突厥血統)，或自願、或被蒙古人一路往西推到了小亞細亞，也有還留在中亞沒跟過來的，今天從新疆的哈薩克族、維吾爾族到中亞的克爾吉斯、亞塞拜然、烏茲別克、韃靼……依血統都是突厥人，語言則同屬烏拉爾阿爾泰語系(Ural-Altaic)。

看土耳其古代的歷史圖片，會覺得古時的土耳其人長得像華人，只是鼻子高一點，但看現代的土耳其人，除了黑髮、黑眼外，相似處已不多，畢竟他們千百年來一路遷徙，南征北討，和各地人民通婚混血，像是和高加索人通婚就產下了不少金髮碧眼的後代。

庫德族是生活在土耳其、伊拉克、伊朗三國交界複雜地帶的不幸民族，他們血統上傾向伊朗人，也信奉伊斯蘭，但有自己的語言，這語言異於土耳其語、阿拉伯語、波斯語。由於它先天地理位置的不良，上述三國不是利用它來打擊異己，就是怕它反叛而全力鎮壓。

位於歐亞十字路口的土耳其，幾千年來，東西方各色民族在此交會，其實已經很難分辨誰才是「純種」的土耳其人，更有父母都是黑髮黑眼，卻出現隔代遺傳，生出了金髮碧眼的小孩，在這個民族大熔爐，什麼都有可能。

04
自由民主的伊斯蘭世界

穆罕默德在西元7世紀創立了伊斯蘭教，伊斯蘭信徒稱為「穆斯林」。小亞細亞的土耳其人約在8世紀時接受伊斯蘭，到今天，98%土耳其人信奉伊斯蘭，比例還高於伊朗、伊拉克等伊斯蘭國家，不過，相較之下，土耳其穆斯林的戒律不似鄰近中東國家那麼嚴明。

塞爾柱帝國時代對伊斯蘭的最大貢獻就是誕生了蘇菲教派(Sufi)，蘇菲精神追求靈修、摒棄物質上的需求，住在類似基督教的修院，跟隨高人修行，最有名的兩大派別為梅芙雷維(Mevlevi)及貝克塔虛(Bektashi)。

鄂圖曼帝國以伊斯蘭治國，到了凱末爾轉變為政教分離，所有的宗教學校歸教育部管，宗教導師一律由國家給付薪水，個人、家庭乃至於國家，都以《可蘭經》為修身、齊家、治國、平天下的唯一寶典。

土耳其的政教分離看在鄰近的以伊斯蘭治國的國家眼裡自是不大舒服，伊朗尤其處心積慮輸入許多「宗教特工」及金錢，企圖讓土耳其變成一個真正的伊斯蘭教國家。

雖然有些人高唱以伊斯蘭教治國，但土耳其人民奮鬥並享受了近百年民主憲政自由的好處(尤其是女性)，已令政教分離的民主自由在土耳其生根茁壯。

05 文明與奇岩的千年對話

土耳其境內有兩大一般人耳熟能詳的自然奇景，一是石灰岩地形的棉堡(Pamukkale)，一是火山岩地形的卡帕多起亞(Cappadocia)。

數百萬年前，卡帕多起亞附近火山大爆發，火山灰泥涵蓋了整片卡帕多起亞地區，岩漿冷卻後，經過風化及雨水的沖刷，刻出大地的線條，軟土泥沙流逝，堅硬的玄武岩及石灰華突兀地挺立，或形成山谷、或磨出平滑潔白的石頭波浪，還留下傳奇的仙人煙囪。

「棉堡」名稱的由來，當然是那片像白色棉花似的天然奇景，在層層相連如梯田的造型中，有天然溫泉從地底浮出，當陽光照拂這片「棉田」時，泉水映出藍綠色調，穿插於白色大地，美得驚人！

這片鬼斧神工的獨特景觀，其實是石灰岩岩體流滲出富含碳酸鈣的溫泉，湧冒的泉水依著地勢聚集環流，泉中所含的碳酸鈣慢慢釋出堆積成石灰華結晶，經過千年的累積，形成梯堤景觀。

令人稱奇的是，這些奇特地形不是單純的自然奇景而已，幾千年來，人類利用這些奇特景觀，共存共榮，留下文明的鑿痕，在卡帕多起亞，西台人、弗里吉亞人、波斯人、阿拉伯人、突厥人，在石上岩間，鑿出一段一段的歷史。在棉堡，則是希臘、羅馬、拜占廷的神殿與教堂。

來到這裡，既感受到大自然激起的驚奇，也體驗到了人類的智慧。

06
神秘的旋轉舞VS火辣的肚皮舞

旋轉舞發明自梅芙雷維的宗師梅芙拉納(Mevlâna)，舞者著白袍、戴黑帽，跟隨宗教音樂不斷地旋轉與阿拉溝通。

經過幾個世紀的演變，這項宗教儀式除了延續它的神秘性，也開放讓一般旅客觀賞，觀者看到的不只是不同顏色的圓袍裙張開旋轉的美麗畫面，更感受到僧侶們傳達平和和安詳的最高境界。

除了莊嚴的宗教性舞蹈，來到土耳其，還可以觀賞火辣的肚皮舞表演。

早在埃及壁畫中就可看到肚皮舞孃的舞姿，中東地區、伊斯蘭教世界則有各自肚皮舞的特色，其中，土耳其的肚皮舞不但是年輕人在舞廳的標準舞步，在結婚儀式上更可見男女大舞特舞。

國民舞步一變成土耳其頭號吸引觀光客的娛樂後，肚皮舞舞孃就穿著更露骨、舞姿更誇張了，加上土耳其民族舞蹈、音樂等娛樂，讓整個肚皮舞之夜更狂熱、更有娛樂性。輪番上陣的肚皮舞舞孃一定得穿著大膽、舞姿妖嬈，眼神誘人，而且肌膚雪白、肉不見骨，舞起來像是沒了骨頭一樣，軟腰又扭又抖。

時至今日，為了迎合愈來愈多的觀光客，處處充斥著娛樂性質過高的旋轉舞和肚皮舞表演，致使旋轉舞少了宗教性，肚皮舞少了藝術性，能否見識到「正宗的」，還得專程安排或碰碰運氣。

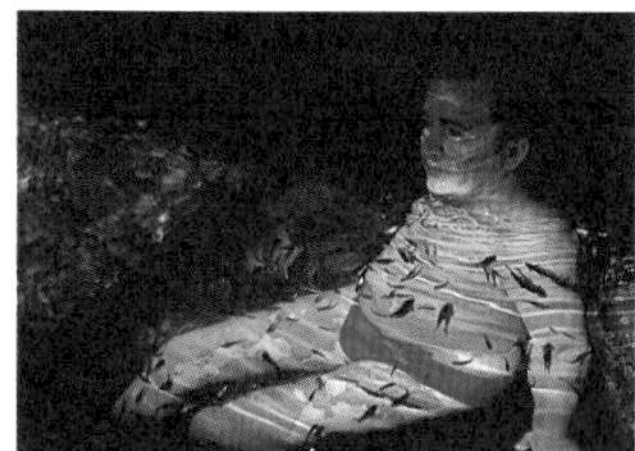

07 獨一無二的土耳其浴

洗土耳其浴(Hamam)對土耳其人來說，可是大事一件，星期五上清真寺祈禱前、男人入伍前、結婚前，都得將身體清洗乾淨，而利用大理石傳熱的浴場空間更是交誼、恢復疲勞的好地方，所以，土耳其人上從蘇丹、下至平民百姓，人人都愛洗土耳其浴。

土耳其浴場建築的特點就是屬圓頂建築，室內中央有一座大理石平台，圓頂上方通常都挖鑿許多孔洞，讓光線自然地透進來，在霧氣中更增氣氛，也讓被其高無比的濕氣和熱氣包圍的身體得到一絲絲清涼的安慰。

除了一般人耳熟能詳的土耳其浴，土耳其更擁有世界上絕無僅有的「魚療溫泉」，這是位於安納托利亞中部大城錫瓦斯(Sivas)附近的Balıklı Kaplıca溫泉，溫泉水裡悠遊著一種有本事耐高溫的小魚，這些「魚醫生」專治極難斷根的皮膚癬。

病患一入池，「魚醫生」就迅速自四方聚攏在病患的身邊，輕輕啄食病患身上的皮膚癬，牠們只啄食病人身上患皮膚癬的部位，不會碰觸健康部位的肌膚。因為療效卓著，來自全球各地的病患總是不遠千里而來。依據當地療養中心開出的療程所載，病患每天須入池兩次，在溫泉中浸泡兩次的總時數須達8小時，而這樣的療程須持續進行21天才見效。

除此之外，土耳其還有各種溫泉泥巴浴，淡水的、海水的，營造出一個「洗澡天堂」。

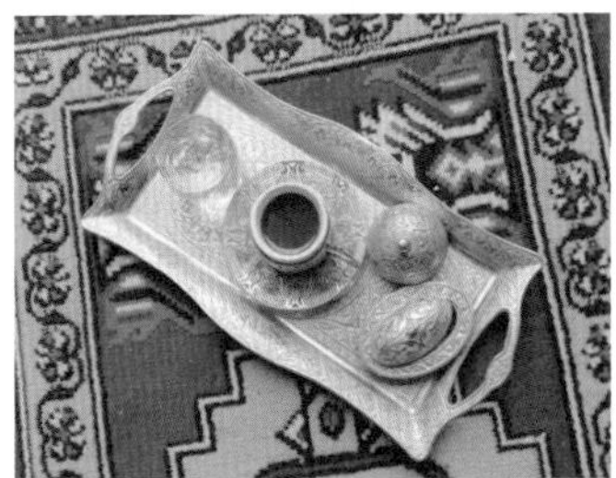

08
紅茶·咖啡·茴香酒

茶！茶！茶！土耳其人不可一日無茶，不可一日少於十杯茶。

土耳其人愛喝茶的習慣源自中國，所以，土耳其語的茶就叫Cay。既然全民皆如此嗜茶，茶館可得主動出擊服務人客，於是街上常常可見到茶館提著土耳其風味十足的提茶盤，上面放著好幾杯紅茶四處送茶。

街頭流動茶攤也很有趣，等公車來杯茶，等人也可以路邊小桌椅坐坐等送茶，總而言之，Cay！Cay！Cay！

除了茶，土耳其咖啡也是一絕，多渣多沙的土耳其咖啡味道香醇，而很多人點一杯土耳其咖啡是為了算命，這是土耳其咖啡無可取代的樂趣，所以，不管你喜不喜歡土耳其咖啡的滋味，值得親嘗體驗。

雖說伊斯蘭教規戒律包括禁酒，但土耳其卻有一種含有酒精成分的國飲「拉克」(Rakı)，也就是茴香酒。拉克又名「獅子奶」，是將榨出葡萄汁後的葡萄皮再蒸餾得出的高酒精度飲品，摻入茴香，酒精高達45度。初看像伏特加一樣透明，一摻水就變成奶白色，還有一點甘甜，一飲而盡，土耳其的豪氣盡在不言中。

Architecture & Arts of Asia Minor

文明古國的建築藝術

土耳其歷史悠久、幅員廣闊、人文豐富，在這塊人稱「小亞細亞」(Minor Asia)的安納托利亞(Anatolia)高原上，自古即是亞、歐、非洲的交通要衝，各方文化匯集此地，締造出融合東西特色的文明古國。在隨便拾起一塊石頭便是千年古蹟的土耳其，所遺留下來的建築正是偉大文明的見證，本單元依照歷史脈絡，一一剖析每個時代的建築特徵，讓遊客在追逐複雜古蹟的同時，可以清楚明瞭歷史脈絡和必看重點。

西台帝國

獅身人面像

不只是非洲的埃及，在亞洲的西台帝國也有獅身人面像，其人頭形象取材自埃及的哈特女神(Hathor)。

神獸浮雕

半獅半鷲獸、雷神等浮雕最能代表西台帝國的形象。

©Turkey Ministry of Culture and Tourism

獅子門或獅身人面像門

對西台人來說，獅子可以把惡靈擋在城外，整座哈圖夏城共有6座城門，獅子門是其中之一。其他的城門還包括獅身人面像門、王者之門等，都有守護城池的意象。

◎相關遺址與博物館

- 哈圖夏城遺址Hattuşaş
- 安納托利亞文明博物館Anadolu Medeniyetleri Müzesi
- 伊斯坦堡考古博物館İstanbul Arkeoloji Müzesi

希臘與希臘化時期

四大柱式

多立克柱式(Doric)：柱頭沒有什麼裝飾，質樸、單純有力，體現希臘文化早期和諧一致、質樸端莊的精神。

愛奧尼克式(Ionic)：樑柱頂端兩側的兩個大型渦卷形裝飾(有人稱為山羊角)，柱身則呈現輕巧優美。

科林斯式(Corinthian)：樑柱頂端猶如百花爭放的花束，其柱身亦遠較愛奧尼克式柱更苗條與華麗，體現出希臘建築晚期追求華美之特性。

複合式(Composite)：愛奧尼克式的山羊角和科林斯式的美麗花穗被混在一起，呈現一種更複雜的風格。

柱廊

柱廊是希臘人一項簡單卻影響深遠的發明，它簡單利用圓柱和楣的原理，串連成多用途的長廊柱，提供一個可坐下、遮蔭、交易的空間。

圖書館

圖書館是希臘化時期發展出來的建築，主要是埃及托勒密王朝時代的發明，後來這個功能性建築也傳到小亞細亞和近東，成為博物館的前身，在佩加蒙和以弗所都各有一座。

劇場

劇場是希臘人祭祀酒神的慶典場地，建有一座圓形或半圓形的舞台供慶典中合唱和舞蹈表演使用，並搭配大量座位的觀眾席，觀眾台多半依著山勢而建。通常劇院旁會有一座酒神的神殿。

◎相關遺址與博物館

- 佩加蒙遺址Pergamum
- 特洛伊遺址Troy
- 以弗所遺址Efes / Ephesus
- 希艾拉波利斯遺址Hierapolis
- 阿芙洛迪西亞斯遺址Afrodisias
- 伊斯坦堡考古博物館İstanbul Arkeoloji Müzesi

羅馬帝國

羅馬風格大劇場

羅馬劇場在舞台和觀眾席之間，會建一處半圓形場地供樂團演出，而舞台的設計也相當複雜，例如阿斯班多斯的劇場牆面，兩層樓原有40根石柱，柱與柱之間均有神龕與神像裝飾。

競技場(運動場)

以阿芙洛迪西亞斯遺址為例，建於西元2世紀，讓人讚嘆古羅馬人的建築功力。當時羅馬人主要作為賽跑、格鬥、拳擊等競賽，也兼作為競技場和賽馬場，可以容納三萬人。

浴場

古羅馬浴場已有完備的洗浴設備，進入大廳的兩側分別為不同的功能廳，如：更衣室、熱水池、冷水池、蒸氣浴等，地底下更隱藏著燒水火爐室、下水道、引水設施等精良的硬體配備。

馬賽克鑲嵌畫

羅馬時代的人們擅長用大理石、石塊、彩色玻璃、碎磁磚當作繪畫的材料，這就是一般人熟知的馬賽克，因為不變色也不容易毀壞，而有「永恆之畫」之稱。

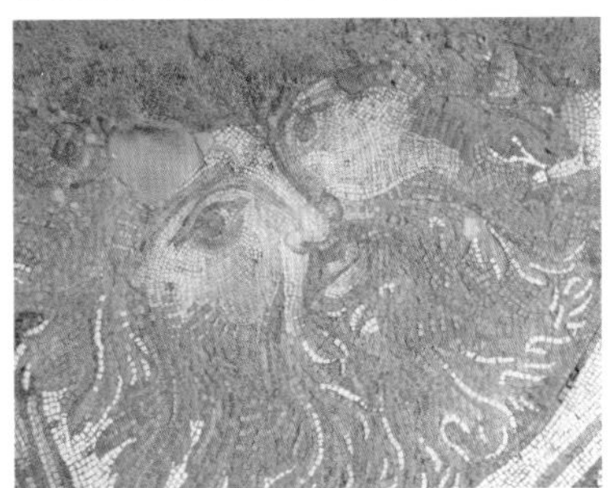

音樂廳或議事廳

古羅馬時為市府高級官員開會的議場，也兼作音樂廳的用途。看台後方有高牆、兩側有入口，看台與舞台間有供樂團演奏的半圓形空間，其設計仿照劇場，但多了屋頂，只是現在的遺址已不見屋頂，明顯特徵是面積比劇場小的多。

◎相關遺址與博物館

- 希艾拉波利斯遺址Hierapolis
- 阿芙洛迪西亞斯遺址Afrodisias
- 以弗所遺址Efes / Ephesus
- 佩爾格Perge
- 阿斯班多斯Aspendos
- 安塔利亞考古博物館 Antalya Arkeoloju Müzesi
- 伊斯坦堡考古博物館 İstanbul Arkeoloji Müzesi
- 大皇宮鑲嵌畫博物館 Büyük Saray Mozaik Müzesi

水道橋

在羅馬時代，通常由埋在地下的水管輸送用水，如果須露天穿越山谷，就要架設水道橋，這是既具有功能性又相當美觀的建築設計，目前在伊斯坦堡市區可以看到。

拜占庭帝國

黃金鑲嵌畫

拜占庭帝國把羅馬時代的馬賽克技術發揚光大，貼上金箔成為金碧輝煌的黃金鑲嵌畫，經常使用在教堂頌揚基督及描繪聖經故事。

拜占庭式柱頭

有別於希臘羅馬時代粗大的柱子以及四種主要柱頭樣式，拜占庭時代建築的柱子普遍來說都比較細，柱頭的雕花也極為細緻。

濕壁畫

鑲嵌畫的製作成本昂貴，到了10世紀漸漸以濕壁畫取代，其畫法是先在牆壁上抹幾層灰泥，在倒數第二層上勾出藝術家要畫的圖形，然後刷最後一層石灰漿，趁石灰漿未乾之前，用一種水性塗料在上面繪畫。

◎相關遺址與博物館

- 聖索菲亞清真寺 Ayasofya Camii / Hagia Sophia Mosque
- 地下宮殿水池Yerebatan Sarnıçı
- 卡里耶博物館Kariye Müzesi
- 居勒梅戶外博物館Göreme Açık Hava Müzesi

塞爾柱帝國

塞爾柱式浮雕花紋大門

這是塞爾柱建築的最大特色，不論是清真寺還是商旅驛站，來到這些厚重的巨大建築之前，第一眼一定會被大門拱頂上的繁複雕刻花紋所吸引。

塞爾柱宣禮塔

不像後來鄂圖曼清真寺的宣禮塔都細細長長，而且從1根到6根不等，塞爾柱的宣禮塔通常只有一根，而且形狀怪異，有的像笛子、有的像煙囪。

商旅驛站

安納托利亞高原過去一直是絲路上重要的貿易衢道，商旅暫宿的驛站目前在土耳其境內還保留四十多座。驛站主要分成兩大部分，開放式的庭院主要用於夏天，有頂的室內則是冬天防寒的庇護所，驛站四周由迴廊所環繞，主要大門面對東方，上頭雕刻得十分華麗，非常典型的塞爾柱樣式，此外還建有清真寺、餐廳、澡堂、房間，以及繫牲口的地方。

◎相關遺址與博物館

- 梅芙拉納博物館Mevlâna Müzesi
- 意弗利叫拜塔Yivli Minare
- 呼納特哈同清真寺建築群Hunat Hatun Külliyesi
- 沙赫比耶伊斯蘭宗教學院Sahabiye Medresesi

鄂圖曼帝國

鄂圖曼蘇丹印璽與阿拉伯字書法

伊斯蘭教禁止偶像崇拜，因此以文字代替，成為伊斯蘭教世界最偉大的藝術之一。在清真寺、皇宮等地，很容易找到既是教義，也是裝飾的阿拉伯文可蘭經文字，或蘇丹印璽的鄂圖曼文字，美麗而典雅；裝飾文字發展到頂點後，成了押花圖型，成了裝飾性最高的表現手法。

圓頂

典型的鄂圖曼圓頂，是由建築師錫南創作出來的，由一個大圓頂與數個小圓頂以金字塔的形狀組合起來，讓小圓頂的圓拱分散大圓頂的壓力，不僅有力學上的科學根據，更創造出視覺上的美感。

鄂圖曼巴洛克式水池

水池通常坐落在街角，在18世紀，鄂圖曼因受到西方建築影響，充滿歐洲巴洛克風格，圓的、波浪狀及彎曲的線條主宰了建築的樣貌。

鄂圖曼宅邸

鄂圖曼建築不只是清真寺、皇宮，在民宅方面，典型的鄂圖曼房子的結構是木造的，一般有兩層或三層樓，樓層之間以樑托結合。木結構架好之後再填塞泥磚，最後再塗上乾草、泥巴混合的灰泥。一棟房子裡約有10到12間房間，並劃分成男區和女區，房間裡通常嵌有壁龕、櫥櫃及壁爐。

伊茲尼磁磚

離伊斯坦堡不遠的伊茲尼因為產高品質的白陶土，所燒製的磁磚專供皇家御用，後來鄂圖曼天才建築師錫南大量將伊茲尼磁磚用在建築的裝飾，除了伊茲尼藍，還有亞美尼亞紅，並畫上鬱金香、玫瑰、罌粟等花紋，把伊茲尼磁磚帶向藝術的境界。

土耳其浴場

土耳其浴場有個特點，就是中央有大理石的大平台，同時是個圓頂建築，圓頂上通常都鑿著許多孔，讓光線自然地透過來，在霧氣中更增加氣氛。

◎相關遺址與博物館

- 藍色清真寺Sultan Ahmet Camii
- 托普卡匹皇宮Topkapı Sarayı
- 蘇雷曼尼亞清真寺Süleymaniye Camii
- 屢斯坦帕夏清真寺Rüstem Paşa Camii
- 千貝利塔栩土耳其浴場Çemberlitaş Hamamı
- 番紅花城Safranbolu

Best Taste in Türkiye

玩土耳其要吃什麼？

位於歐亞非交界的土耳其，料理融合了中亞、中東與地中海特色，因土耳其祖先突厥人是游牧民族，因此烤肉、烤餅、酸奶(即優格)構成其料理的基礎，又因境內物產豐富，高山植物提供香料來源，變化出各種豐富菜餚。最後能把土耳其菜推向精緻化，要歸功於鄂圖曼帝國，長達8個世紀的統治，宮廷美食影響民間甚鉅，使得土耳其菜在世界美食占有一席之地，和中國菜、法國菜並稱世界三大菜系。

土耳其早餐

土耳其早餐基本盤是銅盤番茄蛋(Menemen)、橄欖、生菜、蜂蜜、果醬、起士、水果、酥餅、麵包，大大小小的碗盤碟子擺滿大桌子，講究一點的，果醬、起士和麵包各有3~5種任君挑選，當然，一定要搭配鬱金香杯紅茶。

銅盤番茄蛋以橄欖油炒香番茄丁，加入番茄糊、青椒或碎肉拌炒，最後打入蛋液，吃起來像比較乾的番茄炒蛋。除了銅盤番茄蛋和烤過的溫熱麵包，早餐大多是冷食。

抹醬中少不了讓人又愛又罪惡的濃厚奶油(Kaymak)，這是一種中亞、小亞細亞和巴爾幹地區常見的高度濃縮奶油。做法是將牛奶或羊奶煮沸後，持續長時間慢火煨煮，靜置放涼後形成塊狀奶油，乳脂肪含量極高，但濃郁的乳香讓人忘記熱量。

土耳其人相當重視早餐時間，用豐盛的早餐開啟一天，同時也與家人、朋友聚會聊天，反映出土耳其人享受生活的態度。入住各地的民宿有機會感受到土耳其人的早餐慢生活，伊斯坦堡的獨立大道上也有許多咖啡館供應早餐。

燉菜Sulu Yemekler

在大眾食堂裡最常看到各式各樣的燉菜，比烤肉便宜，上菜又迅速。餐館中較講究的燉菜是以豐富的蔬菜和肉塊塞滿個人陶盅，滋味濃郁、香氣十足，最適合搭配香料飯，是安納托利亞地區常見的料理。

Orman Kebabı

按照字面的意思稱為「森林烤肉」，但其實是燉菜的一種，將羊肉、馬鈴薯、豌豆一起燉煮。

Kuru Fasulye

這是道非常家常的土耳其菜，用番茄糊和紅甜椒粉燉煮白扁豆，常用來淋在米飯上，營養價值高。

Güveç

「Güveç」意思就是「燉」，在個人版小陶盅或大陶鍋內塞滿洋蔥、大蒜、迷迭香、紅酒、小茴香，以及茄子、番茄、節瓜、胡蘿蔔等蔬菜，長時間燉煮羊肉(Kuzu)或雞肉(Tavuk)，蔬菜的甜味在陶盅裡融合，肉塊軟爛入味，不管搭配土耳其奶油飯或麵包吃都適合。

麵食Hamur İşleri

土耳其的麵食五花八門，不同形狀、不同包裹方式，或是不同吃法，就有不同名稱，如果不是土耳其當地人，很難分辨其中的異同，有人以Pide來總稱所有的相關餅類，但其實不然。

Gözleme

Gözleme是來自安納托利亞高原的傳統小吃，一種包餡的煎餅，餡的內容多是起司、波菜或肉末，路邊常可見到包著頭巾、正在煎餅的婦人。

Pide

Pide可以說是土耳其的厚Pizza，做成一艘船的形狀，上頭放了碎肉和碎蛋稱為Kıymalı Pide，也可加入馬鈴薯或乳酪，咬勁十足，越嚼越香，沒加內餡時常搭配燉菜或烤肉。

Lahmacun

Lahmacun像是薄皮Pizza，傳自阿拉伯，通常上面會有肉末和洋蔥的混合，也會加上番茄或芝麻葉一起吃。

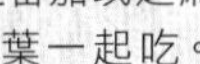

Mantı

麵皮包肉餡，稱為Mantı，像義大利餃(ravioli)，但個頭小很多，大約只有大拇指的指甲大小，麵皮特別有嚼勁，內餡為牛絞肉混合香料。可以清炒或搭配醬汁，常見以奶油番茄糊為底，再淋上大蒜混合原味優格的白醬。

Lavaş

Lavaş是一種烘烤出爐鼓脹像座小山，一撕開就會扁平的麵包，塗奶油、起司，熱時吃滋味佳。

Sigara Böreği

麵皮包白乳酪再炸，形狀像香菸，也像中國菜的小春卷，是土耳其常見的家常點心。

前菜與沙拉Meze & Salatası

也許很多人不解土耳其菜何以能號稱第三大菜系，但一看到Meze就明白了。Meze是前菜的意思，但到底有多少種？就連土耳其人也會被問倒，Meze數也數不清，聲勢之壯大遠遠超過主菜，可以是肉類、魚類，也可以是蔬菜，冷的、溫熱的，再淋上香濃的橄欖油，而一般人熟悉的沙拉也可算成Meze之一。

Biber Dolması

最著名、也最常見的Meze是Dolma，「Dolma」意思是填滿，把乾番茄、茄子或青椒挖空，填入米飯、肉或起士，都會用上這個字，Biber Dolması就是青椒塞肉或塞米飯。

Çoban Salatası

標準的沙拉，番茄、洋蔥、小黃瓜、青椒等蔬菜裝盤，再淋上橄欖油。

Domates Dolması

在番茄內填入餡料的Dolma。

Yaprak Sarması / Yaprak Dolması

Yaprak Sarması是用鹽醃過的小葡萄葉捲飯，米飯以橄欖油拌炒洋蔥和香料，有時候會加入松子增加口感和氣味，烹煮時在鍋內放入檸檬切片，所以味道微酸，和粽子不一樣，葉子也可以吃下肚，味道有點苦澀。雖然小小一卷，也挺有飽足感。

Kırmızı Biber

醃漬紅椒，有強烈的大蒜味。

Enginar

市場上到處都看得到朝鮮薊，嚐嚐這道橄欖油漬朝鮮薊，非常清爽可口。

Yoğurtlu Semizotu

新鮮蔬菜拌上大量的Tzatziki優格醬。Tzatziki醬是土耳其和希臘飲食常見的醬料，白色醬汁以優格、黃瓜、大蒜、薄荷、鹽與橄欖油調製，微酸清爽，除了拌蔬菜也適合搭配烤肉。

Pilaki / Fasulye Pilaki

白扁豆與洋蔥、大蒜、番茄、糖和橄欖油一起燉煮，放涼後當作前菜，有時也會在烹調時加入紅蘿蔔和馬鈴薯丁，要吃的時候拌入香菜，擠幾滴檸檬，相當開胃。

Humus

鷹嘴豆泥，中東地區常見的菜色，味道濃郁，蘸著麵包吃。

Karışık Meze

想要一次品嚐多種味道就點綜合Meze，視覺上就是一大享受。

海鮮Deniz Ürünleri

土耳其北、西、南三面分別被黑海、地中海、愛琴海和馬爾馬拉海包圍，沿海城鎮的海鮮種類多元，但沒有發展出獨到的調理方式，主要受到希臘飲食的影響，訴求食材原味，大多以橄欖油簡單煎烤，加上檸檬、羅勒、茴香等天然香料調味，內陸的海鮮料理則以鱒魚為主。

Alabalık Tava

這道煎烤鱒魚，在有河流的內陸地區都吃得到。

Hamsi Tava

鯷魚是伊斯坦堡的魚市餐廳最常見的魚種，價格也最便宜，通常起大鍋油炸，街頭小吃店也常見到。

烤肉Kebabı/ Kebap

「Kababı」源於波斯文「煎烤肉類」，據說源於波斯的士兵在曠野中使用劍來烤肉，而波斯人以香料醃製肉類再火烤的方式，透過塞爾柱民族傳到整個中亞地區，就是現在土耳其烤肉的前身。各種烤肉料理都稱為Kababı，烤魚和蔬菜也可以稱為Kababı，但依據調味和呈現方式又發展出多種變化，各地略有不同。

Cağ Kebap

Cağ Kebap是直立旋轉烤肉Döner Kebabı的祖師爺，只不過是水平旋轉。把大塊肉排一層層串在大鐵叉上，整個大肉串不斷旋轉，讓外層均勻受熱烤成金黃色，用刀削下外層香酥的部分，串在小鐵叉上，放在盤中上桌，搭配一種類似春捲皮的薄餅食用。

Adana Kebabı

阿達納烤肉起源於土耳其南部的Adana省，特色是又香又辣。把羊肉與牛肉磨碎攪拌，加上洋蔥、蒜頭、紅辣椒、胡椒和香料均勻混合，以特製的扁平形長烤肉叉串起，在炭火上燒烤。肉條直接上桌，通常搭配洋蔥、青椒、番茄等蔬菜，附上土耳其米飯，有些店家會分成小塊再上桌。

Döner Kebabı

Döner Kebabı是直立旋轉烤肉，台灣路邊常見到的沙威瑪就是它的變化型。風靡世界的旋轉烤肉，據說源自19世紀布爾薩一間賣Cağ Kebap的烤肉餐廳，有一天老闆為了吸引顧客突發奇想，把肉串立著烤以增加視覺效果，這種新奇有趣的烤肉方式流傳到伊斯坦堡，吸引更多人仿效。

土耳其的Döner Kebabı和台灣沙威瑪味道差很多，醃料包含茴香、肉桂、薄荷、紅椒粉、辣椒粉和胡椒，醬料使用加了優格的Tzatziki醬而不是美乃滋，層次豐富的香料氣味搭配清爽醬料，份量大約都是台灣的一倍，飽食又滿足。

İçli Köfte

用米和絞肉混合一起炸，形狀呈中間胖、兩頭尖的棗核狀，是辣味的肉餅。

Dürüm Kebabı

把烤肉片下來之後，與蔬菜等食材包在捲餅裡，這似乎是受到速食風潮影響的吃法。

Karışık Kebabı

各種烤肉都有的烤肉拼盤，面對選擇困難時，點這道就對了。

Tavuk Kanat

不得不佩服土耳其人烤雞翅的技術，不管哪家餐廳，幾乎踩不到雷。雞翅上段用牛奶或原味優格、橄欖油、香料醃過，表皮金黃香脆，肉質細嫩入味。吃完依然回味無窮？去超市買包烤雞翅粉，回國延續土耳其的味道。

Şiş Kebabı

「Şiş」是「烤肉叉」的意思，Şiş Kebabı就是經典烤羊肉串，塊狀的羊肉醃製後直接串烤，幾乎所有上烤肉餐館的人都會點這道菜，烤牛肉串或雞肉串也可用這個名字。

İskender Kebabı

在布爾薩可以吃到一種 skender Kebabı (或稱Bursa Kebabı)，這是Döner Kebabı的一種，切下來的羊肉片，會鋪在剛烤好的Pide麵包上，再淋上熱番茄醬汁和滾燙羊奶油，然後配著優格一道吃。

Köfte

肉丸或肉餅做成的烤肉稱為Köfte，大多以牛絞肉混和碎洋蔥、百里香、黑胡椒或其他香料，上桌時搭配不辣的綠辣椒。咬下時肉汁噴流，口感有彈性才是好吃的肉丸。

湯Çorba

土耳其的湯品也不簡單，一餐之中，湯是不可或缺的。乍看平淡無奇，其實湯的內容物五花八門，比較特別的是，優格常常被加入湯中。

Işkembe Çorbası

羊肚兒湯，以羊肚煮成的濃湯，味道很重，但土耳其人非常喜愛，是宵夜界的第一把交椅，可以加點蒜汁或蒜泥。

Düğün Çorbası

Düğün Çorbası是米、優格、奶油、薄荷混合的湯，酸酸鹹鹹的，通常在婚禮的時候喝。

Mercimek Çorbası

扁豆湯，可以說是土耳其的國民湯，每本菜單上都會出現。將蔬菜和扁豆打碎成泥，加入高湯一起熬煮的濃湯，與其他湯品比較起來相對清淡，通常會附上一小塊檸檬，幾滴檸檬汁加入湯中，清爽開胃。

Ezo Gelin Çorbası

土耳其所謂的「新娘湯」，用洋蔥、小麥、番茄、紅扁豆熬煮的濃湯，上面再灑上薄荷等香料，土式早餐中也能喝到。新娘湯的起源有許多版本，其中一版來自一位美麗的女孩Ezo，她結婚後為了取悅苛刻的婆婆，費盡心思研發了這個食譜。

Bulğur Çorbası

加小麥一起煮的湯。

Kelle Paça Çorbası

是用羊腿燉的湯，味道濃郁，害怕羊騷味的人可能不適合，是土耳其東部的特色菜。

Domates Çorbası

從發音就可以約略猜出，這是番茄湯，色澤如番茄一樣的紅，酸濃夠味。

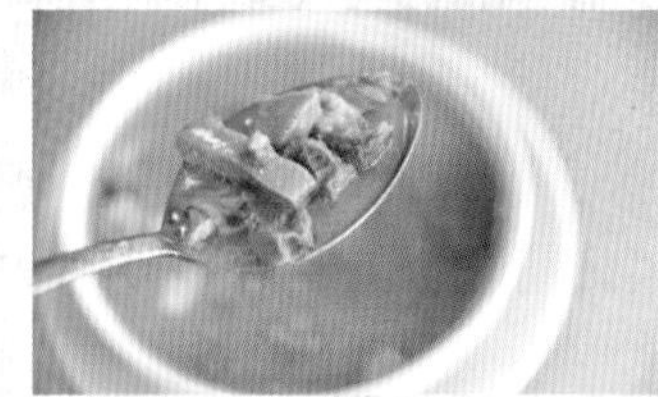

Dil Paça Çorbası

牛腿燉湯，味道香醇，具有濃濃的鄉土味道。

街頭小吃Seyyar Tezgahlar

Midye Dolması

淡菜裡面塞著香料飯的路邊小吃，也是Dolma的一種。依據淡菜的大小有不同價錢，小販會一顆一顆幫你撥開，拿著下半部的殼就口吃，記得擠一點檸檬汁去腥味。

Kumpır

個頭約兩個巴掌大的烤馬鈴薯，上面加滿了香腸、乳酪、蔬菜等各式各樣的配料，據説很適合情侶約會時一塊享用。

Kokoreç

將羊內臟塞入羊腸後捲在鐵棍上碳烤，點餐後老闆會切下一塊羊腸，剁碎並加入番茄、香料和胡椒粉，夾在三明治裡吃，伊斯坦堡獨立大道的魚市非常普遍。

Kestane Kebabı

雖稱Kebabı，但其實就是烤栗子，冬天常看得到，手上握著一包鬆軟甜香的烤栗子，幸福感十足。有時會和烤玉米一起賣。

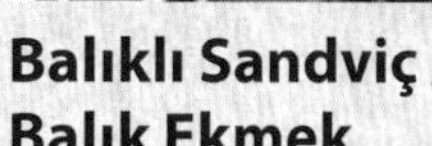

kızartma Midye

炸淡菜，賣淡菜塞米飯的的小販通常有另一種作法，就是把淡菜裹粉炸，香香酥酥，是街頭十分可口的零嘴。

Balıklı Sandviç / Balık Ekmek

鯖魚三明治是最受歡迎的路邊小吃，魚市場附近也常吃得到。鯖魚排現點現煎，夾入烤過的對切麵包，加上生菜、洋蔥、碎番茄和幾滴檸檬汁，份量上誠意十足，魚肉噴香軟嫩。

Şimit

土耳其人最愛拿著這種大大的芝麻圈邊走邊吃，稍硬口感的花圈形麵包撲滿白芝麻，越嚼越香，但吃多了有點乾，建議加起士抹醬。

飲料Meşrubat

Ayran

是一種鹹的優格，土耳其人幾乎每餐必備。

Çay

紅茶，土耳其人幾乎人手一杯，到處都看得到。

Türk Kahvesi

土耳其式咖啡，不濾渣，咖啡渣還可以算命。

Rakı

號稱紅茶之外的土耳其國飲，其實是酒精濃度高達45度的茴香酒，喝起來味道類似中藥的八角。鄂圖曼帝國後期，從土耳其歐洲領土的非穆斯林開始釀造，之後廣為流行，連凱末爾也愛喝。飲用時先倒酒、再加適量的水，酒體從透明轉為乳白色，又名「獅子奶」，有與獅子力量連結的意思。

Elma Çayı

蘋果茶，酸酸甜甜散發著蘋果香，觀光客很愛點，其實土耳其人比較喜歡紅茶。

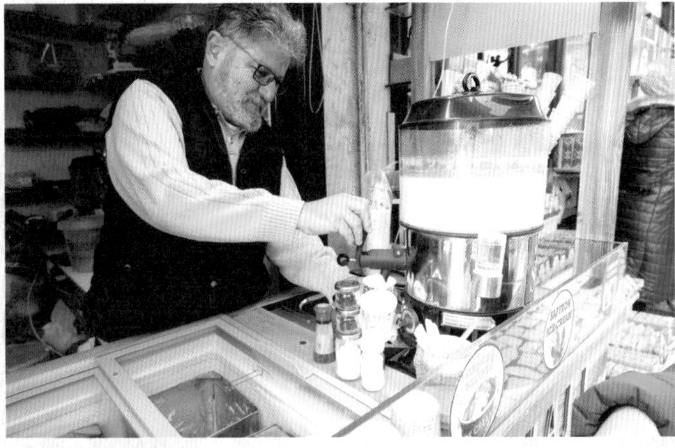

Salep

這是冬季最受歡迎的街頭飲料，用蘭莖粉和牛奶沖泡，口感綿密黏稠，熱呼呼的奶香，撒上一點肉桂粉，簡直是寒風中的救世主。若喜歡這個味道，也可以在超市中購買Salep粉帶回家。

地區特色美食

Pekmez Aside

葡萄汁熬煮8小時以上的糖漿，配著麵包吃，土耳其很多地方都有，但以卡帕多起亞地區最有名。

Ballı Yogurt

優格加蜂蜜不停攪拌，黏稠到盤子倒轉都不會掉下來，再灑上罌粟子，是Dinar地區的名產。卡帕多起亞往棉堡方向的長途巴士休息站有機會遇到。

Saçtava

熱騰騰的鐵板上，盛放著炒羊肉和各式蔬菜，屬於安納托利亞地區的菜餚。

Pastırma

醃肉香腸是整個安納托利亞的特產，以開塞利最為有名，用鹽醃製風乾的牛肉，加蒜頭、紅辣椒粉、葫蘆巴、香芹等香料，再曬乾做成香腸模樣，吃的時候再切成薄片。

Gömlekte Kuru Fasulye

卡帕多起亞地區特色菜，白扁豆加羊肉放在陶鍋裡燉煮。

Testi Kebabı

陶罐燜肉也是最具辨識度的土耳其菜，源自卡帕多起亞地區生產陶器的Avanos小鎮，作法是將牛肉或雞肉連同番茄、洋蔥、鷹嘴豆、馬鈴薯等一起封進陶罐燜燒，煮好後常在食客面前敲開陶罐，表演性質十足。陶罐鎖住原汁原味的鮮美，肉質軟嫩、香氣濃郁，配飯或麵包都適合。

Best Buy in Türkiye

玩土耳其要買什麼？

對喜歡買民俗特產、又懂得殺價的人來說，土耳其是個購物天堂，特別是伊斯坦堡的有頂大市集及埃及市集，就是充滿趣味的買逛據點，而離開伊斯坦堡，每個城市也都有不同的特色紀念品可購買，絕對讓買家滿載而歸。

紀念品

惡魔眼(藍眼睛)

可以去凶避邪的各式大小惡魔眼，造型多變，可以製成項鍊，也可以製成別針、鑰匙圈、耳環，是土耳其最普遍的紀念品，送人自用兩相宜。

精靈煙囪模型

在卡帕多起亞地區有各式各樣模仿洞穴屋和仙人煙囪的陶製品，不過要注意，大多數便宜貨只是脆弱的石膏充填。居勒梅全景觀景台的紀念品店可以找到用當地岩石雕刻的洞穴屋，擬真又可愛。

旋轉舞者人偶

旋轉舞最能代表土耳其印象，因而舞者造型的人偶，自然成為遊客喜愛收藏的紀念品，陶瓷製的、銅製的、海泡石雕的，各種材質、各種造型都有。也有利用空氣熱對流原理，點個小蠟燭，就能自動旋轉。

鄂圖曼宅邸模型

番紅花城以傳統鄂圖曼宅邸吸引遊客，街上到處有販售造型可愛的鄂圖曼宅邸模型，也有做成冰箱磁鐵、面紙盒或筆筒等。

鄂圖曼服飾公仔

扮演各種不同宮廷角色、著各種不同服裝的鄂圖曼公仔也非常吸睛。

傳統服飾布娃娃

卡帕多起亞地區的觀光景點，常可以看到這種民族風格強烈的布娃娃，小販就經常一邊販售，一邊在旁編織縫製。

土耳其傳統圖案石磚/磁磚

這些石材切割的磚，上面的圖案多半拓印自鄂圖曼時代老房子的磁磚圖案，鬱金香、旋轉舞、鄂圖曼細緻畫等，可說個個經典。更常見的是印在磁磚上，變成色彩鮮豔的杯墊或裝飾。

聖誕老人玩偶

地中海地區的卡雷村(Kale)是聖誕老人聖尼古拉的故鄉，街上到處都有這種曬乾葫蘆做成的彩繪玩偶。

土耳其傳統手工藝

金飾品

土耳其人愛買金飾的程度不輸給華人，市集裡金光閃閃的櫥窗閃爍耀眼，是土耳其人最常駐足的地方，土耳其金飾作工精細，多是18k金以上，可細細挑選。

綠松石首飾

市集常可以看到一種不透明的藍色岩石首飾品，很多人不明白這是什麼寶石，它正確的名稱是「綠松石」(Turquoise)，又名「土耳其石」。綠松石顏色從綠到藍，上好的是藍色上頭還有金色礦脈。

銀銅製品

土耳其的銀製品世界知名，而且價格相對便宜，除了銀製首飾，還有珠寶盒、器皿等，多是稱重計價。精細銅雕和銅盤也是手藝不凡，還有當街製做的銅雕掛飾。

陶瓷藝品

土耳其最主要產製陶瓷藝品的地方有兩處，一是離伊斯坦堡較近的庫塔亞(Kütahya)所生產的伊茲尼磁磚，另一個就是卡帕多起亞的阿凡諾斯(Avanos)。由於伊斯蘭不崇拜偶像，所以衍生擅於處理花鳥圖案，土耳其也不例外，最普遍常見的花草圖案就是產於土耳其的國花鬱金香和康乃馨花草，相當漂亮。

地毯

地毯和土耳其的歷史有很深遠的關係，是藝術品也是最大的外匯收入之一。另一種為平織毯(Kilim)，不像地毯那麼厚，也便宜許多。

地毯的價差很大，便宜的幾千美元，貴則數萬至數十萬美元，若非有一大筆預算，一般人很少消費得起，因屬奢侈品，要了解採購地毯是一門大學問，用料是羊毛、棉、絲，或混紡價格差別很大，此外，每一平方公分有多少「結」(Knot)、織得平不平整、染料是不是天然、花紋圖案的典故……售價都有差別，要花不少時間研究。

蘇丹石

近年來，土耳其珠寶市場出現一種會隨光線折射變換色彩的寶石，被稱為「蘇丹石」，正式名稱是「水鋁石」(Diaspore)，產量稀少，僅在安納托利亞山脈開採。因為獨特的變色效果而廣受歡迎，市面上以合成變色玻璃冒充的假貨不少，建議在有信譽的商店購買有ZULTANITE®保證卡的商品。

手工皮鞋

在番紅花城，還留存著老師傅手工打造皮鞋的工藝，雖然款式簡單，但都是傳統經典款，鞋輕皮軟，堅固耐穿，一雙僅百來里拉土幣，可以依腳形量身訂做。若沒到番紅花城旅遊，在伊斯坦堡的市集也有許多花俏的彩色手工鞋可選購。

海泡石煙斗

上好的海泡石(Sepiolite)產於土耳其地中海沿岸地區，因為質地輕、軟，加工容易，常拿來雕刻成各種裝飾品，最常見的就是海泡石煙斗(Meerschaum)，未使用過的海泡石是白色的，因為可以吸附尼古丁，用久了就會轉變成琥珀色。

紅茶托盤杯組及咖啡壺

紅茶店送茶的托盤也是受歡迎的紀念品，一整套的杯、盤、湯匙搭配齊備，土耳其味十足。最經典的當然非鬱金香杯莫屬，各種花色齊全，講究的連玻璃杯、托盤、杯匙都鍍金刻花，價格也因此落差很大。

紅茶托盤及杯組是土耳其家庭的民生用品，所以，建議到伊斯坦堡埃及市集旁的市場或是番紅花城的打鐵街購買，價格比較實惠，這些專賣店還可買到煮土耳其咖啡的銅壺、兩段式的煮咖啡壺等物。若想找到兼具質感與設計感的杯組，推薦「Paşabahçe」這個玻璃品牌。

民俗服飾

色彩強烈、裝飾濃厚的民族服裝最吸引觀光客目光，若嫌穿一身太招搖，可選購帽子、鞋子等配件。此外，跳肚皮舞穿的各式舞衣，市集裡也應有盡有，就看敢不敢穿。

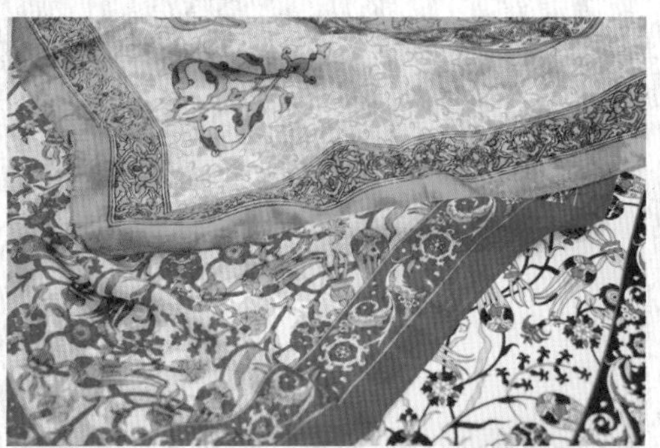

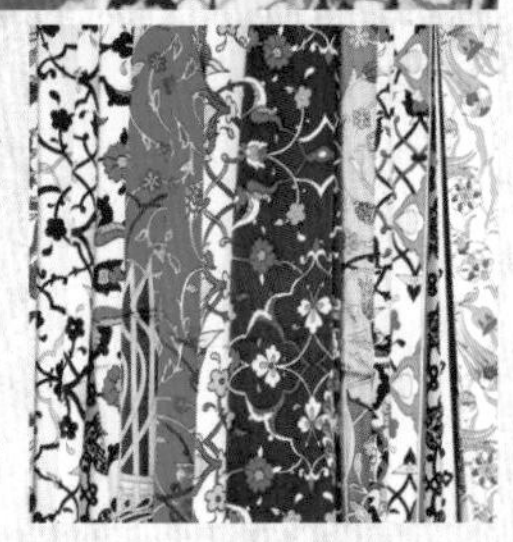

絲巾

伊斯蘭國家的女性都得包頭巾，所以，絲巾也成為她們最重要的裝飾品，土耳其特有的圖案紋路和豔麗的色彩非常吸引目光，其中又以布爾薩的絲巾最為有名。

燈籠

大市集骨董市的骨董商各有自豪的獨賣商品，尤其是獨銷的名家手製銀底燈籠，而五顏六色、各種形狀的馬賽克玻璃燈也非常搶眼，要注意的是，土耳其使用220V電壓的圓插頭，回台灣使用前要轉換插頭。

樂器

土耳其傳統樂器不但樂音美，而且造型特殊，即使不會撥弄，買個簡單的樂器當掛飾也很有意思。

皮件

土耳其的皮革工業相當有名，各地市集、購物大街都看得到。跟當地旅行團的還會帶去皮衣工廠，欣賞俊男美女的服裝走秀後，就自行參觀選購，特色是質地柔軟而輕薄，隨便塞也不會皺。

水煙壺

土耳其街上常常見到水煙茶館，對土耳其人來說，抽水煙其實是種社交娛樂。遊客購買水煙壺(Nargile)通常是因為外型美麗又有異國情調，除了回家當裝飾，也可選購蘋果、水蜜桃等口味的菸草試試。

食材及日用品

香料

市集裡到處可以看到一桶桶堆積如山的香料，懂門道的還可以跟老闆討價還價，否則就購買香料組合包，方便攜帶，包裝完整，有細分裝，也有顆粒式，附送磨香料的小設備。

香料之王番紅花也是土耳其著名的特產，源自小亞細亞的山區，因為生產條件嚴苛，全賴人工採收，且需耗費約150朵花才能採集1克的花蕊，所以名列為世界上最貴的香料，雖然番紅花在土耳其依然屬於高價款，但遠比台灣便宜得多，不過選購時要小心假貨。

橄欖油和橄欖

在土耳其的愛琴海、地中海地區，到處種植著橄欖樹，所產的橄欖油擁有世界知名度。土耳其的蔬菜沙拉可口，除了蔬果新鮮外，橄欖油的品質也是美味的秘密，市場上可見販售各種口味的醃橄欖，別忘了現場品嚐。

土耳其甜點及軟糖

土耳其甜點花樣百出，最適合攜帶送禮的首推土耳其軟糖(Lokum)。嫌太甜嗎？但是不嘗一口就不算遍嘗土耳其美食！建議到老字號的甜點店購買，軟硬適中又不死甜，可以試吃後再選擇，搭配組合自己喜歡的口味，特別推薦石榴、開心果、榛果或核桃。

葡萄酒、水果酒與茴香酒

雖然土耳其的葡萄酒不如歐洲有名，但也是一個重要的葡萄產區，卡帕多起亞地區已有數千年釀酒歷史，Turasan酒莊的葡萄酒又是得獎常勝軍，以仙人煙囪為造型的葡萄酒則受到觀光客青睞。在以弗所近郊的徐林傑山城(Şirince)，則以一種水果酒出名。至於茴香酒(Rakı)號稱土耳其國飲，每間超市到處都看得到。

蘋果茶及各式花果茶

雖然土耳其人喝的是正統不加味的紅茶，但觀光客就只認得蘋果茶，基於商業利基在那裡，生意就做到那裡，因而在市集或觀光區，商家擺出一盒盒包裝好的蘋果茶任君選擇，連各種加味茶也跟著風行起來，檸檬茶、石榴茶，不一而足，在這個茶的國度，什麼都能入茶的。

粉末或顆粒狀的蘋果茶是專賣給觀光客的，即溶沖泡方便。也可以選擇那些一桶桶、帶著乾燥果粒的各種口味花果茶，現買現秤，商家會立刻為顧客真空包裝，回家用煮的，再視個人口味加糖或蜂蜜。

果乾及堅果

土耳其堅果和果乾外銷全世界，以高品質著稱。堅果類推薦開心果、榛果和核桃，新鮮水果曬成果乾後風味更濃郁，不能錯過無花果和杏桃。超市和紀念品店都有一盒盒密封包裝好的產品，但建議在市集中購買，可秤斤論兩，價格實惠，還能先試吃。

蜂蜜

土耳其的黑海地區盛產蜂蜜，而土耳其甜點更是離不開蜂蜜，市面上有賣純蜜汁的，也有台灣較少見的蜂巢蜜(petek balı)，在超市或市集都找的到。

橄欖油保養品

橄欖油除了食用，也作成各式各樣的清潔保養品。外型質樸的橄欖香皂，古法製造，聞起來沒什麼誘人香味，但保證絕對純天然、不賣噱頭，搓揉起來的泡沫極為細緻，其中Dalan d'Olive的護手霜和乳液則是價格親民又滋潤，好推好吸收。

咖啡

全世界喝咖啡的風氣起源於土耳其，不妨帶些這裡烘焙的咖啡豆(粉)。其中一家位於伊斯坦堡香料市集外的專賣店Kurukahveci Mehmet Efendi，是大排長龍的人氣名店。

航向伊斯坦堡的偉大航道

如何前往

航空

搭乘土耳其航空可從台灣直飛伊斯坦堡，或搭其他航空公司從首爾、新加坡、香港、杜拜等地轉乘，詳見P.7。

伊斯坦堡機場有三座，一是位於亞洲區的Sabiha Gökçen機場(SAW)，主要是供歐洲廉價航空起降；一座是原本的國際機場，位於歐洲區老城西邊的阿塔圖克機場(Atatürk Havalımanı)，轉型作為貨運、訓練及航空展等用途；另一座是2018年10月才啟用的伊斯坦堡機場(İstanbul Havalımanı，機場代號IST)。

伊斯坦堡機場位於歐洲岸，靠近北側的黑海，機場內有免稅店、餐飲、過境旅館、租車、遊客中心等。出境和轉機旅客須注意，由於機場佔地廣大、旅客多，記得預留至少三小時登機時間。

機場至市區目前最便利的交通是搭乘地鐵、機場巴士Havaist或計程車。

◎伊斯坦堡機場

istairport.com/tr

APP：İstanbul Airport (IOS、Android)

◎Sabiha Gökçen機場

www.sabihagokcen.aero/anasayfa

鐵路

伊斯坦堡有四座火車站，郊區火車馬爾馬拉線(Marmaray)可串連四座車站。

◎錫爾克吉車站(İstanbul Sirkeci Garı)

位於歐洲區博斯普魯斯海峽旁，昔日為東方快車的終點站，現在以搭乘地區火車及跨越海峽的馬爾馬拉(Marmaray)通勤火車居多。

◎Halkalı Garı

位於伊斯坦堡西邊郊區，前往歐洲的國際列車İstanbul–Sofia Expressi每晚由此站發車，前往保加利亞首都索菲亞。此外，郊區火車有列

車至錫爾克吉車站，平均15分鐘一班次，車程約50分鐘。

◎海德爾帕夏(Haydarpaşa)

位於博斯普魯斯海峽的亞洲岸，是前往中部安納托利亞各城市的發車站。

◎İstanbul Pendik

位於亞洲區的Pendik，2014年通車的高速鐵路由此發車。

長途巴士

伊斯坦堡的歐洲區長途巴士總站Esenler Otogarı位於老城(Sultanahmet)以西約十公里處，國際和城際長途巴士都由此進出，有地鐵M1線相連(Otogar站)。

www.otogar-istanbul.com

租車

伊斯坦堡機場內可找到各家租車公司的櫃台，若事先於網上預訂，便可直接辦理租車手續並取車，相當方便。

◎Hertz www.hertz.com.tw

◎AVIS www.avis-taiwan.com

◎Budget www.budget.com

◎Europcar www.europcar.com

伊斯坦堡機場至市區交通

地鐵

地鐵M11部分路段於2023年1月完工通車，遊客可自機場站搭車至市中心Kağıthane站，並可在Kağıthane站轉乘M7線，車程約25~35分鐘，十分便利。

機場巴士Havaist

由伊斯坦堡機場前往市區的機場巴士由Havaist營運，共有11條路線，遊客較常使用的路線包含：往新城區塔克辛廣場(Takism)、客運總站(Otogar)、舊城區捷運站Yenikapı(停靠藍色清真寺)、舊城碼頭(Sultanahmet)、亞洲區Kadıköy。平均車程約90分鐘，但伊斯坦堡常常塞車，建議預留多些時間。

◎Havaist

24小時營運，平均15~40分鐘一班次，依尖峰、離峰時間而異，並請注意班次會隨航班及旅客人數而調整。依路程遠近計費，至塔克辛廣場車費為170TL，車上付現或刷卡。 www.hava.ist

市區巴士 İETT

İETT是市區公車，自伊斯坦堡機場共有5條路線，分別通往市區Mahmutbey Metro、新城區的Mecidiyeköy、Halkalı、Arnavutköy、Hacıosman Metro Station/Sarıyer，便利轉乘地鐵，且票價便宜，但要注意車程時間長、班次少。

◎İETT www.iett.istanbul/en

在機場搭計程車看這裡

機場距離市區約35公里，出口有排班計程車，分黑色、藍色、橙色三種，按UKOME制定的價目表收費，藍色計程車比橙色計程車車費高15%，黑色豪華計程車比橙色計程車車費高70%，從機場到Aksaray或Beşiktaş(貝栩克塔栩)，橙色計程車車費約760 TL、藍色計程車車費約860 TL、黑色計程車車費約1,250TL。

Sabiha Gökçen機場至市區交通

地鐵

地鐵M4延伸工程完工，通達Sabiha Gökçen機場的路段已開通，是旅客自機場進入市區最便捷的交通選擇。

HAVABUS

HAVABUS營運的接駁巴士(Shuttle Service)可前往Kadıköy和塔克辛廣場，巴士於機場門口搭乘，營運時間06:30~24:30，單程77TL~102.5TL，上車前於售票亭購票。由市區前往Sabiha Gökçen機場的詳細時刻表可上網查詢。

◎HAVABUS

www.havabus.com

市區巴士 İETT

İETT自Sabiha Gökçen機場共有9條路線通往市區各區，轉乘地鐵便利，但要注意車程時間長、班次少。

◎İETT

www.iett.istanbul/en

伊斯坦堡行前教育懶人包

INFO

基本資訊

人口：約1,552萬

區碼：歐洲區(0212)，亞洲區(0216)

面積：5,343平方公里 (都會區)

城市概略

認識伊斯坦堡，幾乎都是從歷史半島區開始。歷史半島又可分成幾個區域：半島頂端是蘇丹阿何密特(Sultannahmet)，也是老城區的歷史中心，其西側則是有頂大市集所在的貝亞濟(Beyazıt)，北側則為交通繁忙的艾米諾努(Eminönü)，艾米諾努碼頭和錫爾克吉國鐵車站(Sirkeci)都位於這區。

世界遺產幾乎都集中在蘇丹阿何密特，包括托普卡匹皇宮、聖索菲亞清真寺、藍色清真寺、賽馬場等，是鄂圖曼帝國時代皇室貴族活動的範圍。

平民百姓作息活動的區域在貝亞濟(Beyazıt)，市集、小吃店到處林立。這兩區以迪旺尤魯街(Divanyolu Cad.)連接，現在是舊市區觀光客活動最熱鬧的地方，有許多大眾食堂、旅行社、書店、民藝品、甜餅屋、烤肉串店、土耳其傳統茶屋和土耳其浴室，而有頂大市集和蘇雷曼尼亞清真寺是貝亞濟區的一級景點。

往北側水域的方向走為艾米諾努區(Eminönü)所在，又因為錫爾克吉國鐵車站位於此，也稱作錫爾克吉區(Sirkeci)，以跨越金角灣的加拉達橋和埃及市集為中心。由於是舊城區通往新城區的重要關口，又是諸多渡輪站集合地、巴士總站，所以人潮擁擠，攤販特別多。

歷史半島的西邊以狄奧多西城牆為界，稱為歷史半島西區，但距離景點集中的半島東邊頂端有一大段距離，這裡不能錯過的就是卡里耶博物館。

從舊城前往新城，必須跨越金角灣上的加拉達橋或阿塔圖克橋(Atatürk Köprüsü)。一般認知的新城是以塔克辛廣場為核心的的貝歐魯區(Beyoğlu)，沿著獨立大道往南走，會來到地標加拉達塔，再順著下坡走抵達海邊，就是與舊城隔著加拉達橋相望的卡拉寇伊(Karaköy)。

從塔克辛廣場往北走約一公里，會來到素有伊斯坦堡香榭麗舍之稱尼尚塔什區(Nişantaşı)，名牌精品林立，而可以看軍樂隊表演的軍事博物館也位於此。從塔克辛廣場往博斯普魯斯海峽方向走，南邊一點是貝栩克塔栩區(Beşiktaş)，新皇宮朵瑪巴切宮即位於此，北邊一點的歐塔寇伊(Ortaköy)是伊斯坦堡人假日最愛去處。從這裡跨過博斯普魯斯大橋，對岸就是亞洲區，以Üsküdar和Kadıköy最熱鬧。

伊斯坦堡博物館卡 Museum Pass İstanbul

如果預計在伊斯坦堡待3天以上，而且計劃去不少博物館，那麼伊斯坦堡博物館卡就會派上用場，包括伊斯坦堡考古博物館、土耳其伊斯蘭博物館、大皇宮鑲嵌畫博物館、卡里耶博物館等都可以使用。如果這些博物館都個別買票，花費鐵定超過博物館卡的價格，更重要的是，持博物館卡可快速通關，免去大排長龍的購票時間。一張卡的效期從進入第一間博物館起算，120小時(5天)內有效。

在伊斯坦堡考古博物館、大皇宮鑲嵌畫博物館等合作博物館的購票處皆可購買，購卡時需出示護照，建議於較冷門的博物館購卡，避免排隊。

$2,500TL **muze.gov.tr/MuseumPass**

市區交通

遊客最常使用的跨區交通方式為地鐵和地面電車，其中，地鐵、地面電車和纜車都是由Metro İstanbul負責營運，巴士和T2古董電車則由 ETT管理。

F2地下纜車和行駛於獨立大道的T2古董電車充滿趣味，路過時不妨體驗看看。

◎Metro İstanbul

www.metro.istanbul/

◎İETT

www.iett.istanbul

地鐵Metro

原本地下古蹟太多，伊斯坦堡地鐵的發展一直受限，不過近年來已有急起直追之勢，還有數條路線在計劃內興建中，一般遊客較常使用的路線有M1連接阿塔圖克機場、長途巴士站和歷史半島老城區，M2縱貫新城和老城區，M4位於亞洲區，M11線則連接伊斯坦堡機場。

www.metro.istanbul/

地面電車Tramvay

這是伊斯坦堡最方便的大眾運輸工具，其中T1線貫穿整個伊斯坦堡老城的主要景點，從Bağcılar經城牆邊的Zeytinburnu，穿過Beyazıt

（有頂市集）、藍色清真寺、Eminönü碼頭，再跨過加拉達橋到新城的Karaköy，終點站則是Kabataş。

另外，沿著新城區獨立大道，行駛於Taksim和Tünel之間的骨董電車，為T2線。T3線位於亞洲區，T4線是從T1線的Topkapı往外延伸，如果要去城牆邊的卡里耶博物館，必須用到這條路線。

◎Metro İstanbul

www.metro.istanbul/

◎İETT

www.iett.istanbul

有軌纜車及纜索纜車 Funıküleri & Teleferic

由於伊斯坦堡地勢起伏落差很大，部分地區就得藉助有升降作用的有軌纜車及纜索纜車。有軌纜車有4條路線，其中F1行駛於Taksim和Kabataş之間、F2行駛於Beyoğlu Tünel和Karaköy之間，因為可以串連地鐵M2和電車T1，遊客使用到的機率非常大。F2興建於1875年，搭乘起來好像是遊樂園裡的遊戲列車，行駛時間不到3分鐘，也是歐洲歷史最悠久的纜車之一。

另有兩段空中纜車，分別為伊斯坦堡科技大學Taşkışla和Maçka之間的TF1，以及金角灣南岸Eyüp和Piyer Loti之間的TF2。

www.metro.istanbul/

近郊火車Suburban Line

由TCDD Taşımacılık AŞ總局運營的近郊火車有兩條路線，其中於2013年10月土耳其建國90週年通車的Marmaray線，以海底隧道貫穿博斯普魯斯海峽，來往歐洲區和亞洲區之間，並且把過去的火車軌道也一併納進來，其中Sirkeci火車站是這條路線上最重要的一站，與電車T1相連接。另一條於2022年開通的Halkalı-Bahçesehir線。

巴士Otobüs

伊斯坦堡的巴士四通八達，但路線非常複雜，語言不通的狀況下利用不易，且伊斯坦堡市區塞車嚴重，除了使用專用道的Metrobüs以外，搭乘其他巴士需要耐心，不過Metrobüs主要連接郊區，遊客也較少使用。

新城區的巴士總站在Taksim、Kabataş、Beşiktaş，老城區的巴士總站在Eminönü。

有些地方一定得利用巴士，例如從Kabataş要前往Beşiktaş或Ortaköy。

計程車Taksi

伊斯坦堡到處充滿黃色的計程車，而且所有的計程車都裝了電子里程表，有的會把價格顯示在中間的後照鏡上，上車前，一定要跟司機確認里程表歸零且正常運作，不要給司機有任何敲詐機會。

計程車資尚稱合理，若需行經博斯普魯斯海峽，會加收過橋費。建議手機下載適用於伊斯坦堡和安卡拉的叫車APP「bitaksi」，類似Uber，方便叫車。

短程共乘小巴Dolmuş

Dolmuş指的是有固定路線、隨招隨停的共乘小巴士，車體有和計程車一樣的黃色，也有藍色車身的迷你小巴，目的地及經過的地點會貼在車窗上，車資固定，上車後付現給司機。新城區的Taksim廣場和舊城區的Sirkeci車站附近都有招呼站，滿座之後開車。其中最方便的路線是

Taksim到Beşiktaş，因為這兩地之間沒有地鐵和電車相連。

海上交通Boat Travel

伊斯坦堡被博斯普魯斯海峽、馬爾馬拉海、金角灣三方水域所包圍，水上交通扮演非常重要角色，特別是往來歐亞大陸之間仍以水路最方便。

◎接駁渡輪Vapur

這是大型的傳統渡輪，由政府公營的Şehir Hatlarıt航運公司所經營，主要碼頭(iskelesi)包括加拉達橋兩側的Eminönü、Karaköy，以及博斯普魯斯歐洲側的Kabataş、Beşiktaş，還有亞洲區的Üsküdar、Kadıköy，班次及航線隨季節調整，碼頭售票亭有時刻表。

如果要往來歐亞兩區，或是博斯普魯斯觀光遊船，接駁渡輪非常方便。雖然是公營渡輪，船上有販賣部可購買零食飲料，一樓甲板層可停放汽車，二、三層分別有室內外座位，相當舒適。

◎Şehir Hatlarıt

www.sehirhatlari.com.tr

◎海上計程車Motor

是速度比Vapur快的接駁船，由Turyol、Dentur Avrasya Grup這兩間民營船公司所經營，路線與Vapur接近。

◎Turyol

www.turyol.com

◎Dentur Avrasya Grup

www.denturavrasya.com

◎海上巴士Deniz Otobüsü

是一種快速渡輪，票價較昂貴，由伊斯坦堡高速船公司(İDO，İstanbul Deniz Otobüsü)所經營，主要碼頭為Yenikapı、Kabataş、Bakırköy等地。除了伊斯坦堡地區固定路線的遊船，也有快船穿越馬爾馬拉海到Bursa及Bandırma等其他城市。

◎İDO www.ido.com.tr

交通票卡

◎伊斯坦堡卡İstanbulkart

這是伊斯坦堡交通功能最強大的票卡，就像台北市的悠遊卡，必須事先加值，通用於地鐵、地面電車、地下纜車、近郊火車、接駁渡輪、巴士、專用軌道巴士等，幾乎有所伊斯坦堡的交通工具都可以使用，如果你確定不會只搭乘一兩趟大眾運輸工具，或是在伊斯坦堡停留多天，那麼購買伊斯坦堡卡除了可以省去買票的麻煩，更享有折扣。

所有伊斯坦堡市民幾乎人手一卡，你可以在機場、地鐵的自動售票機購買，一張卡70TL。購卡之後再到自動加值機儲值，亦可下載İstanbulkart APP完成加值。

使用時，只需進站時過卡，出站則不必。另外此卡還有一個強大功能：可以多人同時使用，也就是當一人過卡進站後，再遞給下一個人使用。

www.metro.istanbul/

◎回數票Sınırlı Kulanımlı Elektronik Kart

於地鐵站、街邊售票亭或賣雜貨的小商店販售，一段票卡30TL、二段50TL、三段80TL、五段90TL、十段170TL。

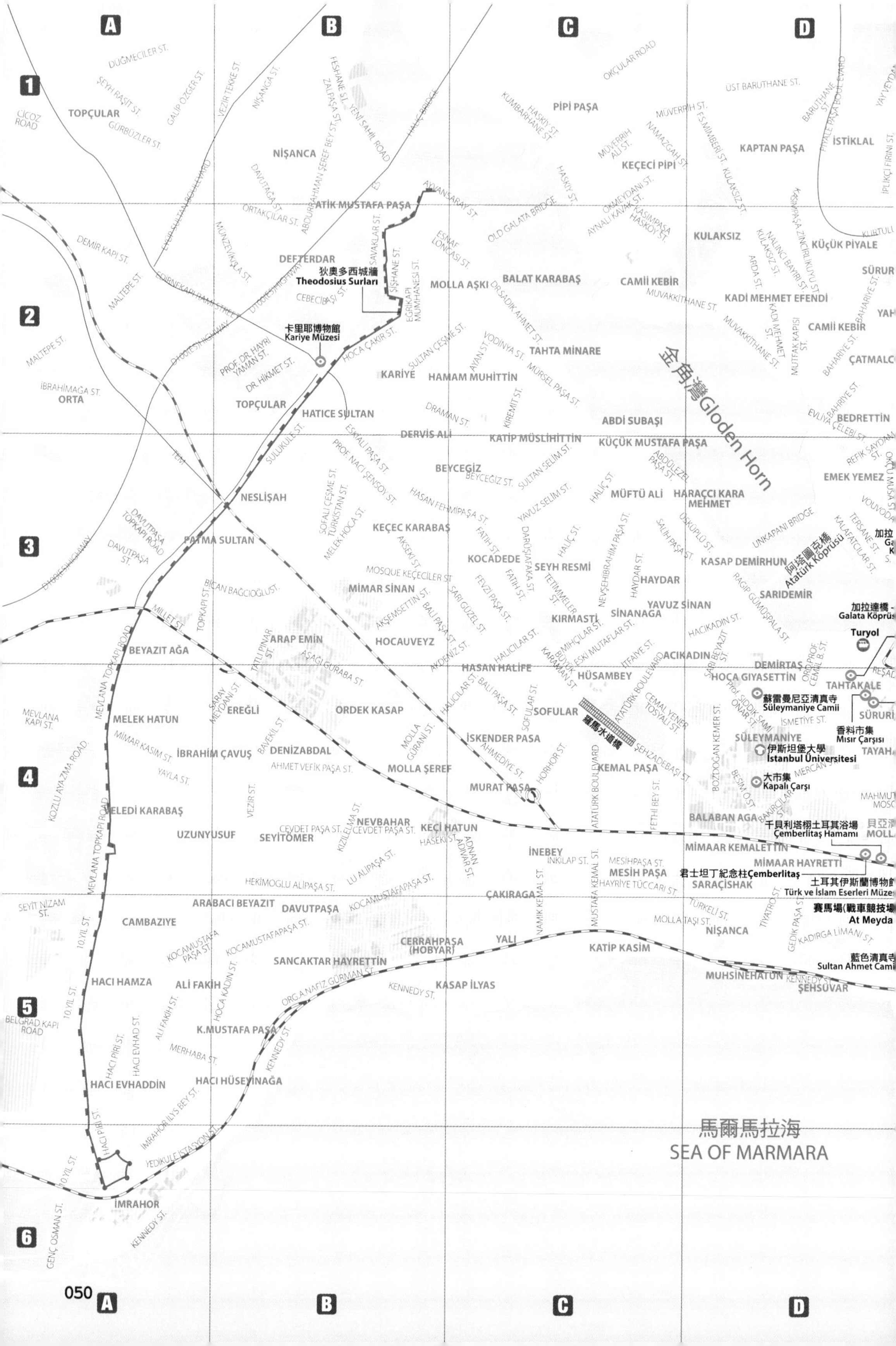

A
B
C
D
1
2
3
4
5
6
TOPÇULAR
NİŞANCA
PİPİ PAŞA
KEÇECİ PİPİ
KAPTAN PAŞA
İSTİKLAL
ATİK MUSTAFA PAŞA
DEFTERDAR
狄奧多西城牆
Theodosius Surları
MOLLA AŞKI
BALAT KARABAŞ
CAMİİ KEBİR
KULAKSIZ
KÜÇÜK PİYALE
KADI MEHMET EFENDİ
CAMİİ KEBİR
卡里耶博物館
Kariye Müzesi
KARİYE
HAMAM MUHİTTİN
TAHTA MİNARE
金角灣Gloden Horn
ORTA
TOPÇULAR
HATİCE SULTAN
DERVİS ALİ
KATİP MÜSLİHİTTİN
ABDİ SUBAŞI
KÜÇÜK MUSTAFA PAŞA
BEDRETTİN
BEYCEGİZ
MÜFTÜ ALİ
HARAÇCI KARA MEHMET
EMEK YEMEZ
NESLİŞAH
FATMA SULTAN
KEÇEC KARABAŞ
KOCADEDE
ŞEYH RESMİ
HAYDAR
KASAP DEMİRHUN
阿塔圖克橋
Atatürk Köprüsü
MİMAR SİNAN
SARIDEMİR
YAVUZ SİNAN
SİNANAGA
KIRMASTİ
加拉達橋
Galata Köprüsü
ARAP EMİN
HOCAUVEYZ
Turyol
BEYAZIT AĞA
HASAN HALİFE
HÜSAMBEY
ACIKADIN
DEMİRTAŞ
HOCA GIYASETTİN
TAHTAKALE
MELEK HATUN
EREĞLİ
ORDEK KASAP
SOFULAR
蘇雷曼尼亞清真寺
Süleymaniye Camii
羅馬水道橋
SÜLEYMANİYE
香料市集
Mısır Çarşısı
İBRAHİM ÇAVUŞ
DENİZABDAL
İSKENDER PASA
伊斯坦堡大學
İstanbul Üniversitesi
MOLLA ŞEREF
KEMAL PAŞA
MURAT PAŞA
大市集
Kapalı Çarşı
VELEDİ KARABAŞ
UZUNYUSUF
SEYİTÖMER
NEVBAHAR
KEÇİ HATUN
BALABAN AGA
千貝利塔栩土耳其浴場
Çemberlitaş Hamamı
İNEBEY
MİMAAR KEMALETTİN
MİMAAR HAYRETTİ
MESİH PAŞA
君士坦丁紀念柱Çemberlitaş
SARAÇİSHAK
土耳其伊斯蘭博物館
Türk ve İslam Eserleri Müzesi
CAMBAZIYE
ARABACI BEYAZIT
DAVUTPAŞA
ÇAKIRAGA
賽馬場(戰車競技場)
At Meydanı
NİŞANCA
CERRAHPAŞA (HOBYAR)
YALİ
KATİP KASIM
SANCAKTAR HAYRETTİN
藍色清真寺
Sultan Ahmet Camii
HACI HAMZA
ALİ FAKİH
KASAP İLYAS
MUHSİNEHATUN
ŞEHSUVAR
K.MUSTAFA PAŞA
HACI EVHADDİN
HACI HÜSEYİNAĞA
馬爾馬拉海
SEA OF MARMARA
İMRAHOR

伊斯坦堡全圖
往伊斯坦堡藍寶石↑
İstanbul Sapphire
往 Selamique↑
尼尚塔什
Nişantaşı
↑軍事博物館
Askeri Müzesi
HARBİYE
Conrad İstanbul
往 Midnight Express↗
歐塔寇伊
Ortaköy
YENİSEHİR
İNÖNÜ
Hilton İstanbul
蓋濟公園
Gezi Parkı
Elite World İstanbul Hotel
The Central Palace
KOCATEPE
Çırağan Palace Kempinski
四季飯店
Four Seasons Hotel İstanbul at the Bosphorus
貝栩克塔栩Beşiktaş
VİŞNEZADE
Gezi Hotel Bosphorus
朵瑪巴切皇宮
Dolmabahçe Sarayı
塔克辛廣場
Taksim Meydanı
ÇUKUR
ÖMER AVNİ
博斯普魯斯海峽
The Bosphorus Strait
BEYLERBEYİ↗
PALACE
獨立大道 İstiklal Caddesi
KATİKMUSTAFA ÇELEDİ
Kabataş
KULOGLU
CİHANGİR
PÜRTELAŞ HASAN EFENDİ
Palas Oteli
TOM TOM
FİRUZ AGA
KILIÇ ALİPAŞA
HACI HESNA HATUN
Üsküdar
HACI MİMİ
KEMANKEŞ K. MUSTAFA PAŞA
Üsküdar火車站
SOLAIK SİNAN
→往恰姆利查山Çamlıca
TOYGAR HAMZA
卡拉寇伊Karaköy
AHMET ÇELEBİ
GÜLFEM HTUN
HAYRETTİN ÇAVUŞ
VALİDE ATİK
KEFCEDEDE
VALİDE ATİK
TABAKLAR
İHSANİYE
ARAKİYECİ MEHMET
Rüstem Paşa Camii
錫爾克吉火車站
Sirkeci Station
HOCAPAŞA
居爾罕公園
Gülhane Parkı
托普卡匹皇宮
Topkapı Sarayı
CANKURTARAN
伊斯坦堡考古博物館
İstanbul Arkeoloji Müzesi
地下宮殿
Yerebatan Sarniçi
聖索菲亞清真寺
Ayasofya Camii
PİNBİRDİREK
SELİMİYE
蘇丹阿何密特區
Sultanahmet
Haydarpasa
HAYDARPAŞA
阿拉斯塔市集
Arasta Çarşısı
Büyüksaray Mozaik Müzesi
Haydarpasa火車站
RASİMPAŞA
Kadıköy
OSMANAĞA
地下纜車
地面電車
地鐵
郊區火車
古董電車
公路
城牆
景點
車站
公園
飯店
餐廳
碼頭

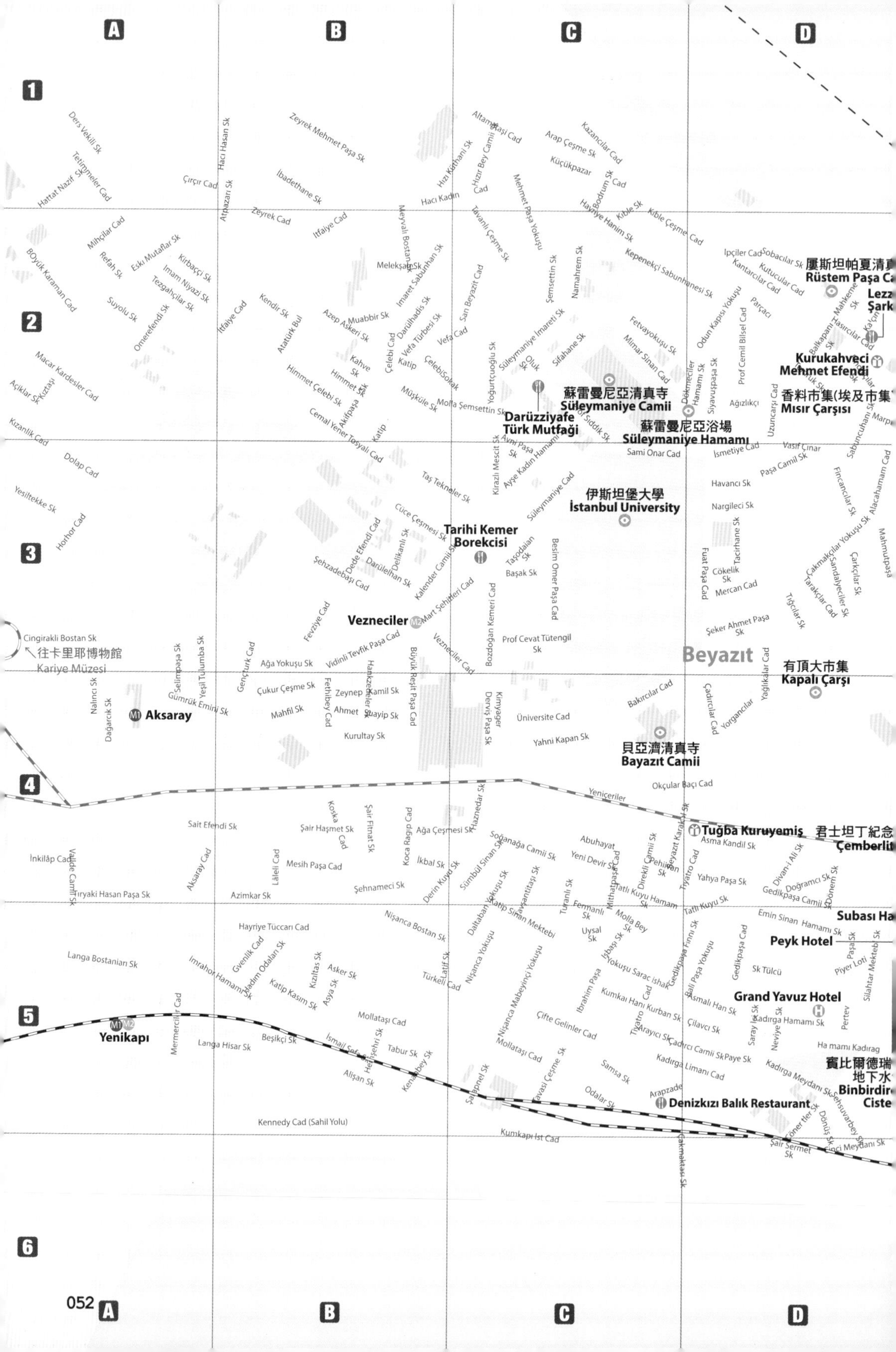

A
B
C
D
1
2
3
4
5
6
蘇雷曼尼亞清真寺
Süleymaniye Camii
Darüzziyafe
Türk Mutfaği
蘇雷曼尼亞浴場
Süleymaniye Hamamı
伊斯坦堡大學
İstanbul University
Tarihi Kemer
Borekcisi
Vezneciler
Aksaray
往卡里耶博物館
Kariye Müzesi
Beyazıt
有頂大市集
Kapalı Çarşı
貝亞濟清真寺
Bayazıt Camii
香料市集(埃及市集)
Mısır Çarşısı
Kurukahveci
Mehmet Efendi
Tuğba Kuruyemiş
Yenikapı
Peyk Hotel
Grand Yavuz Hotel
Denizkızı Balık Restaurant
Kennedy Cad (Sahil Yolu)

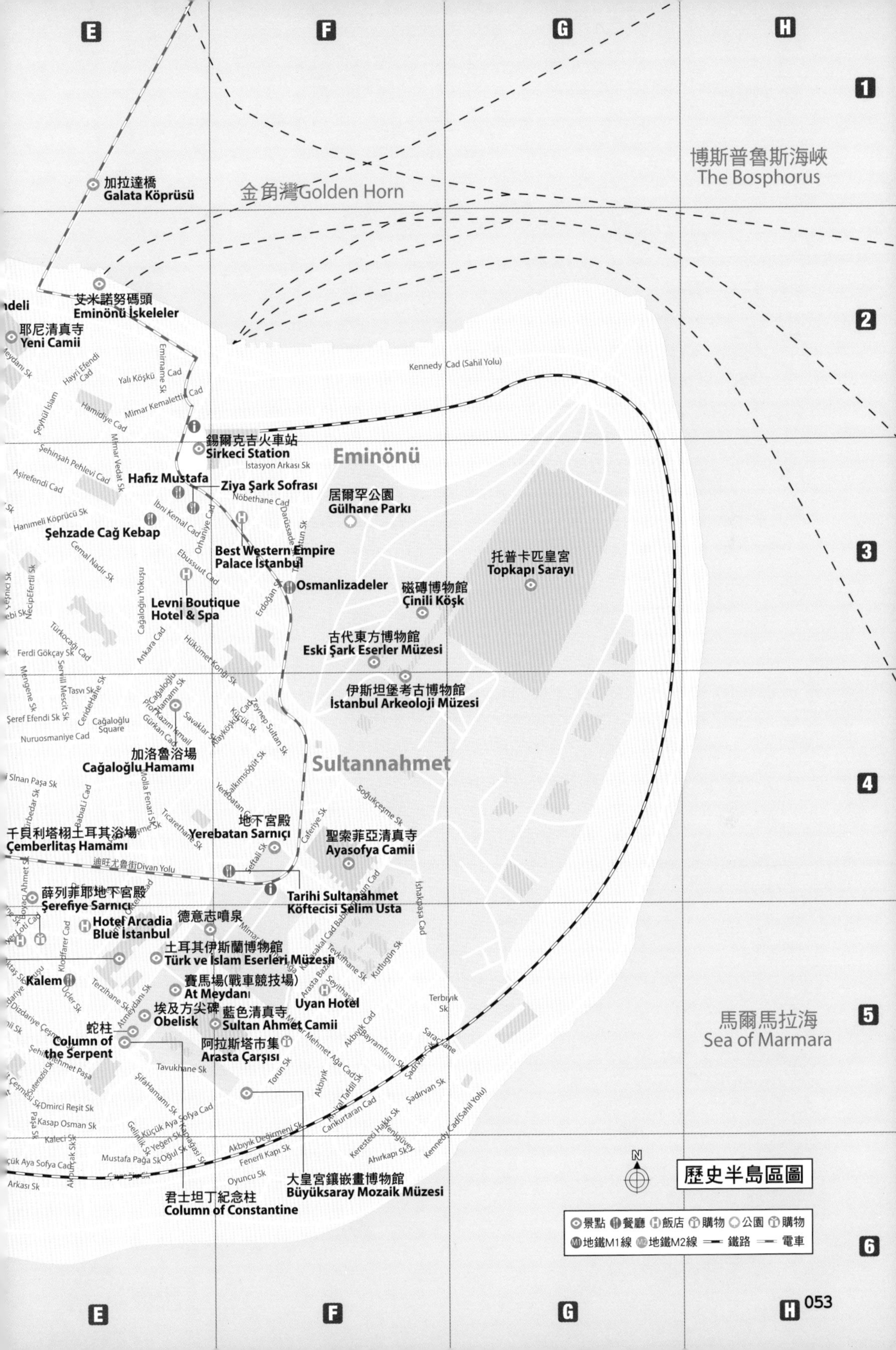
歷史半島區圖
博斯普魯斯海峽
The Bosphorus
金角灣Golden Horn
馬爾馬拉海
Sea of Marmara
Eminönü
Sultannahmet
加拉達橋
Galata Köprüsü
艾米諾努碼頭
Eminönü İskeleler
耶尼清真寺
Yeni Camii
錫爾克吉火車站
Sirkeci Station
Hafiz Mustafa
Ziya Şark Sofrası
Şehzade Cağ Kebap
Best Western Empire Palace İstanbul
Levni Boutique Hotel & Spa
Osmanlizadeler
居爾罕公園
Gülhane Parkı
托普卡匹皇宮
Topkapı Sarayı
磁磚博物館
Çinili Köşk
古代東方博物館
Eski Şark Eserler Müzesi
伊斯坦堡考古博物館
İstanbul Arkeoloji Müzesi
加洛魯浴場
Cağaloğlu Hamamı
地下宮殿
Yerebatan Sarnıçı
千貝利塔栩土耳其浴場
Çemberlitaş Hamamı
聖索菲亞清真寺
Ayasofya Camii
迪旺尤魯街Divan Yolu
薛列菲耶地下宮殿
Şerefiye Sarnıcı
Tarihi Sultanahmet Köftecisi Selim Usta
Hotel Arcadia Blue İstanbul
德意志噴泉
土耳其伊斯蘭博物館
Türk ve İslam Eserleri Müzesi
Kalem
賽馬場(戰車競技場)
At Meydanı
埃及方尖碑
Obelisk
藍色清真寺
Sultan Ahmet Camii
Uyan Hotel
蛇柱
Column of the Serpent
阿拉斯塔市集
Arasta Çarşısı
大皇宮鑲嵌畫博物館
Büyüksaray Mozaik Müzesi
君士坦丁紀念柱
Column of Constantine
Kennedy Cad (Sahil Yolu)
Cağaloğlu Square
景點 餐廳 飯店 購物 公園 購物
地鐵M1線 地鐵M2線 鐵路 電車
E F G H
1 2 3 4 5 6

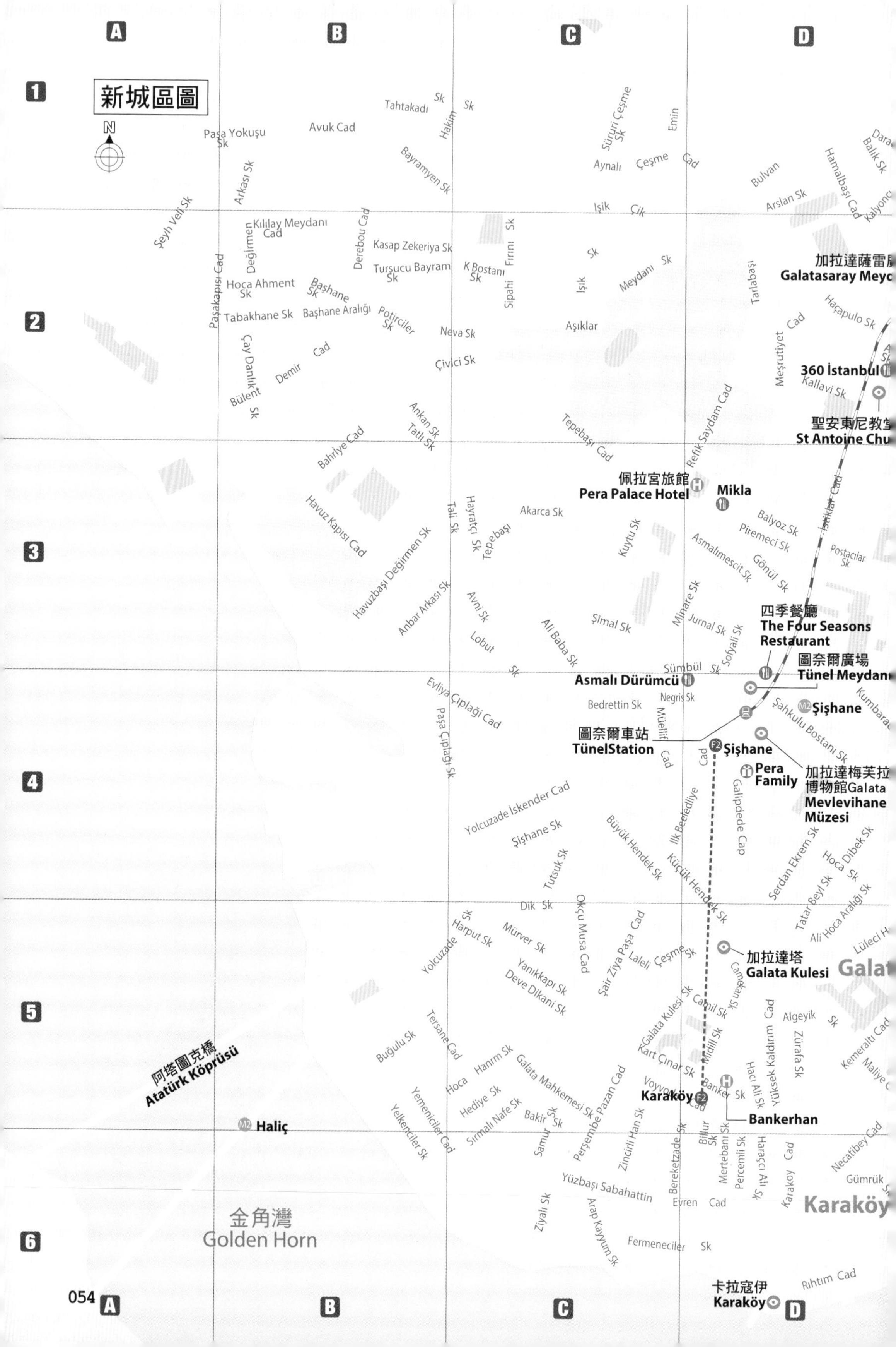

新城區圖
A
B
C
D
1
2
3
4
5
6
N
Paşa Yokuşu Sk
Avuk Cad
Tahtakadı Sk
Hakim Sk
Bayramyen Sk
Sürüri Çeşme Sk
Emin
Aynalı Çeşme Cad
Bulvan
Hamalbaşı Cad
Balık Sk
Arslan Sk
Arkası Sk
Şeyh Veli Sk
Kılılay Meydanı Cad
Değirmen
Derebou Cad
Kasap Zekeriya Sk
Fırını Sk
Işik Çik
Işik Sk
Meydanı Sk
Tarlabaşı
加拉達薩雷廣
Galatasaray Meyd
Paşakapısı Cad
Hoca Ahment Sk
Başhane Sk
Tursucu Bayram Sk
K Bostanı Sk
Sipahi
Tabakhane Sk
Başhane Aralığı
Potirciler Sk
Neva Sk
Aşıklar
Meşrutiyet Cad
Haçapulo Sk
Çay Danlık Sk
Demir Cad
Bülent
Çivici Sk
360 İstanbul
Kallavi Sk
Ankan Sk
Tatlı Sk
Tepebaşı Cad
Refik Saydam Cad
聖安東尼教堂
St Antoine Chu
Bahriye Cad
佩拉宮旅館
Pera Palace Hotel
Mikla
Havuz Kapısı Cad
Tali Sk
Hayratçı Sk
Tepebaşı
Akarca Sk
Kuytu Sk
Balyoz Sk
Piremeci Sk
Asmalımescit Sk
Gönül Sk
İstiklal Cad
Postacılar Sk
Havuzbaşı Değirmen Sk
Anbar Arkası Sk
Avni Sk
Lobut
Ali Baba Sk
Şimal Sk
Minare Sk
Jurnal Sk
Sofyalı Sk
四季餐廳
The Four Seasons Restaurant
圖奈爾廣場
Tünel Meydanı
Sümbül Sk
Asmalı Dürümcü
Evliya Çıplaği Cad
Bedrettin Sk
Negris Sk
Şişhane
Kumbaracı
Şahkulu Bostanı Sk
圖奈爾車站
TünelStation
Müellif Cad
Paşa Çıplağı Sk
Cad
Şişhane
Pera Family
加拉達梅芙拉
博物館Galata Mevlevihane Müzesi
Galipdede Cap
Yolcuzade İskender Cad
Şişhane Sk
Büyük Hendek Sk
İlk Belediye
Küçük Hendek Sk
Serdan Ekrem Sk
Hoca Sk
Dibek Sk
Tutsuk Sk
Tatar Beyl Sk
Ali Hoca Aralığı Sk
Dik Sk
Okçu Musa Cad
Harput Sk
Mürver Sk
Yolcuzade
Şair Ziya Paşa Cad
Laleli Çeşme Sk
加拉達塔
Galata Kulesi
Galat
Lüleci H
Yanıkkapı Sk
Deve Dikani Sk
Camekan Sk
Camil Sk
Algeyik Sk
Kemeraltı Cad
Tersane Cad
Buğulu Sk
Galata Kulesi Sk
Midilli Sk
Yüksek Kaldırım Cad
Zürafa Sk
Maliye C
阿塔圖克橋
Atatürk Köprüsü
Hoca Hanım Sk
Galata Mahkemesi Sk
Kart Çınar Sk
Voyvoda Cad
Hacı Ali Sk
Karaköy
Banker Sk
Bankerhan
Hediye Sk
Sırmalı Nafe Sk
Bakir Sk
Perşembe Pazarı Cad
Yemeniciler Cad
Yelkenciler Sk
Haliç
Samur Sk
Zincirli Han Sk
Bereketzade Sk
Billur Sk
Mertebani Sk
Percemli Sk
Haracı Ali Sk
Karaköy Cad
Necatibey Cad
Gümrük
Karaköy
Yüzbaşı Sabahattin
Evren Cad
金角灣
Golden Horn
Ziyalı Sk
Arap Kayyum Sk
Fermeneciler Sk
Rıhtım Cad
卡拉寇伊
Karaköy
054

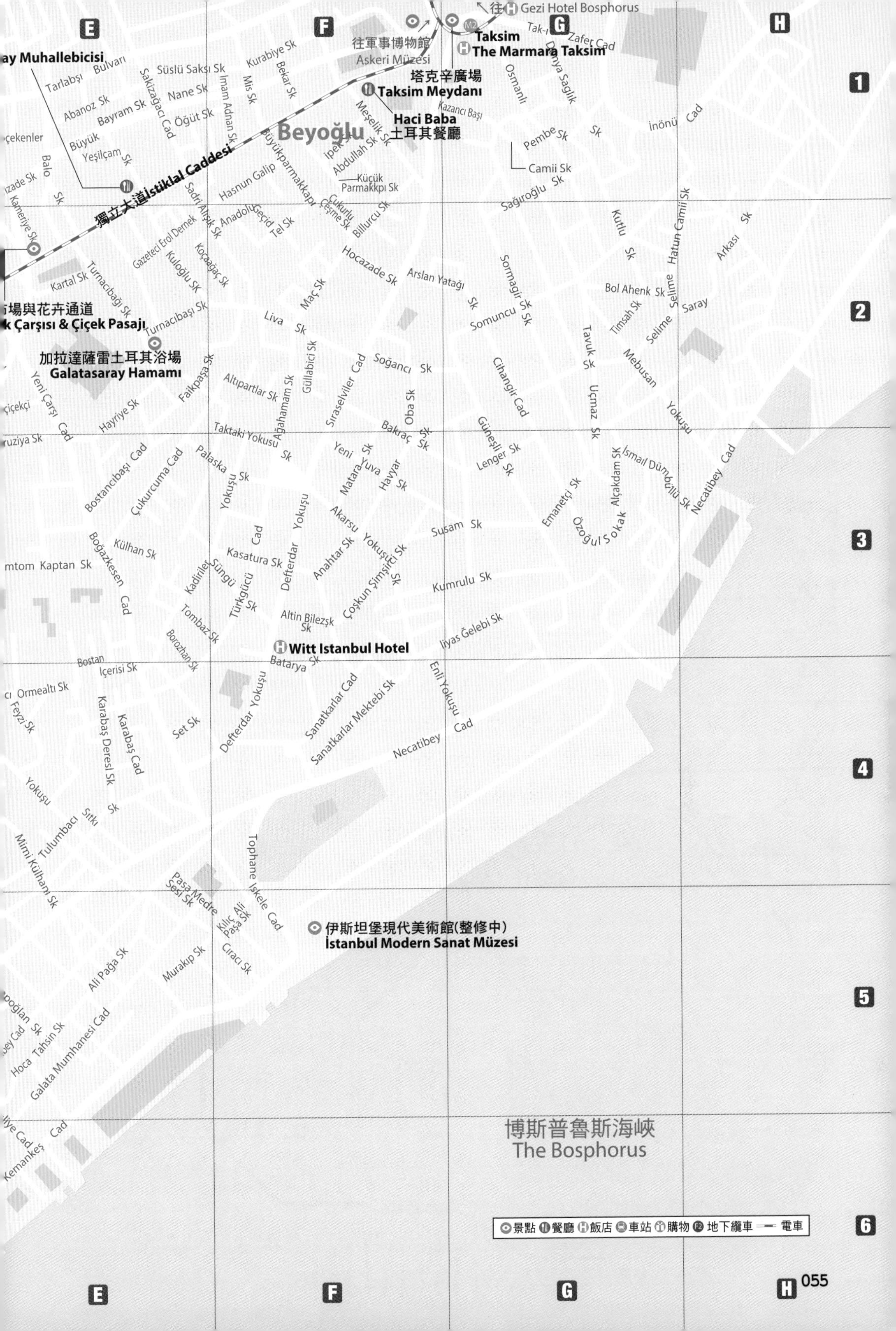
E
F
G
H
1
2
3
4
5
6
往 Gezi Hotel Bosphorus
往軍事博物館
Askeri Müzesi
Taksim
The Marmara Taksim
塔克辛廣場
Taksim Meydanı
Haci Baba
土耳其餐廳
Beyoğlu
獨立大道İstiklal Caddesi
ay Muhallebicisi
場與花卉通道
k Çarşısı & Çiçek Pasajı
加拉達薩雷土耳其浴場
Galatasaray Hamamı
Witt Istanbul Hotel
伊斯坦堡現代美術館(整修中)
İstanbul Modern Sanat Müzesi
博斯普魯斯海峽
The Bosphorus
Tarlabşı Bulvarı
Süslü Saksı Sk
Kurabiye Sk
Bekar Sk
Mis Sk
İmam Adnan Sk
Nane Sk
Sakizağacı Cad
Abanoz Sk
Bayram Sk
Öğüt Sk
Büyük Yeşilçam Sk
Balo Sk
Hasnun Galip
Büyükparmakkapı
Meşelik Sk
İpek Sk
Abdullah Sk
Küçük Parmakkpı Sk
Kazancı Başı
Osmanlı
Zafer Cad
Sağlık
Pembe Sk
Camii Sk
İnönü Cad
Sağıroğlu Sk
Kutlu Sk
Hatun Camii Sk
Arkası Sk
Sadri Alışık Sk
Anadolu Geçid
Tel Sk
Çukurlu Çeşme Sk
Billurcu Sk
Hocazade Sk
Arslan Yatağı Sk
Sormagir Sk
Somuncu Sk
Bol Ahenk Sk
Timsah Sk
Selime Saray
Gazeteci Erol Dernek
Kuloğlu Sk
Koçağaç Sk
Kartal Sk
Turnacıbaşı Sk
Liva Sk
Maç Sk
Güllabici Sk
Soğancı Sk
Sıraselviler Cad
Cihangir Cad
Tavuk Sk
Mebusan Yokuşu
Uçmaz Sk
Altıpartlar Sk
Ağahamam Sk
Oba Sk
Faikpaşa Sk
Yeni Çarşı Cad
Hayriye Sk
Taktaki Yokusu Sk
Bakraç Sk
Güneşli Sk
Lenger Sk
Yeni Sk
Matara Sk
Yuva Sk
Havyar Sk
İsmail Dümbüllü Sk
Alçakdam Sk
Necatibey Cad
Palaska Sk
Yokuşu
Bostancıbaşı Cad
Çukurcuma Cad
Emanetçi Sk
Özoğul Sokak
Akarsu Yokuşu
Susam Sk
Defterdar Yokuşu Cad
Anahtar Sk
Boğazkesen Cad
Külhan Sk
Kasatura Sk
Kumrulu Sk
Kadirler
Süngü
Türkgücü Sk
Çoşkun Şimşirci Sk
Tombaz Sk
Altin Bilezşk Sk
İlyas Çelebi Sk
Borozhan Sk
Bostan İçerisi Sk
Batarya Sk
Enli Yokuşu
Ormealtı Sk
Feyzi Sk
Karabaş Deresi Sk
Karabaş Cad
Set Sk
Defterdar Yokuşu
Sanatkarlar Cad
Sanatkarlar Mektebi Sk
Necatibey Cad
Tulumbacı Sıtkı Sk
Mimi Külhanı Sk
Tophane İskele Cad
Paşa Medre Sesi Sk
Kılıç Ali Paşa Sk
Çıracı Sk
Murakıp Sk
Ali Paşa Sk
Hoca Tahsin Sk
Galata Mumhanesi Cad
Kemankeş Cad
景點 餐廳 飯店 車站 購物 地下纜車 電車

伊斯坦堡電車地鐵圖

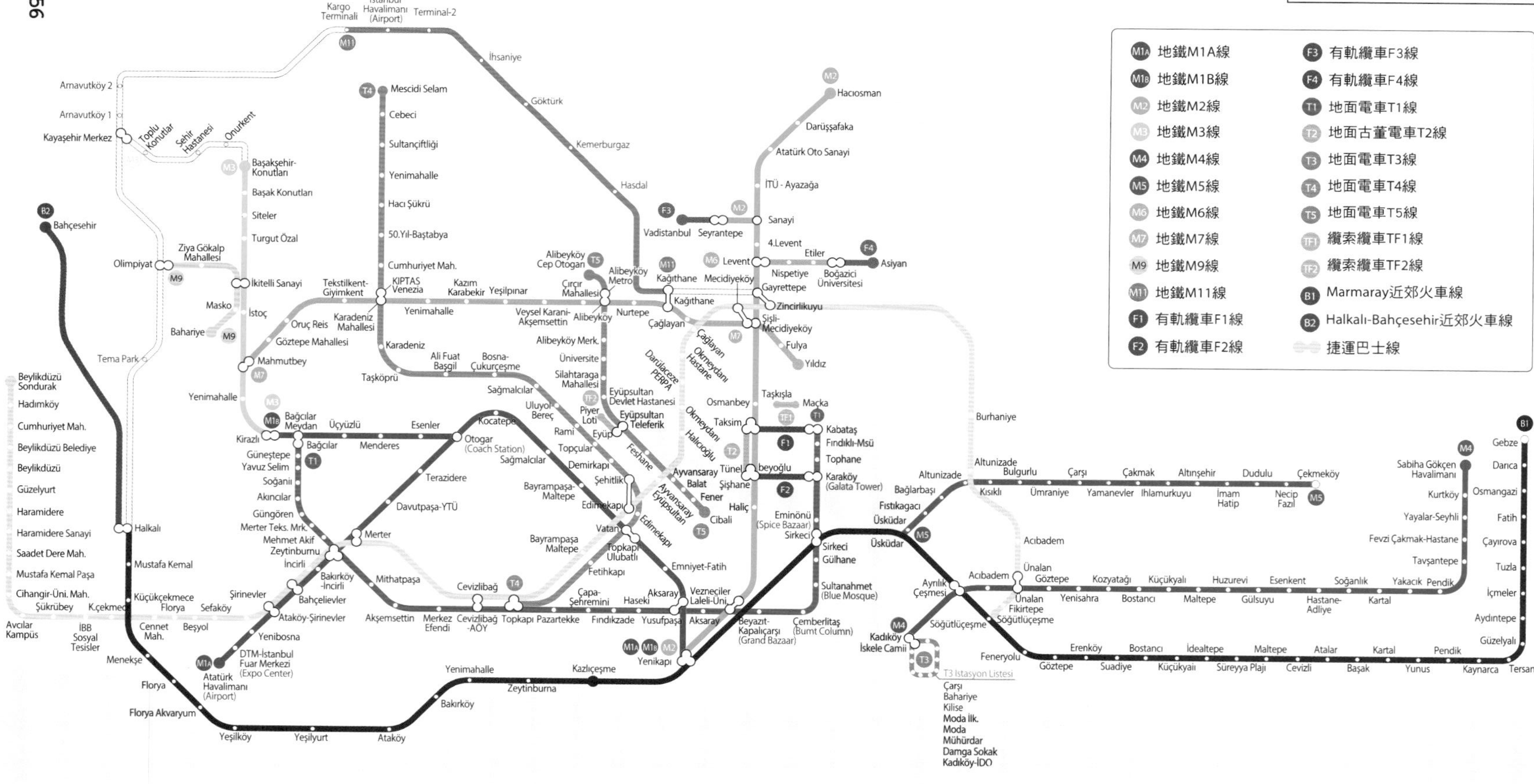
M1A 地鐵M1A線
M1B 地鐵M1B線
M2 地鐵M2線
M3 地鐵M3線
M4 地鐵M4線
M5 地鐵M5線
M6 地鐵M6線
M7 地鐵M7線
M9 地鐵M9線
M11 地鐵M11線
F1 有軌纜車F1線
F2 有軌纜車F2線
F3 有軌纜車F3線
F4 有軌纜車F4線
T1 地面電車T1線
T2 地面古董電車T2線
T3 地面電車T3線
T4 地面電車T4線
T5 地面電車T5線
TF1 纜索纜車TF1線
TF2 纜索纜車TF2線
B1 Marmaray近郊火車線
B2 Halkalı-Bahçesehir近郊火車線
捷運巴士線
Kargo Terminali
İstanbul Havalimanı (Airport)
Terminal-2
İhsaniye
Göktürk
Kemerburgaz
Hasdal
Arnavutköy 2
Arnavutköy 1
Kayaşehir Merkez
Toplu Konutlar
Şehir Hastanesi
Onurkent
Başakşehir-Konutları
Başak Konutları
Siteler
Turgut Özal
İkitelli Sanayi
İstoç
Mahmutbey
Ziya Gökalp Mahallesi
Olimpiyat
Masko
Bahariye
Tema Park
Bahçeşehir
Halkalı
Mustafa Kemal
Küçükçekmece
Florya
Cennet Mah.
Menekşe
Florya Akvaryum
Yeşilköy
Yeşilyurt
Ataköy
Bakırköy
Yenimahalle
Zeytinburnu
Kazlıçeşme
Yenikapı
Beylikdüzü Sondurak
Hadımköy
Cumhuriyet Mah.
Beylikdüzü Belediye
Beylikdüzü
Güzelyurt
Haramidere
Haramidere Sanayi
Saadet Dere Mah.
Mustafa Kemal Paşa
Cihangir-Üni. Mah.
Şükrübey
K.çekmece
Avcılar Kampüs
İBB Sosyal Tesisler
Şirinevler
Sefaköy
Beşyol
Mescidi Selam
Cebeci
Sultançiftliği
Yenimahalle
Hacı Şükrü
50.Yıl-Baştabya
Cumhuriyet Mah.
KİPTAŞ Venezia
Tekstilkent-Giyimkent
Oruç Reis
Karadeniz Mahallesi
Göztepe Mahallesi
Kazım Karabekir
Yeşilpınar
Veysel Karani-Akşemsettin
Alibeyköy
Nurtepe
Çağlayan
Kağıthane
Alibeyköy Metro
Alibeyköy Cep Otogarı
Çırçır Mahallesi
Karadeniz
Ali Fuat Başgil
Bosna-Çukurçeşme
Taşköprü
Sağmalcılar
Uluyol-Bereç
Rami
Topçular
Alibeyköy Merk.
Üniversite
Silahtaraga Mahallesi
Eyüpsultan Devlet Hastanesi
Eyüpsultan Teleferik
Piyer Loti
Eyüp
Feshane
Demirkapı
Şehitlik
Edirnekapı
Vatan
Topkapı Ulubatlı
Fetihkapı
Bayrampaşa-Maltepe
Bayrampaşa Maltepe
Kirazlı
Bağcılar Meydan
Bağcılar
Üçyüzlü
Menderes
Esenler
Otogar (Coach Station)
Kocatepe
Terazidere
Davutpaşa-YTÜ
Merter
Güneştepe
Yavuz Selim
Soğanlı
Akıncılar
Güngören
Merter Teks. Mrk.
Mehmet Akif
Zeytinburnu
İncirli
Bakırköy-İncirli
Bahçelievler
Ataköy-Şirinevler
Yenibosna
DTM-İstanbul Fuar Merkezi (Expo Center)
Atatürk Havalimanı (Airport)
Mithatpaşa
Akşemsettin
Cevizlibağ
Merkez Efendi
Cevizlibağ-AÖY
Topkapı
Pazartekke
Çapa-Şehremini
Fındıkzade
Haseki
Yusufpaşa
Aksaray
Emniyet-Fatih
Vezneciler Laleli-Üni
Beyazıt-Kapalıçarşı (Grand Bazaar)
Çemberlitaş (Burnt Column)
Sultanahmet (Blue Mosque)
Gülhane
Sirkeci
Eminönü (Spice Bazaar)
Karaköy (Galata Tower)
Tophane
Fındıklı-Msü
Kabataş
Taksim
Tünel
beyoğlu
Şişhane
Haliç
Ayvansaray
Balat
Fener
Cibali
Ayvansaray Eyüpsultan
Edirnekapı
Hacıosman
Darüşşafaka
Atatürk Oto Sanayi
İTÜ - Ayazağa
Sanayi
Seyrantepe
Vadistanbul
4.Levent
Levent
Etiler
Nispetiye
Boğaziçi Üniversitesi
Aşiyan
Gayrettepe
Zincirlikuyu
Mecidiyeköy
Şişli-Mecidiyeköy
Fulya
Yıldız
Çağlayan
Okmeydanı Hastane
Darülaceze PERPA
Okmeydanı
Halıcıoğlu
Osmanbey
Taşkışla
Maçka
Burhaniye
Üsküdar
Fıstıkağacı
Bağlarbaşı
Altunizade
Kısıklı
Bulgurlu
Ümraniye
Çarşı
Yamanevler
Çakmak
Ihlamurkuyu
Altınşehir
İmam Hatip
Dudullu
Necip Fazıl
Çekmeköy
Acıbadem
Ünalan
Göztepe
Ünalan Fikirtepe
Söğütlüçeşme
Ayrılık Çeşmesi
Kadıköy İskele Camii
Yenisahra
Kozyatağı
Bostancı
Küçükyalı
Maltepe
Huzurevi
Gülsuyu
Esenkent
Hastane-Adliye
Soğanlık
Kartal
Yakacık
Pendik
Tavşantepe
Fevzi Çakmak-Hastane
Yayalar-Şeyhli
Kurtköy
Sabiha Gökçen Havalimanı
Feneryolu
Göztepe
Erenköy
Suadiye
Bostancı
Küçükyalı
İdealtepe
Süreyya Plajı
Maltepe
Cevizli
Atalar
Başak
Kartal
Yunus
Pendik
Kaynarca
Tersane
Güzelyalı
Aydıntepe
İçmeler
Tuzla
Çayırova
Fatih
Osmangazi
Darıca
Gebze
T3 İstasyon Listesi
Çarşı
Bahariye
Kilise
Moda İlk.
Moda
Mühürdar
Damga Sokak
Kadıköy-İDO

唯一被基督教和伊斯蘭選為首都，也是唯一橫跨歐洲及亞洲的國都！

伊斯坦堡
Istanbul

它是古絲綢之路的必經地，曾以君士坦丁堡之名閃耀，並先後成為羅馬、拜占庭、鄂圖曼的首都！攤開地圖，伊斯坦堡整座城市被博斯普魯斯海峽、馬爾馬拉海、金角灣大片水域切成三大塊，分裂的城區分屬亞洲區和歐洲區，千百年來，宗教、種族、語言和地理環境的複雜性，造就了伊斯坦堡的多重性格與獨一無二的融合魅力。

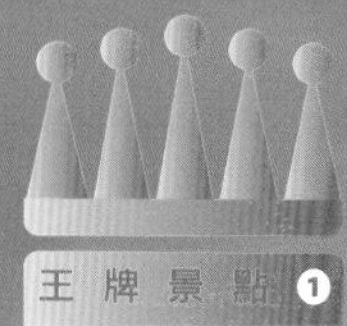

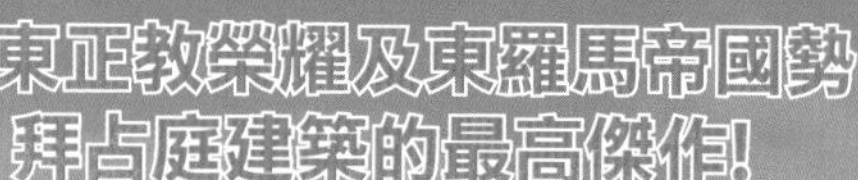

它曾是最能展現希臘東正教榮耀及東羅馬帝國勢力的教堂，同時也是拜占庭建築的最高傑作！

直到鄂圖曼帝國在20世紀初結束前，聖索菲亞一直是鄂圖曼帝國最重要的圖騰建築範本。

Sultan Ahmet Mahallesi, Ayasofya Meydanı, 34122 Fatih/İstanbul, Turkey
0212 522 1750
10:00-19:00，朝拜時間之外都維持開放
免費
ayasofyacamii.gov.tr/en

搭乘地面電車T1線至 Sultanahmet站，出站後步行2分鐘。

至少預留時間
隨意瀏覽：約0.5小時
仔細欣賞細部：約2~3小時

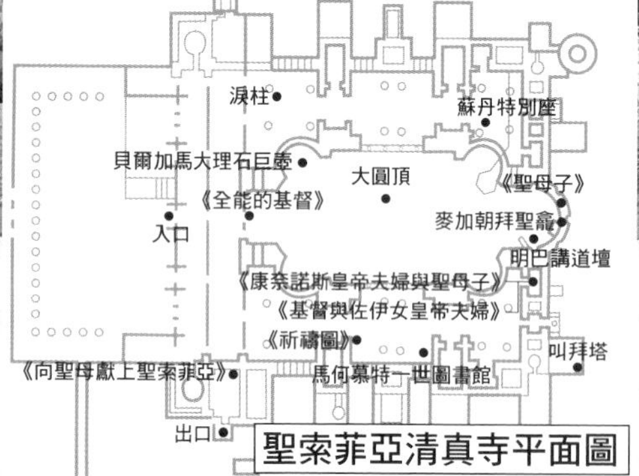

聖索菲亞清真寺平面圖

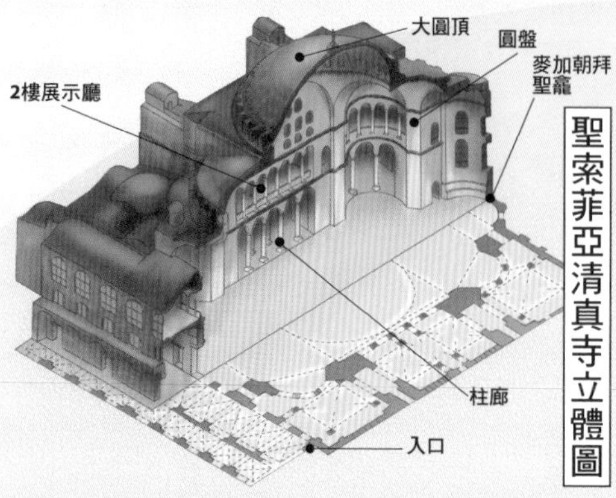

聖索菲亞清真寺立體圖

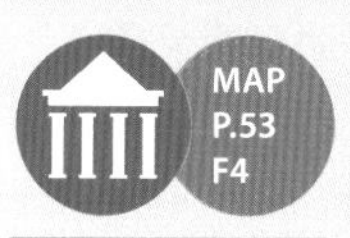

聖索菲亞清真寺

Ayasofya Camii / Hagia Sophia Mosque

查士丁尼大帝(Justinian I)下令建造的聖索菲亞教堂，於西元562年建成之時，是當時世界上最大的建築，高55.6公尺、直徑31公尺的大圓頂，歷經千年不墜。九百年後，1453年，鄂圖曼蘇丹麥何密特二世(Sultan Mehmet II) 下令將隸屬東正教的聖索菲亞教堂(Hagia Sophia)改建成了清真寺(Ayasofya)。1934年，土耳其國父凱末爾將聖索菲亞改成博物館，但至2020年7月，國務院行政訴訟庭廢除了聖索菲亞為博物館的決定，依據總統埃爾多安簽署總統令，將聖索菲亞博物館改為清真寺重新開放供禮拜。

造訪聖索菲亞清真寺理由

1. 伊斯坦堡**地標建築物**
2. 歷經**希臘東正教及伊斯蘭**不同宗教的改造
3. **黃金鑲嵌畫**無與倫比

從教堂變成清真寺，再變成現在兩教共存的模樣，聖索菲亞的經歷夠傳奇，也夠獨一無二了。

怎麼玩聖索菲亞清真寺才聰明？

別錯過細賞黃金鑲嵌畫

華美的鑲嵌畫是參觀重點，在過往的漫長歷史中，這些描繪聖母子、聖人、帝后的鑲嵌畫，被信奉伊斯蘭的統治者塗抹掩蓋，直到廿世紀才重見天日，請細細欣賞這些鑲嵌畫精緻的細節。

順遊地下宮殿水池

鄰近聖索菲亞清真寺的地下宮殿水池，是另一處不可錯過的精彩亮點。這座奇妙的地下空間，蓄存著清澈的地下水，兩百多根大石柱立於水上，散發神秘的氛圍。

寫上阿拉等先知名字的大圓盤掛在圓頂四周，襯著基督等馬賽克鑲嵌畫，烘托出不可思議的空間氛圍。

DID YOU KNOW

君士坦丁大帝舉著十字架打下天下？

據説君士坦丁大帝(Constantine the Great)能拿下君士坦丁堡、建立東羅馬帝國，均得力於基督徒的幫助。傳說君士坦丁大帝曾看到天空出現十字架的亮光，當夜基督顯靈，命令君士坦丁大帝製造同樣形狀的十字架，作為軍隊的前導，十字架將保證君士坦丁大帝攻城勝利。於是君士坦丁大帝連夜趕製十字架杖，遵照指示，前導軍隊，果然如願。

而後君士坦丁大帝訂基督教為國教，他的兒子更下令興建聖索菲亞教堂，長期擔任東羅馬帝國總主教堂的角色。

聖索菲亞的興造及改建，展現了基督教世界及伊斯蘭世界在建築與裝飾藝術方面的驚人成就。

大圓頂
The Main Dome

經過多次整修，圓頂其實已經不是正圓形，而是南北向直徑31.87公尺、東西向30.87公尺的橢圓。站在大圓頂下方，奇妙的宗教氛圍由四方湧來，愛琴海羅德島(Rhodes)技匠燒出來的超輕磚瓦使大圓頂千年不墜。在被改建為清真寺之前，大圓頂內部應該飾滿《全能的基督》馬賽克鑲嵌畫。

DID YOU KNOW

六翼天使圖像藏在這裡！

就在圓頂下方基座，有四幅巨大的基督教六翼天使撒拉弗（熾天使Seraph）的馬賽克圖像，撒拉弗擁有天使的最高位階，被看作神殿的管理者，不過，其中西側的兩幅已在十字軍東征時損毀，後來以濕壁畫方式復原。

麥加朝拜聖龕
Mihrab

聖索菲亞教堂改成清真寺，最大的改變在於入門正前方的主祭壇被改成穆斯林面向麥加祈禱的聖龕，精緻的牆面設計、大理石半圓頂上星星和太陽的裝飾，是由佛薩提(Fossati)兄弟檔建築師所完成，壁龕兩側的一對燭台則是1526年鄂圖曼征服匈牙利時掠奪回來的。

蘇丹特別座
Sultan's Loge

麥加朝拜聖龕左手邊的金雕小高台是蘇丹專屬的祈禱空間，以大理石鏤空雕花欄杆搭配金漆木製遮屏，可以看到整個聖索菲亞內景。

明巴講道壇
Minbar

明巴講道壇位於麥加朝拜聖龕右手邊，是由慕拉特三世(Murat III)於16世紀所設，典型的鄂圖曼風格，基座為大理石。在聖索菲亞還是清真寺時，每週五伊瑪(Imam，阿訇，伊斯蘭教傳道者)就坐在上頭傳道。

馬何慕特一世圖書館 Library of Mahmut I

這座圖書館在聖索菲亞一樓的右翼，屬於鄂圖曼後期增加的設施，由馬何慕特一世(Sultan Mahmud I)所建，在這道雕得非常精美的鐵花格門裡面，曾經收藏了五千部鄂圖曼手稿，如今保存在托普卡匹皇宮裡。

淚柱 Weeping Column

進入皇帝門左手邊有一根傳奇的石柱，觀光客經常大排長龍，等著把手放進柱上的凹洞。據說將拇指插入柱子的小洞，其他四指貼著柱面轉一圈，願望就會實現，如果滲出水來，可能願力更大，所以又稱為「許願柱」。

DiD YOU KnoW

淚柱治好查士丁尼大帝的頭痛是巧合還是神蹟？

據說查士丁尼大帝有天頭痛欲裂，怎樣都治不好，當他到聖索菲亞祈禱時，倚著淚柱休息，沒想到頭痛竟不藥而癒。於是拜占庭人便學習大帝，一旦頭痛或宿醉就來觸摸大柱，久而久之，柱上便漸漸出現了個凹洞。其實這根冰涼帶著濕氣的大柱是因地底下連著貯水池，由地底帶起的濕氣讓柱子看起來像流淚。

叫拜塔 Minaret

從外觀看，分立於四個角落的四支尖塔，是聖索菲亞從教堂變成清真寺最鮮明的證據。

貝爾加馬大理石巨壺 Marble Urns

這些大理石巨壺是挖掘自西元前3世紀的貝爾加馬遺址，於16世紀慕拉特三世時代移到當時的清真寺中作為貯水之用，容量大約1250公升。

鄂圖曼圓盤 Ottoman Medallions

圓頂下幾個大圓盤上面的阿拉伯字，分別書寫著阿拉真主、先知穆罕默德，以及幾位哈里發的名字，是19世紀的書法家 Kadıasker Mustafa İzzet Efendi所寫，圓盤直徑7.5公尺，是當今世界上最大的阿拉伯字。

Omphalion

Omphalion在希臘文中代表地球的肚臍，這一塊以大大小小圓形彩色大理石鑲嵌的地板，正位於圓頂下方主要廣場的中心位置，在東羅馬帝國時代，這裡是歷代君王加冕的位置。

淨潔亭 Ablutions Fountain

出口處有座淨潔亭，建於1728年，根據教規，穆斯林進入清真寺參拜前得先洗腳、洗手淨身。

黃金鑲嵌畫

《全能的基督》
Christ as Pantocrator

基督坐在寶座上，右手手勢表祝福，左手拿著福音書，上有希臘文寫著：「賜予汝和平，我是世界之光」。基督兩旁圓圖內是聖母及大天使，匍伏在地的是東羅馬帝國皇帝里奧六世(Leo VI)，這件9世紀的作品意在顯示拜占庭帝國的統治者是基督在俗世的代理人。

《祈禱圖》
Deësis

是希臘東正教聖像畫的代表作品之一，描繪的是《最後審判》其中一景。居中的耶穌手勢表祝福，左邊的聖母雖只有殘片，但悲憫的神情清楚可見，右手邊則是聖約翰。

《向聖母獻上聖索菲亞》
Virgin with Constantine and Justinian

聖母是君士坦丁堡的守護者，查士丁尼皇帝手捧聖索菲亞教堂、君士坦丁大帝手捧君士坦丁城，被認為是聖索菲亞成為希臘正教總教堂的證明。出口處放有一片反射鏡，可以看仔細。

《聖母子》
Virgin with the Infant Jesus on her Lap

順著聖龕視線往上抬，半圓頂上有一幅馬賽克鑲嵌畫《聖母子》，約是9世紀的作品。聖母瑪麗亞穿著深藍色斗蓬抱著基督坐在飾滿寶石的寶座上，基督雖為孩童，面容卻十分成熟，衣服上貼滿金箔。

《康奈諾斯皇帝夫婦與聖母子》
Virgin Holding Christ, flanked by Emperor John II Comnenus and Empress Irene

身著深藍袍衣的聖母有著年輕的面容，被認為是聖母最好的聖像畫；康奈諾斯皇帝(John II Komnenos)及皇后伊蓮娜(Irene)身穿綴滿寶石的衣冠，黃金馬賽克金光閃閃。皇帝手上似乎捧著一袋黃金，皇后則手拿書卷。

《基督與佐伊女皇帝夫婦》
Christ with Constantine IX Monomachos and Empress Zoe

拜占庭帝國權力最大的女皇帝佐伊(Empress Zoe)，一生結過三次婚，所以據說這幅馬賽克的丈夫也換過三次臉。財富(一袋黃金)及紙卷是最代表性的奉獻物。畫中佐伊女皇帝長了鬍子，基督正在賜福予她。

看完聖索菲亞清真寺別走遠，臨近還有一處神秘的地下宮殿等著你探訪～

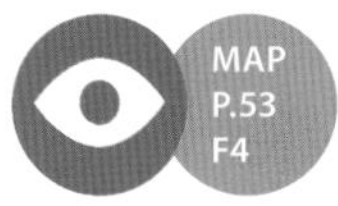

地下宮殿水池 Yerebatan Sarnıçı

MAP P.53 F4

如何前往

搭乘電車T1線至 Sultanahmet下車出站即達

INFO

Yerebatan Cad. Alemdar Mah. 1/3

0212 512 1570

9:00-22:00

9:00~18:30門票600TL；18:30~22:00門票1,000TL

www.yerebatan.com

這一座6世紀查士丁尼大帝下令建造的貯水池長140公尺、寬70公尺、高9公尺，原本立有12列、每列28根共336根科林斯式大石柱，在19世紀毀損了約90根，這一片壯觀的柱林材質多樣化，有大理石、花崗岩，大多是完整的柱身，少部分是兩塊拼接而成。

地下宮殿水池的石柱以12列排列，一根根豎立在水上，宛如一片柱林，形成無盡延伸的神秘空間。

這座位於市中心地下的奇妙空間，引水自20公里外，貯水量可達十萬噸，而貝亞濟區及法堤區(Fatih)交界處的羅馬水道橋，是當時最重要的引水道之一，直到60年代法國考古學家發現它之前，老城的居民經常聽到水聲湧動，讓人不得不佩服羅馬人引水灌溉設施的堅固耐用。

DID YOU KNOW

刻滿孔雀眼的淚柱有什麼含義？

地下宮殿水池的淚柱是因為柱身上有樹紋及孔雀眼的紋路而得名，這種柱子可能是羅馬帝國時代從伊斯坦堡貝亞濟區的一處集會廣場取來的，有人特別為淚柱下了一個特殊的意義：紀念當年死於建造地下宮殿的數百名奴隸。

有此一說～

恐怖的梅杜莎頭像竟然是鎮宅之寶?!

在希臘神話中，蛇髮女妖梅杜莎(Medusa)會令看她一眼的人變成石頭，在地下宮殿西北角可看到兩個被壓在柱底的梅杜莎頭像，一側一反，據說是藉此避免直接對上梅杜莎的眼睛以破除她的法力，另有一說是在古時人們常利用女妖雕像安定家宅，所以在此安置了梅杜莎頭像以保護地下建築。

王牌景點 2

伊斯坦堡最具代表性的清真寺，擁有巨型的圓頂、尖聳的叫拜塔，以及遠近馳名的伊茲尼磁磚。

巍然聳立在聖索菲亞對面，藍色清真寺為觀光客最鍾愛、話題最多，參觀人數當然也最多的伊斯坦堡名景。

MAP P.53 F5

藍色清真寺(蘇丹阿何密特清真寺)

Sultanahmet Camii

藍色清真寺得名於伊茲尼藍磁磚的光彩，它真正的名稱是蘇丹阿何密特清真寺，位於伊斯坦堡舊市街的中心，連同周圍的庫里耶社區(Külliye)一起規劃建造，完成於1616年，由伊斯蘭世界建築大師錫南(Sinan)的得意弟子阿迦(Mehmet Ağa)，以土耳其最著名的伊茲尼(Iznik)藍磁磚、鬱金香等鄂圖曼的花草圖騰蓋出藍色清真寺，巍然聳立在聖索菲亞對面，成為伊斯坦堡另一具代表性的清真建築。

寺內的大圓頂直徑27.5公尺、高43公尺，襯著側圓頂、小圓頂串成的迴廊，加上呈圓型排列的玻璃燈光及彩窗，形成一處極度虛幻的空間。

Sultanahmet Mah At Meydani Cad No: 7, İstanbul 34122, Türkiye
免費，在出口處可自由捐贈

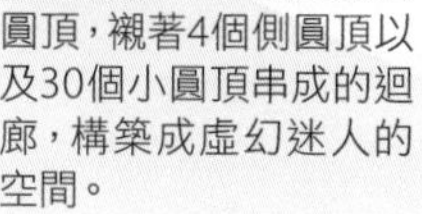

直徑廣達27.5公尺的大圓頂，襯著4個側圓頂以及30個小圓頂串成的迴廊，構築成虛幻迷人的空間。

搭乘地面電車T1線至Sultanahmet站，出站後步行3分鐘。

至少預留時間
隨興瀏覽：約0.5小時
細細欣賞：約2小時

造訪藍色清真寺理由

1. 兩萬多片美麗炫目的伊茲尼磁磚
2. 造型華麗繁複的大圓頂
3. 衣索匹亞敬贈的華貴地毯

以土耳其最著名的伊茲尼藍磁磚、鬱金香等鄂圖曼的花草圖騰，鋪疊出藍色清真寺惑人的魅力。

DID YOU KNOW

讓人捏一把冷汗的僭越

藍色清真寺的叫拜塔多達6座，這已經是聖城麥加大清真寺的建築規格，會發生這項失誤，據說是因為蘇丹阿何密特一世命建築師在塔底塗上黃金塗料，建築師誤把「黃金」(Altun)聽成了「六」(Alti)，所以建成土耳其第一間，也是唯一一間擁有6座叫拜塔的清真寺。據聞，阿何密特一世發現出錯後，特地為麥加聖寺加建了第7座叫拜塔。

號建築大師最大的遺憾就是它

與聖索菲亞相對而立的藍色清真寺，是伊斯蘭世界建築大師錫南(Sinan)最大的憾事，錫南賦予聖索菲亞教堂優雅的鄂圖曼伊斯蘭教氣質，處於鄂圖曼帝國國勢頂峰時期的錫南，最期待的就是蓋出比聖索菲亞更偉大的清真寺，而且最好就蓋在聖索菲亞的正對面。錫南一生在伊斯蘭世界蓋了三百多座清真寺，包括蘇雷曼尼亞清真寺及厦斯坦帕夏清真寺兩大傑作，為鄂圖曼清真寺立下十字圓頂結構，以及廣場公共空間設計，但終究無法一償宿願，由他得意的弟子阿迦打造出了藍色清真寺。

怎麼玩藍色清真寺才聰明？

遵守服裝規定

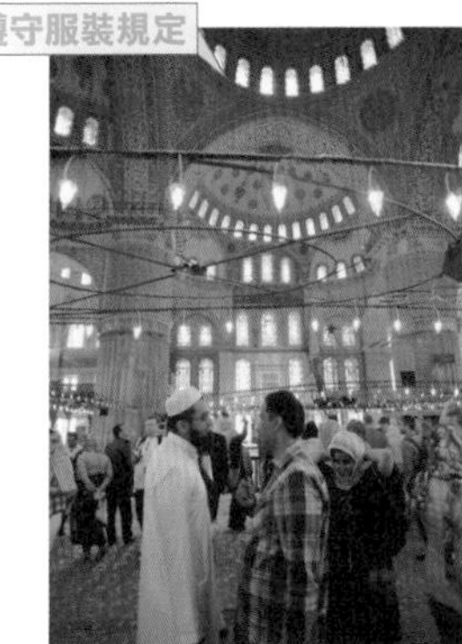

清真寺為宗教聖地，設有服裝規定，不分男女都不可穿著短褲、短裙入內，女性還必須以頭巾遮圍住頭髮，在入口處提供免費的頭巾。此外，入寺須脫鞋，可於入口處領取塑膠袋裝鞋。

入寺參觀注意開放時間

藍色清真寺是使用中的宗教場所，因此，除了穆斯林每天五次在寺內進行禮拜、週五14:30之前的講道時段，以及聖日，其餘時間都開放。

搭地面電車連遊熱門景點

地面電車(Tramvay)是伊斯坦堡最方便的大眾運輸工具，其中T1線貫穿整個老城區的主要景點，包括熱門的藍色清真寺、Beyazıt有頂市集、Eminönü碼頭，再跨過加拉達橋到新城區，值得好好利用。

藍色清真寺以優美著稱，華麗的彩窗、地毯，以及兩萬多片精美伊茲尼磁磚，令人深深著迷。

伊茲尼磁磚
Iznik

整座清真寺裝飾著兩萬三千多片伊茲尼磁磚，細膩精緻，可以說是藍色清真寺最寶貴的資產。伊茲尼花磚大多為白底藍綠色釉彩，點綴特殊的伊茲尼紅，圖案上以纏繞的柏樹枝葉、鬱金香、玫瑰和水果象徵天堂的富饒。

地毯

寺內鋪滿紅綠搭配的地毯，鮮豔搶眼，是伊索匹亞的朝貢品。

彩繪玻璃窗

大小圓頂和建築側邊共有260個小窗，數量龐大的彩繪玻璃色彩繽紛，是清真寺中少見的。

阿拉伯藝術字

支撐大圓頂的四根大柱直徑達5公尺，槽紋明顯，有「大象的腳」之稱。柱頭和圓頂的藍底金字阿拉伯文，和懸掛的黑底金字阿拉伯文，都是藝術品。

藍色清真寺臨近周遭有著不少精彩的景點，囊括了購物市集及千年古蹟，可規劃一日遊的遊程。

賽馬場
At Meydanı

如何前往

搭乘地面電車T1線至 Sultanahmet站，出站後步行3分鐘

INFO

位於藍色清真寺西側

在拜占庭時代，身為東羅馬帝國的首都，君士坦丁堡建有一座戰車競技場(Hippodrome)，根據紀錄，當時的競技場長500公尺、寬117公尺，呈U字型，是神鬼戰士(Gladiators)駕著戰車競技的場所。到了鄂圖曼時代，轉變為蘇丹及貴族們娛樂的賽馬場(At Meydanı)。

許多歷史上重要的紀念物都豎立於此，包括1898年日耳曼皇帝威廉二世(Wilhelm II)送給蘇丹阿布都哈密特二世(Abdülhamid II)的德意志噴泉亭、高32公尺的君士坦丁紀念柱(Column of Constantine)、從希臘德爾菲(Delphi)的阿波羅神殿(Temple of Apollo)搬來的蛇柱(Column of the Serpent)，以及拜占庭皇帝狄多西奧斯(Thedosius)於西元390年從埃及運來的方尖碑(Obelisk)。

圖中前方的蛇柱建於西元前5世紀，現僅存半截斷柱，後方的埃及方尖碑是伊斯坦堡歷史最久遠的古物。

君士坦丁紀念柱毀損嚴重，原本覆蓋在柱身的青銅浮雕被十字軍所掠奪。

從藍色清真寺轉進廣場，八角形的新拜占庭式噴泉亭就立在眼前。

DiD YOU KnoW

賽馬場上的方尖碑來自這裡

埃及路克索(Luxor)為古時大都底比斯(Thebes)的所在地，兩千多年前，是新王國時期的首都，當時的法老王圖斯摩西斯三世(Tuthmosis III)權勢如日中天，底比斯的發展臻至顛峰，打造出了空前絕後的卡納克阿蒙神殿(Temple of Amun at Karnak)，神殿所在地古稱Ipetisut，意為「精選之地」，這塊首選寶地獻給了至高無上的阿蒙神，當時圖斯摩西斯一世及圖斯摩西斯三世在神殿的第三塔門建了四座方尖碑，其中的一座就是今日所見立於伊斯坦堡賽馬場上的方尖碑。埃及的方尖碑都是以整塊花崗岩雕成，充分顯示古埃及精湛的工藝。

阿拉斯塔市集沒有人山人海的盛況，可享受輕鬆愜意的購物樂趣。

充滿土耳其異國情調的紀念品最吸睛。

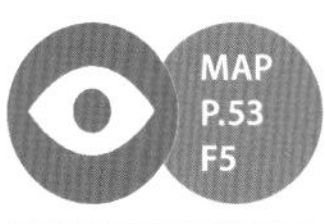
MAP P.53 F5

阿拉斯塔市集
Arasta Çarşısı

如何前往

搭乘地面電車T1線至Sultanahmet站，出站後步行10分鐘

INFO

位於藍色清真寺東側

這是伊斯坦堡唯一還存在沒有頂篷的歷史市集，17世紀設立之時，是為了籌募藍色清真寺的建設基金，市集所賣商品以手工地毯聞名。1912年不幸發生一場大火毀損了大半市集，直到1980年代大肆整修約七十間商店，重新開幕恢復往昔風光。

市集內主要販售金銀珠寶、皮革製品、手工地毯、陶瓷器、紡織品，以及古董紀念品。這處市集鄰近藍色清真寺和聖索菲亞清真寺等一級景點，卻沒有大市集或埃及市集那般擁擠人潮，購物時相對輕鬆悠閒。

MAP P.53 F5

大皇宮鑲嵌畫博物館
Büyük Saray Mozaik Müzesi

如何前往

搭乘地面電車T1線至Sultanahmet站，出站後步行10分鐘

INFO

Sultanahmet Mahallaesi Kabasakal Cad. Arasta Çar ısı Sok. No:53 Fatih

0212 518 1205 　11~3月9:00-17:00；4~10月9:00-19:00，閉館前半小時停止售票

220TL，適用博物館卡

考古學家於1930到50年代，在今天阿拉斯塔市集的位置，發現了許多拜占庭早期、約西元6世紀的馬賽克鑲嵌畫，畫作內容包括動物、花、打獵、神話故事場景等。這些鋪在地面上的馬賽克鑲嵌畫，其實就位在連接拜占庭皇宮(亦即藍色清真寺的現址)到港口的「凱旋大道」(Triumphal Way)上，現今博物館所展示的，就是這些出土的馬賽克鑲嵌畫地板，其中以《騎單峰駱駝》、《象獅大戰》、《雙人獵殺老虎》最為生動。

拜占庭是繼希臘化、羅馬時代之後，最重視鑲嵌畫藝術的年代。

在博物館裡展示的鑲嵌畫中，《騎單峰駱駝》最為搶眼。

與聖索菲亞清真寺旁邊的地下宮殿水池幽暗神秘的氣氛不同，薛列菲耶地下水池明亮而有藝術感，在磚砌拱頂和石柱間加入金屬及玻璃元素，十字型木棧道如時尚伸展台，呈現現代藝術品超越時間的衝突美感。

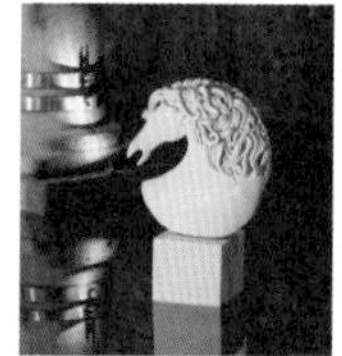

MAP P.53 E4

薛列菲耶地下水池
Şerefiye Sarnıcı

如何前往

搭乘地面電車T1線至 Çemberlita 站，出站後步行約3分鐘

INFO

Binbirdirek Mh., Piyer Loti Cd. No:2/1, 34122 Fatih

0212 568 6080

9:00-19:00

500TL

www.serefiyesarnici.istanbul

準備好一趟時空穿越嗎？穿過舊城區擁擠雜亂的小巷，進入嶄新的玻璃帷幕建築，循著入口石牆走下階梯，立刻就會墜入古羅馬的地底世界。

長45公尺、寬25公尺、高9公尺的薛列菲耶地下水池，立有32根大理石柱支撐住頂部，西元428至443年間，由拜占庭的皇帝狄奧多西二世(Theodosius II)下令興建，經由瓦倫斯水道橋(Valens Aqueduct)引水至這個地下蓄水池，作為居民的飲用水源，又被稱為「狄奧多西蓄水池」，時至今日已轉變成為充滿藝術感的展演空間。

DID YOU KNOW

宛若夢境的地下水池竟埋藏了1600年?!

1950年代，Eminönü區的市政府辦公大樓建於Pemberloti街上，2010年拆除老舊的市府大樓時才發現藏在地底的秘密，佔地廣大的地下水池在一千六百年後再度與世人相見。經過八年整修，薛列菲耶地下水池於2018年4月24日對本地和外國遊客開放參觀，並進而成為藝廊及音樂表演的展演空間。

王牌景點 3

它曾是最能展現希臘東正教榮耀及東羅馬帝國勢力的教堂，同時也是拜占庭建築的最高傑作。

皇宮位在可眺望博斯普魯斯海峽的山丘上，擁有攻守方面的軍事優勢。

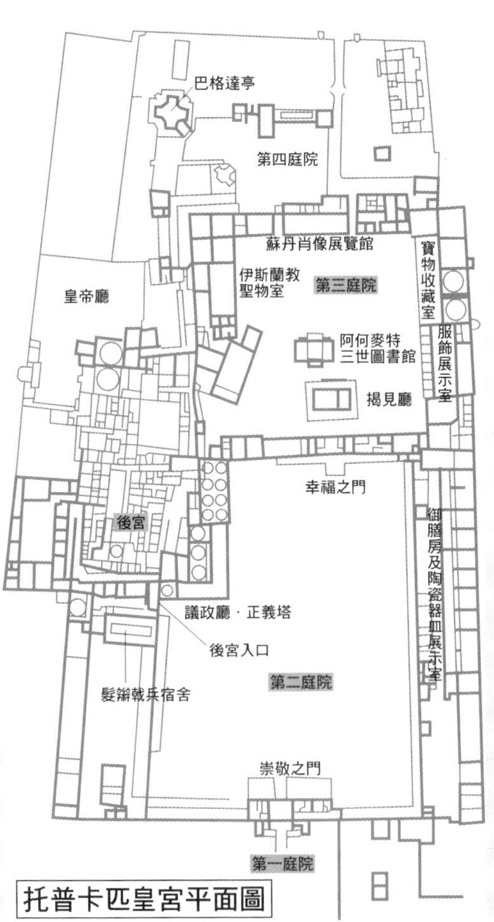

托普卡匹皇宮平面圖

托普卡匹皇宮

Topkapı Sarayı

托普卡匹(Topkapı)的土耳其語意為「大砲之門」，它坐制金角灣、馬爾馬拉海，遠眺博斯普魯斯海峽，易守難攻，離庶民生活的貝亞濟地區也不太遠，位於高處可掌握其動靜。整座皇宮有海牆及城牆圍起來，其中靠海城牆達2公里，陸地城牆有1.4公里，總面積廣達七十萬平方公里，最多住了六千多人，簡直是君士坦丁堡的城中之城。

1853年，蘇丹阿布麥錫德一世(Abül Mecid I)放棄了托普卡匹，遷入精雕細琢的朵瑪巴切皇宮(Dolmabah e Sarayı)；1924年，土耳其國父凱末爾將托普卡匹皇宮開放，成為一座博物館。

托普卡匹皇宮展現昔日統領三大洲的蘇丹王朝榮光。

造訪托普卡匹皇宮理由

1. 長達四百多年的鄂圖曼帝國政治中心
2. 收藏86克拉的巨鑽及全球最大的祖母綠
3. 一窺隱密的後宮生活

DID YOU KNOW

皇宮所在處為什麼要臨海又可制高？

鄂圖曼帝國最強盛時疆土橫跨歐亞非三洲，從維也納到黑海、阿拉伯半島、北非全在它的掌握之下，要了解蘇丹們如何統管這占了世界六分之一的領土，唯有進入托普卡匹皇宮。

當時的拜占庭帝國國勢日漸孱弱，但即使疆土只剩下君士坦丁堡，靠著大海屏障，難讓外敵攻陷。後來攻下君士坦丁堡的鄂圖曼麥何密特二世記取這一重點，決意統治者要住在靠海又可制高的地方，於是托普卡匹這塊有海牆圍繞的小丘被選中來建造蘇丹的皇宮，在鄂圖曼帝國統治的四百多年歷史中，36位蘇丹有半數以托普卡匹皇宮為家，成為鄂圖曼帝國最真實的見證。

Sultanahmet, Fatih　0212 512 0480
9:00-17:00　休 週二
後宮500TL；伊蓮娜教堂500TL；皇宮+後宮+伊蓮娜教堂聯票1,500TL。博物館卡適用於皇宮，但不可用於後宮及伊蓮娜教堂。

搭乘地面電車T1線至 Sultanahmet站，出站後繞過聖索菲亞清真寺往後步行約100公尺可達帝國之門；或於Gülhane站下車，跟隨指標即可抵達。

至少預留時間
重點遊賞：約1小時
仔細欣賞：約3~4小時

怎麼玩托普卡匹皇宮才聰明？

持這張卡不必忍受排隊購票

托普卡匹皇宮的售票門前常大排長龍，加上進入後宮參觀又要再次排隊購票，長時間排隊會影響旅遊的興致，因此，建議購買伊斯坦堡博物館卡，即可直接入宮參觀，省節時間和體力。若想詳細了解皇宮的歷史，記得租借一套語音導覽。

一窺宮內稀世珍寶

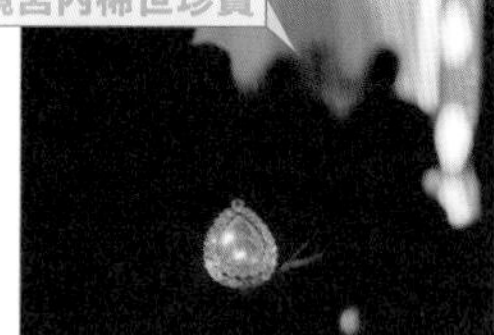

托普卡匹皇宮為鄂圖曼帝國的政治中心，收藏了無數的珍寶，舉凡瓷器、銀器、水晶、鑽石質量均豐，令人大開眼界！

皇宮內藏有景觀餐廳

在第四庭院的東側，藏有一間Konyali餐館，這間餐廳除了供應土耳其傳統美食，最大的賣點就是可欣賞馬爾馬拉海和博斯普魯斯海峽的美景，逛累了，不妨在此歇憩、享受餐點。

托普卡匹皇宮佔地廣闊，分有四大庭院及後宮，各有可看之處，值得細細遊賞。

第一庭院

帝國之門
Bab-ı Hümayun

由聖索菲亞清真寺走來，馬路寬廣，直到皇宮最外圍的城牆門「帝國之門」為止，過去是大官們進出的皇室道路。帝國之門是皇宮正門，建於1478年，穿過帝國之門，就是「第一庭院」，又稱為「禁衛軍庭」(Court of Janissaries)，滿眼林蔭，過去是精鋭的土耳其軍隊操練場所。

阿何麥特三世水池
Ahmet III Çeşmesi

帝國之門外的阿何麥特三世水池建於1728年。鄂圖曼把拜占庭時代所遺留下來的水利系統進一步擴大，並受到西方建築影響，充滿洛可可風格(Rococo)。

伊蓮娜教堂
Haghia Eirene

伊蓮娜教堂是東羅馬帝國時期第二大的教堂，在鄂圖曼帝國時雖沒有改成清真寺，但被蘇丹拿來當做軍械武器的倉庫，現為伊斯坦堡最古老的教堂，在夏天常有音樂會表演。

第二庭院

崇敬之門
Ortakapı or Bab-üs Selâm

走過約200公尺的林蔭道，到達第二道門「崇敬之門」，跨過這道門就真正進入蘇丹們的生活圈，過去大官貴臣走過此門前得下馬脱帽向大門行禮，以表示對蘇丹的敬意，只有蘇丹和蘇丹的母親可以騎在馬背上通過。

進了這道門就是「第二庭院」，最重要的是右手邊的御膳房和左側的議政廳、後宮的入口，也因此，這個庭園也被稱為議事廣場、司法庭或慶典庭。

崇敬之門是皇宮三座城門中最漂亮的，16世紀時由蘇雷曼大帝所增建，兩個圓椎八角型戴尖帽的高塔，據説模仿當時歐洲的城堡風格，城門上的黑底金字是可蘭經最重要的教義，而兩旁圖像式的文字則是蘇丹麥何密特二世的印璽。

髮辮戟兵宿舍
Halberdiers Barracks

髮辮戟兵(Zülüflü Baltacılar)帶著尖而高的帽子，將頭髮挽起藏於帽中，留兩條細細的長辮子，因這樣的造型得名。他們平時負責維護議政廳、皇宮守衛、分配後宮的柴火及清潔，戰爭時則在軍隊前清理道路。戟兵宿舍是傳統鄂圖曼房屋的設計，除了臥室以外，獨立小區內還有廚房、清真寺、浴室和抽水煙的休息室。

御膳房及陶瓷器皿展示室
Palace Kitchens

御膳房是一長形空間，分成好幾個相連的房間，屋頂上有一整排煙囪。過去這個廚房可供應四千人到六千人的伙食，包含皇室成員、官員及工作人員，如今主要展示了中國瓷器、鄂圖曼銀器、歐洲的水晶器皿及從前御膳房的廚具。

在陶瓷展示室裡，七八成都是藍白色的中國磁器，早期的蘇丹似乎只鍾情於花草圖案，晚期的蘇丹才開始收藏紅袖、綠瓷等華麗造型的中國陶瓷，少部分是日本伊萬里的陶瓷品。

Did You Know
蘇丹收藏中國瓷器竟然別有用意！

蘇丹不惜千里向中國大量訂購陶瓷，除了自身的喜好，並作為一代傳一代的寶物之外，還有一個很重要的原因，蘇丹相信藍白瓷是最好的測毒器皿，任何有毒的食物放到藍白瓷上，就會變色。

Did You Know
垂簾聽政變成「隔窗」聽政？

議政廳的右面牆上有扇格子窗，這是供不親臨議場的蘇丹在窗後聽政之用。據說這不是早期的蘇丹作風，原由是某位蘇丹被一位闖入陳情的平民冒犯了，於是接受了宰相的建議，改成隔窗聽政。

議政廳．正義塔
Kubbealtı & Kasr-ı Adl

議政廳位於第二庭院的左邊，空間不大，陳設簡單，但右面牆的格子窗別有玄機，而在議政廳上方和後宮的交界處，有一座高高的尖塔，就是正義塔，伊斯坦堡大部份地區都能看到這座尖塔，象徵鄂圖曼帝國的王權。

後宮Harem

後宮在托普卡匹這個城中之城中自成一區，過去約有六百人居住在內，經過歷代蘇丹的整理增建，有兩座清真寺、三百間房間、醫院、宴會廳、宦官宿舍、九座浴場、三座游泳池、一座監獄等，由數個庭院組成，每個庭院則由好幾棟房舍圍繞著，基本上，後宮的建築低矮緊連著，空間窄小，一方面是因人口眾多，二方面越錯綜複雜越易防守。

後宮的空間大概可分成二組建築，最外圍是宦官宿舍、嬪妃女侍的空間，同時也是王子們學習的所在，內圈則是蘇丹妻妾寵妃的住所及蘇丹的廳室；每個房間的裝飾都很細膩，特別是磁磚的運用，色澤花紋都是當時的最高傑作。

後宮中最精采、最精緻的是皇帝廳(Imperial Hall)，它是大建築師錫南設計的，磁磚色澤豐潤無比，金雕也仍閃閃動人，此外，穆拉特三世(Murat III)起居室的伊茲尼藍彩磁磚最教人印象深刻，阿何麥特三世(Ahmet III)御膳室的水果磁磚也很特別。

皇帝廳又稱為「圓頂廳」，由圓頂垂掛下來的水晶燈增添了洛可可式的華麗，皇室慶典和聚會也在此舉行。

各主要廳堂間以狹窄的迴廊及樓梯相連。

從後宮的生活空間及建築結構，得以理解鄂圖曼帝國最高權力者的生活情形。

英國維多利亞女王送的立鐘是最特殊的擺飾。

DiD YOU KnoW

為什麼土耳其後宮的宦官選用黑人？

為什麼鄂圖曼的宦官警衛一定選用來自埃及努比亞地區的黑人？原因很簡單，就是如果後宮女子和宦官警衛有染，生下的一定是黑皮膚的嬰兒，一點也賴不掉，不過，事實上根據伊斯蘭教及鄂圖曼的體制，這些宦官警衛是很難和後宮女子打照面的。

土耳其版的《後宮甄嬛傳》一樣陰險毒辣！

每當新蘇丹就位，宦官長就會到人肉市場購買後宮的新血，據說首選是來自高加索地區的女子，因為她們體態健美、金髮碧眼，又有很高的生育能力；新血入宮後，沒有排行問題，就看誰先生出兒子，成為帝國的接班人，所以後宮女子莫不以早一刻生出男嬰為目標，進一步成為最高權力的皇太后，因此，後宮女人鬥爭殘忍，毒殺太子之事也常發生。就因鄂圖曼的後宮生活充滿傳奇色彩，連莫札特的歌劇也上演以鄂圖曼後宮生活為場景的《後宮誘逃》，土耳其連續劇也很愛以此為主題。

第三庭院

幸福之門
Bab-üssaade

進入第三庭院的幸福之門，是18世紀改建的鄂圖曼洛可可風，一跨過此就進入蘇丹的私人空間了。

從前新官上任對蘇丹宣誓效忠時，蘇丹就坐在此門前謁見，此外，蘇丹的葬禮、軍隊出征前的宗教儀式也都在門前的廣場舉行。根據畫作所繪，蘇丹就坐在幸福之門前，臣子列隊向他恭賀，遠處可能還有軍樂的演奏；在幸福之門前的地面上有一個凹洞，據說就是畫中蘇丹所坐的位子。

謁見廳
Arz Odası

房間外設有洗手台，開會時刻意打開水龍頭，以避免遭竊聽。

幸福之門和謁見廳相接，是很簡單的空間，建於16世紀，並在18世紀重新翻修。蘇丹坐在鑲著15,000顆珍珠的坐墊上，接見各國使節、重要官員，甚至是一般民眾，使節送來各國的貢品，放在兩道前門之間，前門是官員進出，後門是蘇丹專用。

在大門主要入口下方，有一座雕飾得很典雅的水池，是圖書館的標誌之一。

為了防潮，建築物的地基特地抬高。

阿何麥特三世圖書館
Library of Ahmet Ⅲ

謁見廳的正後方是蘇丹的圖書館，建於1719年，收藏皇家圖書。整座圖書館就位在第三庭院的中心點，建築物由大理石構成，屋頂則是圓頂，因此外觀就像是一座小型的清真寺。

寶物收藏室
Hazine

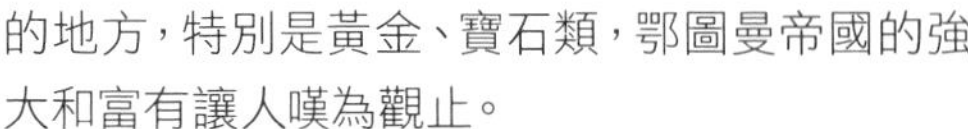

皇家寶物室過去就是皇室存放藝術品和寶藏的地方，特別是黃金、寶石類，鄂圖曼帝國的強大和富有讓人嘆為觀止。

展示室裡最引人矚目的，是名為「湯匙小販鑽石」(Spoonmaker's Diamond)，以及曾經成為電影主題的《托普卡匹匕首》(Topkapı Dagger)，顯示了鄂圖曼金匠手藝已達巔峰，劍把上有三顆清翠、色澤完美的等大翡翠，黃金劍身上也鑲滿了鑽石。

Did You Know
湯匙換鑽石?!實在太瞎了！

「湯匙小販鑽石」是世界第五大鑽石，重達86克拉，四周還圍了49顆小鑽，基座則是黃金，價值居全托普卡匹宮之冠。最早的時候，這顆鑽石是麥何密特四世於1648年登基加冕時所配戴。至於鑽石名稱的由來，傳說是有位漁夫無意間撿到了一顆會發光的石頭，他拿到市場上換到了三根湯匙，覺得很划算，而老謀深算的湯匙小販鎮靜地換到了讓他三輩子也吃不完的寶石。

伊斯蘭教聖物室
Sacred Safekeeping Rooms

伊斯蘭教聖物室的牆壁飾滿伊茲尼藍彩磁磚，屋內所展示的伊斯蘭聖物，包括了伊斯蘭先知穆罕默德的各種遺物，如他的斗蓬、信件、長劍、毛髮，以及腳印模型，這些物品對穆斯林而言，有無比的價值及意義。至於這些聖物是怎麼到土耳其的？它們多半是蘇丹謝里姆一世(Selim I)於1517年遠征巴格達、開羅、麥加等地所帶回來的。

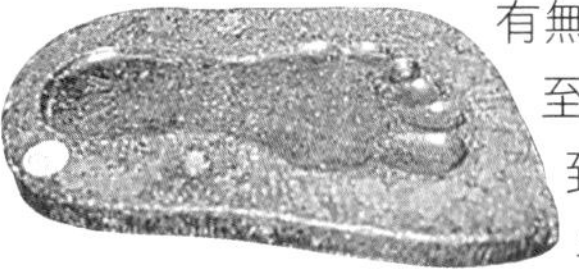

先知穆罕默德的腳印模型，彌足珍貴。

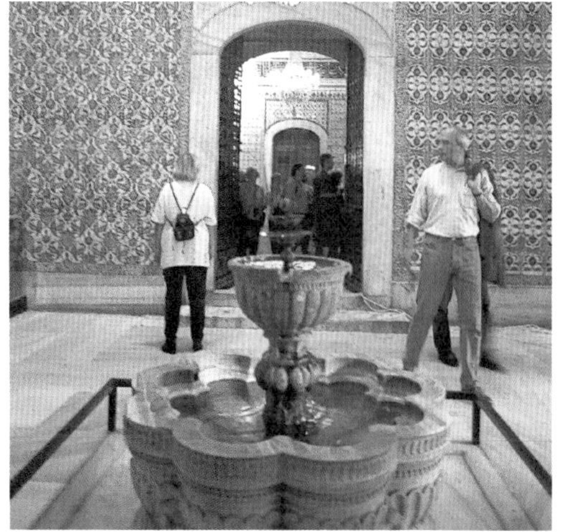

服飾展示室
Costumes of the Sultans

服裝展示室過去是遠征軍宿舍，如今展示了許多過去皇室的袍服，以外袍(Kaftan)居多，每件都顯得很厚重；從外袍的長度也可以判斷出蘇丹的體型，其中一位蘇丹居然有190公分高、100多公斤！

肖像展覽館
Dormitory of Privy Chamber

細緻畫展示室以前是男僮僕的宿舍，現在陳列的是鄂圖曼畫風的細緻畫，藏量約有13,000幅，能展出的當然有限。細緻畫這種畫風最早來自於印度蒙兀兒(Migul)王朝和波斯，後來鄂圖曼接續發揚光大。目前展示的畫作多是蘇丹的肖像畫，是了解鄂圖曼皇室生活及蘇丹長相的最好途徑。

第四庭院及亭榭樓閣The Fourth Court & The Kiosks

皇宮最深處的第四庭院是蘇丹和家眷的私人空間，包含年輕王子進行割禮的割禮廳、美麗的巴格達亭。

第四庭院中的各閣樓隨著建築年代及翻修時間，而被添加了較為濃厚的西方色彩，磁磚色調依然是以藍色為主調，但玫瑰窗的型式較為現代，明快而開放的氣氛是皇宮其他地方所沒有的。

巴格達亭(Baghdad Kiosk)是全托普卡匹宮最開闊的空間，也是代表性的鄂圖曼式建築，1639年，穆拉特四世(Murat Ⅳ)起建這座亭榭，主要是為了慶祝他成功攻下巴格達。

第四庭院可眺望金角灣和加拉達橋，風景美不勝收。

巴格達亭地理位置極優，環境清幽，且居高臨下可眺景。

巴格達亭裡圓頂色彩鮮豔，壁面貼滿藍白色磁磚，昔日為蘇丹專屬的咖啡亭，休憩賞景最愜意。

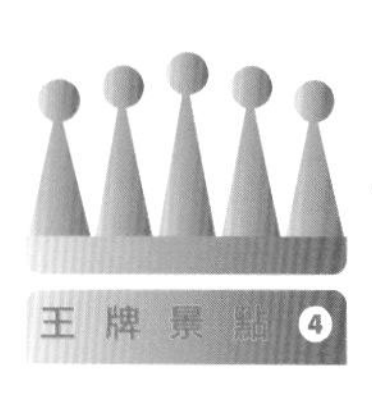

土耳其境內小亞細亞與安納托利亞的考古精華都收藏在此，為全國首屈一指的博物館。

伊斯坦堡考古博物館是土耳其重量級的博物館。

石棺的出土促使了伊斯坦堡考古博物館誕生。

伊斯坦堡考古博物館

İstanbul Arkeoloji Müzesi

身為拜占庭及鄂圖曼兩大強盛帝國的首都達兩千年，伊斯坦堡擁有考古及文明演進上的重要收藏，特別是小亞細亞及安納托利亞高原，從史前到今日一直是文明交會合流的焦點，豐富的文化資產也使得這座博物館的館藏超過上百萬件。

整座伊斯坦堡考古博物館主要分成三棟建築，一進門的右手邊是主館考古博物館(Arkeoloji Müzesi)，左手邊是古代東方博物館(Eski Şark Eserler Müzesi)，主館對面則有一座磁磚博物館(Çinili Köşk)。

Alemdar Caddesi,Osman Hamdi Bey Yokuşu,Gülhane，位於托普卡匹皇宮範圍內，過了帝國之門第一庭院左轉前行即達。
9:00-18:30；閉館前一小時停止售票
340TL，博物館卡適用
考古博物館整修多年，隨著整建進度不同，部分廳室未開放，有些展品可能不在陳設之列。

搭乘地面電車T1線至Gülhane站下車，出站後經過居爾罕公園步行約1分鐘。

至少預留時間
隨興瀏覽：約1小時
細細欣賞：約2~3小時

造訪伊斯坦堡考古博物館理由

1. 擁有百萬件豐富館藏
2. 收藏史上最早的和平條約《卡迪柮和約》
3. 三大博物館齊聚一處

伊斯坦堡考古博物館館藏年代跨度逾千年，藏品超過百萬件。

伊斯坦堡考古博物館與古代東方博物館、磁磚博物館聚集為博物館群。

DID YOU KNOW

伊斯坦堡考古博物館的鎮館之寶是什麼？

伊斯坦堡考古博物館的興建和19世紀一次重要的考古發現有很大的關係，一位牧羊人在古名為錫頓(Sidon，即今日黎巴嫩境內的Side)的皇家墓園掘井時，發現了許多石棺，當時的鄂圖曼皇家博物館(Ottoman Imperial Museum)館長Osman Hamdi Bey立刻前往錫頓，運回這批寶貴的考古發現，並且在蘇丹的支持下蓋了考古博物館，這批石棺也就成了博物館的鎮館之寶，考古博物館因此也有「石棺博物館」(Museum of Sarcophagi)的稱號。

怎麼玩伊斯坦堡考古博物館才聰明？

新館及舊館都不容錯過

伊斯坦堡考古博物館的主館分為舊館與新館，重要的古物展品幾乎都陳列在舊館，新館的一樓有兒童館和與伊斯坦堡相關的歷史文物，二樓展示伊斯坦堡發現的雕刻，三樓則是以特洛伊出土的文物為主，四樓有賽普勒斯、敍利亞、黎巴嫩出土的文物，值得慢慢欣賞。

古代東方博物館藏品珍貴

一般人進到考古博物館常只停留在主館，較少注意到位於入口左手邊的古代東方博物館，此館除了展示美索不達米亞的考古古物(例如巴比倫城牆)，最重要的就是土耳其境內安納托利亞高原的出土古物了，彌足珍貴。

開在古蹟群中的咖啡館

古代東方博物館和磁磚博物館之間則有戶外庭園咖啡座，古蹟環立四周，花木點綴其間，別具風情。

伊斯坦堡考古博物館收藏希臘羅馬時期的雕像，以及亞歷山大大帝石棺，擁有極高評價。

希臘化及羅馬時期雕塑 Sculptures of the Hellenistic and Roman Imperial Period

亞歷山大大帝立像 Alexander the Great

由聖索菲亞清真寺走來，馬路寬廣，直到皇宮最外圍的城牆門「帝國之門」為止，過去是大官們進出的皇室道路。帝國之門是皇宮正門，建於1478年，穿過帝國之門，就是「第一庭院」，又稱為「禁衛軍庭」(Court of Janissaries)，滿眼林蔭，過去是精銳的土耳其軍隊操練場所。

雅典娜大戰人頭蛇身巨怪 Relief of Gigantomachy

歐洲進入黑暗時期後，希臘及愛琴海人紛紛移民至以弗所等地，又因其位於貿易動線上，所以以弗所等地的希臘化風格又有一種華麗複雜的表現手法，雅典娜大戰人頭蛇身巨怪就是一個代表性的例子。

阿波羅像 Apollo

阿波羅居然被雕成腰軟、臀線突出，而且腳的比例過短，完全不是熟悉的太陽神的陽剛氣質。這尊雕像所雕的涼鞋很華麗，符合以弗所一帶在西元2世紀時的富強。

少年雕像 Ephebus

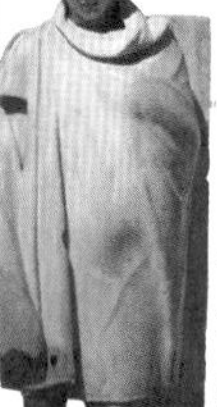

少年正靠在柱上休息，他斗蓬披身，低著頭，重心在右腳，左腳則彎曲輕鬆地靠在右腳上，呈現出運動後神情疲態和充滿知性的少年內心世界。有人從小男孩右腳強壯的小腿判斷，小男孩可能是運動員，因此一般猜測這尊雕像原本應該是體育館的裝飾品。

石棺 Sarcophagus

亞歷山大大帝石棺 Alexander Sarcophagus

大理石石棺上的雕刻，以描繪亞歷山大大帝大敗波斯的戰爭場面聞名，亞歷山大大帝頭戴獅頭頭盔騎在戰馬上，預備射出長矛，包頭巾的波斯士兵慘敗，肉搏戰驚心動魄，似乎從石棺表面傳出淒厲的哀號與勝利的戰鼓。

DiD YOU KnoW

亞歷山大大帝石棺裡埋的不是亞歷山大？

科學上不能證實亞歷山大石棺埋的是他本人，從歷史的角度推測，可能性微乎其微，因為亞歷山大大帝是在伊朗的巴比倫得急病而亡，遺體由得到埃及領土的舊部屬普特馬歐司運到亞歷山卓港埋葬，所以，亞歷山大大帝的石棺不太可能出現在敘利亞境內。

古代東方博物館Eski Şark Eserler Müzesi

館內展示了部分美索不達米亞的考古收藏，包括尼布甲尼薩二世(Nebuchadnezzar II)時代的巴比倫城牆，而最具意義的就屬安納托利亞高原的考古珍藏，特別是從西台帝國(Hittite)首都哈圖夏(Hattuşaş)出土的寶物，如具西台帝國風格的人面獅身像，以及世界歷史上最早的和平條約《卡迪栩和約》(Treaty of Kadesh)，這是一塊黏土板，上頭撰刻著西元前1269年西台帝國和埃及法老王拉姆西斯二世(Ramesses II)所簽訂的條約。

磁磚博物館Çinili Köşk

磁磚博物館建築物本身是1472年由蘇丹麥何密特二世下令興建的別館，為目前伊斯坦堡現存、由鄂圖曼所蓋最古老的非宗教性建築。過去這裡原本屬於托普卡匹皇宮的第一庭院，建築正面有非常精緻的磁磚，博物館裡收藏了塞爾柱、鄂圖曼早期的陶瓷、17至18世紀的伊茲尼磁磚，以及收集自土耳其各地的古老陶瓷器。

它曾是鄂圖曼帝國專賣來自埃及貢品的市場，直到今天，仍可見到各色香料一字排開的壯觀景象。

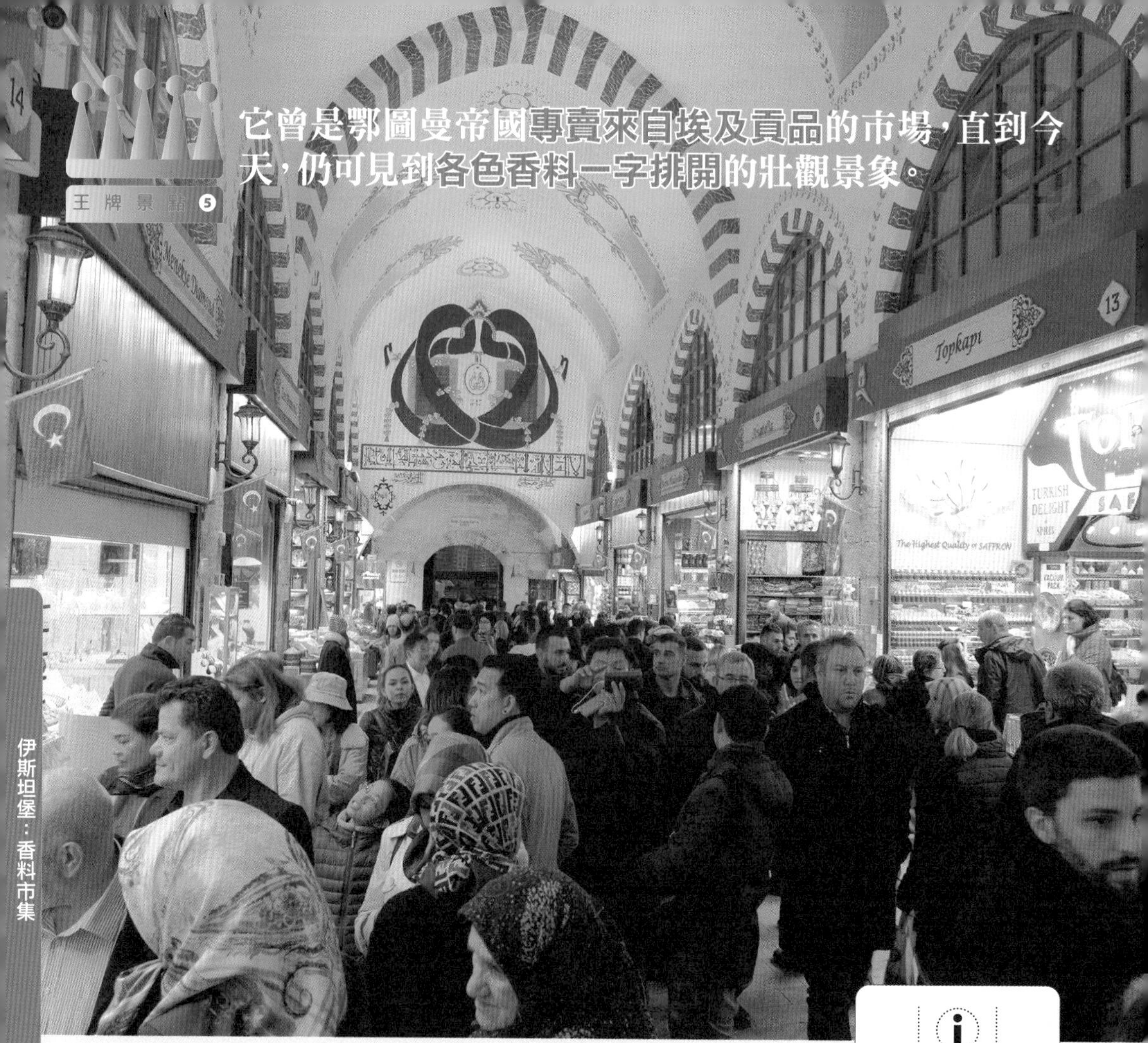

MAP P.52 D2

香料市集(埃及市集)

Mısır Çarşısı

香料市集這座L形的建築約建於1660年，從中國、波斯、印度沿著香料之路來的駱駝商隊，最後在此卸貨，「香料市集」因此得名。因曾是鄂圖曼帝國專賣來自埃及貢品的市場，又稱「埃及市集」，屬於耶尼清真寺建築體的一部分，一直延用到今天。

市集內可看到堆滿各式各色香料的壯觀景像，另有果乾、堅果、香草，茶的種類也不少，除了最普遍的紅茶，還有蘋果茶、檸檬茶、綜合水果茶，有茶葉式的、乾果式的，也有沖泡泡式的。

近年為了因應日漸增多的觀光人潮，五顏六色的土耳其軟糖Lokum、琳瑯滿目的手工藝紀念品，甚至像大市集一樣的名牌包、陶瓷藝品、皮件都有。

Mısır Çarşısı No.: 92 Eminönü, Fatih

週一至週六8:00-19:00，週日9:30-19:00，逢伊斯蘭宗教假日關閉。

搭乘地面電車T1線至Eminönü站，出站後步行1分鐘。

至少預留時間
隨意逛逛：約0.5小時
盡情血拼：約2小時

造訪香料市集理由

1. 一處具有360年歷史的古老市集
2. 各式香料、食品、衣飾、紀念品等應有盡有
3. 價格比有頂大市集便宜

色彩絢麗的彩燈，相當搶眼迷人。

在伊斯坦堡，要看到各式各色香料一字排開的景像，就屬香料市集這裡最為壯觀。

從日常生活用品，到各式紀念品，香料市集都能滿足你！

具異國風情的陶瓷器，雖不方便攜帶返台，但依然誘人購買。

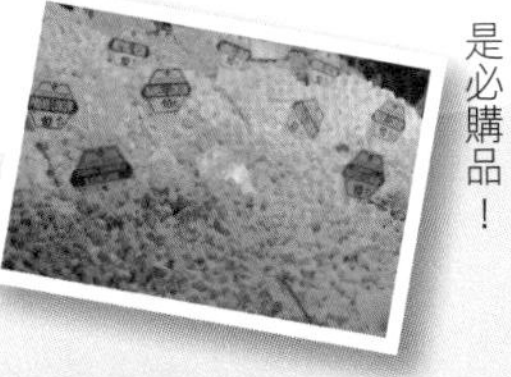

土耳其軟糖絕對是必購品！

怎麼玩香料市集才聰明？

先決定要購買的物品再進場

香料市場擠滿了觀光客，人潮洶湧，一旦進入市場後就得不由自主的隨人潮移動，記得先決定自己想購買的物品，才能在人來人往中一眼就看準自己要買的物品，順利完成購物。

到外圍周邊購物更便宜

其實香料市集不是只限L形的建築，周邊腹地頗大，賣的是家庭用品及民生食材，鍋碗瓢盆、水晶杯、香料、土耳其乳酪、醃漬橄欖、蜂蜜、麵包、水果、乾果、衣飾等應有盡有，外圍腹地才是伊斯坦堡市民採買民生用品的據點，同樣的茶葉、軟糖和果乾，市集外圍區域的價格相對便宜。

順遊周邊精彩景點

逛完市集，可順遊耶尼清真寺、厦斯坦帕夏清真寺、加拉達橋及艾米諾努碼頭，還可品嚐烤鯖魚三明治喔！

DID YOU KNOW

來到香料市集買什麼？

如果喜歡土耳其軟糖Lokum，又沒有打算去番紅花城旅遊，那麼來香料市集添購是最好的選擇，對做菜有興趣的，孜然、小茴香、薑黃、胡椒、咖哩等各式各樣的香料任憑挑選；無花果、椰棗、杏桃等果乾，以及榛果、開心果、核桃等堅果，還有受歡迎的茶、咖啡也都是伴手禮首選。此外，來自裡海的鱘魚魚子醬，還有伊朗的番紅花都找得到，雖然價格比絕大多數的國家便宜，但畢竟屬於高價品，掏錢前得考慮再三。

香料市集附近有耶尼清真寺、屢斯坦帕夏清真寺、加拉達橋可順遊，並有烤鯖魚三明治可嚐喔！

耶尼清真寺
Yeni Camii

如何前往

搭乘電車T1線至Eminönü站下車即達

INFO

Rüstem Paşa, Yeni Cami Cd. No:3, Eminonu

日出~日落，除了朝拜時間，其餘皆開放

免費，歡迎自由捐獻

「耶尼」在土耳其語為「新」的意思，說它新，其實也已經有三百多年的歷史了，1567年開始興建，約一百年後才完工。

耶尼清真寺外觀和諸多清真寺無異，型制上和藍色清真寺、蘇雷曼尼亞清真寺很接近，主圓頂、數個小圓頂、兩座指向天空的叫拜塔，主圓頂高36公尺，直徑17公尺。

一走進耶尼清真寺彷彿走進另一個世界，俗世的吵嘈全被隔絕在外；寺內鋪滿祈禱毯、色彩豐富的伊茲尼磁磚。清真寺外的廣場人來人往，站在階梯上是觀看新城區和金角灣的好角度。

耶尼清真寺四周有各式攤販、民生小店，人聲鼎沸。

寺內鋪滿祈禱毯，壁上裝飾著雅緻的伊茲尼磁磚。

方型廣場中立著潔淨泉。

寺內佈滿伊茲尼磁磚，美得驚人，以現代技術也無法創作出這等色澤的伊茲尼磁磚。

寺內的伊茲尼磁磚有抽象圖案，也有植物圖形，尤其以鬱金香為主題的伊茲尼紅與藍最為珍稀。

MAP
P.52
D2

屢斯坦帕夏清真寺
Rüstem Paşa Camii

如何前往

搭乘電車T1線至 Eminönü站下車，步行約8分鐘

INFO

Hasırcılar Cd. No:62, Fatih

日出~日落，除了朝拜時間，其餘皆開放

免費，歡迎自由捐獻

外表不起眼的屢斯坦帕夏清真寺，是一塊建築瑰寶。此寺建於1561年，出自建築大師錫南(Mimar Sinan)之手，以蘇雷曼大帝的女婿屢斯坦帕夏(Rüstem Paşa)為名，可說是鄂圖曼建築最典型的代表，儘管它的規模並不大。

全寺的重點在它佈滿伊茲尼磁磚，從外觀立面的入口台階、列柱門廊，到內部的牆面、麥加朝向壁龕都鑲嵌著最高等級的伊茲尼磁磚，今天看起來很古樸的磁磚，在當時是為了向世人展示其財富和影響力的一種方式。此外，由4根磁磚柱所支撐的小圓頂，增添了古典氣息。

加拉達橋與艾米諾努碼頭
Galata Köprüsü & Eminönü İskeleler

如何前往

搭乘電車T1線至Eminönü站下車即達

金角灣是一個極優異的天然良港，特別是艾米諾努碼頭這一段，它扼守住博斯普魯斯進入馬爾馬拉海的咽喉，是舊市區通往新市區的最重要關口，又是諸多渡輪站集合地、巴士總站，所以常是人山人海，攤販尤其特別多。

加拉達橋連接伊斯坦堡的老城和新城，老城這邊是艾米諾努(Eminönü)碼頭，新城那邊是卡拉寇伊(Karaköy)碼頭。橋重建過3次，最早是建於1845年的木橋，接著是1912年的雙層鐵橋，目前所看到的橋身是1992年重建的，長400公尺。

充滿港口海味的烤鯖魚三明治
Uskumru Sandviçt

在加拉達橋左側的岸邊停靠了數艘裝飾華麗的船隻，這些船隻就是現場料理烤鯖魚三明治的廚房！陣陣白煙不斷冒出，烤魚聲滋滋作響，香味四溢，小販俐落地以麵包夾起又厚又大片的鯖魚排，塞滿生菜、洋蔥和碎番茄，再擠上幾滴檸檬汁，噴香、紮實又清爽。

土耳其人的道地吃法是配一杯鮮紅色的Turşusu，這是一種在蕪菁汁中放入醃黃瓜、紅蘿蔔等醃漬蔬菜的飲料。

佇立碼頭邊望向金角灣，水面上舟楫川流不息，佈滿遊博斯普魯斯的遊船及前往亞洲區的渡輪。

從早到晚滿是釣客在此垂釣，成為伊斯坦堡的風情畫一景。

傍晚時分走在加拉達橋上欣賞夕陽，是伊斯坦堡最美的體驗之一。

橋分成上下兩層，接近水面的下層，餐廳、咖啡座林立，隨時都坐滿遊客，橋面的上層則站滿了釣客。

王牌景點 6

獨立大道是人潮聚集的不夜街，也是著名的高級地段，建築多新古典主義，在伊斯坦堡是少見的。

獨立大道

İstiklal Caddesi

İstiklal Caddesi

搭乘地面電車T2 Taksim-Tünel古董電車線至Taksim站

至少預留時間
隨意逛逛：約0.5小時
購物用餐：約3~4小時

獨立大道是伊斯坦堡最時髦、流行商品集中的人行徒步區，百貨公司、國際連鎖精品店、電影院、書店、手工藝紀念品店、唱片店林立，從流行衣飾到伴手禮都可以在這條路上購足，深入兩旁的巷子裡，二手書店、古董傢俱、土式茶館、個性咖啡館等，又是另一番值得尋寶的玩家風景。

一波波的人潮不只是遊客，當地人也特別喜歡在這條大道上閒晃，不論何時來到這裡，總是不間斷的人流，入夜後夜店開張更是熱鬧！

洶湧的人群猶如一波波的潮水吞噬獨立大道這條步行街。

造訪獨立大道理由

1. 號稱是伊斯坦堡的「香榭大道」
2. 最時髦、流行商品集中的人行徒步區
3. 側邊巷弄有無數的俱樂部、夜店

獨立大道號稱是伊斯坦堡的「香榭大道」，百貨商店林立。

從街頭小吃到美食餐館、傳統甜點，這裡都吃得到。

怎麼玩獨立大道才聰明？

不夜城越夜越美麗

據統計，出現在獨立大道一天的人潮最高可達三百萬人，夜幕低垂後，側邊巷弄熱鬧起來，這裡有無數的俱樂部、夜店，點亮伊斯坦堡夜未眠，記得來此體驗一下伊斯坦堡精彩的夜生活。

好料匯集的美食大街喔

獨立大道也是各種美食匯集的地方，從旋轉烤肉(Döner kebabı)、羊肉串燒(Şiş kebabı)，到安納托利亞的鄉村菜包餡薄餅(Gözleme)，從專門供應前菜的大眾食堂到土耳其傳統甜品屋都有，只要是想嘗試的舌尖冒險，這裡都不會讓你失望。

登高俯瞰伊斯坦堡新舊城

獨立大道可順遊加拉達塔，登頂在觀景平台360度欣賞新舊城和金角灣、博斯普魯斯海峽美景。

DID YOU KNOW

伊斯坦堡的「東區商圈」在這裡？

1.4公里長的獨立大道號稱是伊斯坦堡的「香榭大道」，當初建設時，就是想和巴黎互別苗頭，兩旁的建築多新古典主義、新藝術、裝飾藝術風格，這在伊斯坦堡市內算是少見的。

19世紀時，歐洲各國遠離擁擠髒亂的老城區，紛紛在這一帶蓋起宮殿式的大使館，不久便吸引有錢人跟進，尤其是1875年，連接卡拉寇伊(Karaköy)和圖奈爾廣場(Tünel)的隧道纜車通車後，更方便把人從海邊送到這一帶的山丘上，造就此處成為伊斯坦堡的高級地段。傳統上，這一區的居民大多不是信奉伊斯蘭的穆斯林，而是希臘人、亞美尼亞人、天主教徒、新教徒等族群在此建立據點。

獨立大街是伊斯坦堡最具代表性的大街，街頭巷內處處有特色，坐電車、吃美食、泡浴場，趣味無窮！

古董電車

獨立大道的北端是塔克辛廣場，南端則為圖奈爾廣場(Tünel Meydanı)，木製鮮紅色的骨董電車來回行駛於兩地之間，伴隨著叮噹聲穿梭在人群之間，成為獨立大道最鮮明一景。電車大多是長者或遊客搭乘，上車收費，不過，除了起迄站，中途上車的站點比較難發現。

花卉通道
Çiçek Pasajı

花卉通道建於1876年，位於獨立大道中段、靠近加拉達薩雷廣場(Galatasaray Meydanı)，原本是豪華的購物街，到了20世紀初，漸漸被花店取代，而有「花卉拱廊」之稱。現在則是專門做遊客生意的小酒館式餐廳，供應的是開胃前菜和海鮮等菜餚。走道兩旁的雅座區裝飾著瓦斯燈及花草，加上天光從玻璃屋頂傾洩而下，營造出獨特的氣氛。

漁市場

Balık Çarşısı

魚市場就位於花卉通道的旁邊，迷宮般的巷子內攤販林立，除了海鮮、茶、蜂蜜、乾果、甜點、香料這些食材外，餐廳賣的都是現點現做的海鮮，還有一些特別的小吃，例如烤羊腸(kokoreç)、炸淡菜(Midye Tava)、炸鯷魚(Hamsi Tava)，以及帶殼的淡菜釀米飯(Midye Dolma)等。

加拉達薩雷土耳其浴場

Galatasaray Hamamı

這座歷史浴場建於1481年，位於獨立大道中段的巷子裡，原本也是屬於加拉達薩雷清真寺建築群的一部分，為貝亞濟二世(Beyazıt II)時代所建造，歷史已超過五個世紀，也是新城區頗受遊客歡迎的土耳其浴場之一。

www.galatasarayhamami.com

來到新城區，可不能錯過登加拉達塔眺景，並要好好逛逛喧騰熱鬧的塔克辛廣場。

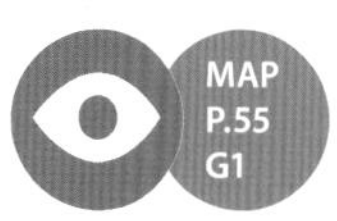

塔克辛廣場 Taksim Meydanı

MAP P.55 G1

如何前往

地鐵M2、F1纜車Taksim- Kabataş線，以及T2古董電車線Taksim-Tünel的Taksim站

塔克辛廣場位於獨立大道的北端，是伊斯坦堡最大的公共廣場，也是現代伊斯坦堡的核心，航空公司、連鎖及新式大飯店多位於廣場周邊。過去這裡曾是新城區最混亂的交通中心，後來除了保留古董車，將含公車在內的公共運輸地下化，地面闢為行人徒步區之後，周邊已經見不到紛亂的交通堵塞狀況。

廣場上最知名的地標，就是立於1928年的土耳其國父凱末爾紀念雕像，經常有土耳其人來此獻花致敬，為這個嘈雜紛亂的空間增添肅穆的氣氛。

雕像斜對面有販賣濕漢堡(Islak Hambuger)小店，濕漢堡是以蒸的鬆軟漢堡麵包夾著土耳其式調味的肉餅，再加點微酸的番茄醬汁，成為很難抗拒的小吃。

為什麼選擇住宿的飯店最好避開這裡？

塔克辛廣場上常舉辦各種園遊會、演唱會等活動，不過，這裡也是土耳其人抗議示威的主要集會地點，一旦遇上如五一勞動節這種敏感的日子，原本人潮來去自如的大廣場也會變得戒備森嚴，如果選住的飯店就在周邊，可能因此舉步維艱。2013年，就曾因為當局想把塔克辛廣場旁的蓋濟公園改建成購物中心而遭示威抗議，最後演變成催淚瓦斯、驅離水柱齊放的衝突場面，事件持續了一整個夏天。

鄰近的蓋濟公園(Gezi Park)是新城區大片水泥叢林中難得的一塊小綠地，面積雖然不大，但彌足珍貴。

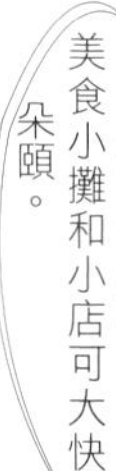

廣場周邊有許多美食小攤和小店可大快朵頤。

在觀景台上可盡覽博斯普魯斯海峽的美景。

加拉達塔至今依然是金角灣北岸最顯眼的地標。

加拉達塔 Galata Kulesi

MAP P.54 D5

如何前往

搭乘地面電車T1線至Karaköy站下車後往上走，或搭F2 Karaköy-Tünel段的隧道纜車及T2 Taksim-Tünel古董電車線至Tünel站下車，再順著路標往下走約5分鐘。

INFO

Bereketzade Mahallesi, Galata Kulesi Sk., 34421 Beyoğlu

0212 249 0344

4~10月8:30~23:00、11~3月8:30~22:00

650TL，適用博物館卡

排隊人潮多，建議一大早前往

現在所看到的加拉達塔是1348年大火後重建的，而它頭上的尖頂20世紀才加上去，塔的高度有67公尺、直徑9公尺，加上地窖共9層、195階樓梯，20世紀之前一直都是伊斯坦堡最高的建築，至今依然是金角灣北岸最顯眼的地標。

2020年經再次整修成為一間小型博物館，於10月6日「伊斯坦堡光復日」對外開放，遊客可在入口搭電梯登上6樓，再登梯上7樓，此樓層中央有一座伊斯坦堡立體模型，遊客可透過觀景窗眺望美景。

最後，再循梯登上最高的8樓，遊客可在環狀的觀景平台360度欣賞伊斯坦堡新舊城和金角灣、博斯普魯斯海峽的景觀。儘管近年上塔票價翻倍，等著排隊上去的遊客依然不減，值不值得端看個人判斷。

DID YOU KNOW

變！變！變！加拉達塔功能變化萬千

從6世紀初建起，每個時代都給加拉達塔不同的定義和功能。它曾經是黃金角上最閃耀的燈塔；來自義大利的熱內亞人後來移民到這兒卡拉寇伊(Karaköy)一帶，於是加拉達塔就成了監視拜占庭帝國動靜的高塔；之後它又被當成牢房、天文台，這座塔可說是發揮了最大的功能。

王牌景點 7

伊斯坦堡最華麗的宮殿，耗時十年竣工，結合了巴洛克樣式及鄂圖曼風格，佔地廣達15,000平方公尺！

Dolmabahçe Caddesi, Beşiktaş
0212 236 9000
9:00-17:00
週一
公共廳堂(Selamlık)+後宮+畫廊1,050TL，博物館卡不適用。
www.millisaraylar.gov.tr

搭乘地面電車T1線至到終點Kabataş站或F1隧道纜車的Kabataş站，出站後步行5分鐘。

至少預留時間
隨意瀏覽：約1小時
細細欣賞：約2~3小時

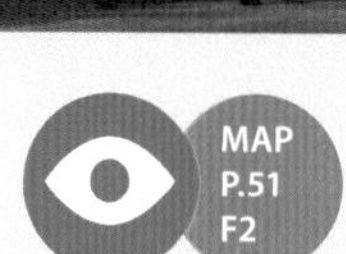

朵瑪巴切皇宮

MAP P.51 F2

Dolmabahçe Sarayı

搭乘博斯普魯斯海峽的遊船，總被朵瑪巴切皇宮那寬達615公尺的大理石立面所吸引。

19世紀中葉，當托普卡匹老皇宮不敷使用也不夠現代化時，阿布都麥奇蘇丹(Abdülmecit)選擇了木造、面積又小的朵瑪巴切皇宮，將之改建成富麗堂皇的蘇丹居所。「朵瑪巴切」的土耳其語意是「填土興建的庭園」，這座新皇宮借景博斯普魯斯海峽，果然創造非凡的氣勢。

可惜朵瑪巴切皇宮建於帝國國勢沒落之際，1856年建成後，見證了六位蘇丹和一位哈里發，不到70年帝國便結束，蘇丹及家人流亡國外。土耳其共和國第一位總統凱末爾以此為官邸，在此和許多國家領袖會談建國方略，他死在皇宮內，房間的時鐘定時在他離世的9:05。1984年土耳其政府保留原有傢俱，向大眾開放朵瑪巴切皇宮。

造訪朵瑪巴切皇宮理由

1. 19世紀鄂圖曼帝國最雄偉的建築。
2. 大宴會廳重達4.5公噸的水晶吊燈。
3. 華麗的水晶扶手階梯。

入宮規距看這裡

朵瑪巴切皇宮對遊客的管制非常嚴格，進皇宮時得檢查隨身行李，使用門口發放的塑膠鞋套套好鞋子，皇宮不開放自由參觀，全程必須跟隨皇宮導遊，不能單獨遊逛，遊客可租用語音導覽，宮內所有傢俱禁止觸碰，且禁止拍照、錄影。每天限制參觀人數，為避免排隊人潮，盡早抵達皇宮。

觀光從皇宮的南側有座巴洛克鐘塔的宮門進入，門口站崗的衛兵是遊客拍照的焦點。

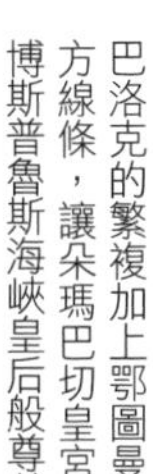

巴洛克的繁複加上鄂圖曼的東方線條，讓朵瑪巴切皇宮宛如博斯普魯斯海峽皇后般尊榮。

DID YOU KNOW

連君王都瞠目結舌的奢華皇宮！

傳說1843年起建的朵瑪巴切皇宮，在13年後正式迎入阿布都麥奇蘇丹時，他一看見新皇宮如此華麗，忍不住地說：「這座皇宮太華貴了，實在不該蓋得這麼奢豪啊」。朵瑪巴切皇宮是土耳其最大的宮殿，共建有44個間大廳、6間土耳其浴浴室，以及285間房間，難怪連蘇丹都為之感到震撼。1.4公里長的獨立大道號稱是伊斯坦堡的「香榭大道」，當初建設時，就是想和巴黎互別苗頭，兩旁的建築多新古典主義、新藝術、裝飾藝術風格，這在伊斯坦堡市內算是少見的。

19世紀時，歐洲各國遠離擁擠髒亂的老城區，紛紛在這一帶蓋起宮殿式的大使教徒等族群在此建立據點。

怎麼玩朵瑪巴切皇宮才聰明？

搭遊船欣賞皇宮正面

要盡覽朵瑪巴切皇宮寬615公尺、鄂圖曼巴洛克式的立面，一定得從海面上欣賞，博斯普魯斯觀光遊船就提供了這個機會，並且有短程及長程海上路線可選擇喔！

欣賞夕陽美景值回票價

逛完朵瑪巴切皇宮，別急著離開，沿著花木扶疏的走道，通過土耳其文藝復興式的正門，可欣賞壯闊的博斯普魯斯海峽，特別是黃昏時，夕陽美景更是一絕，最能值回票價。

優雅庭院另類亮點

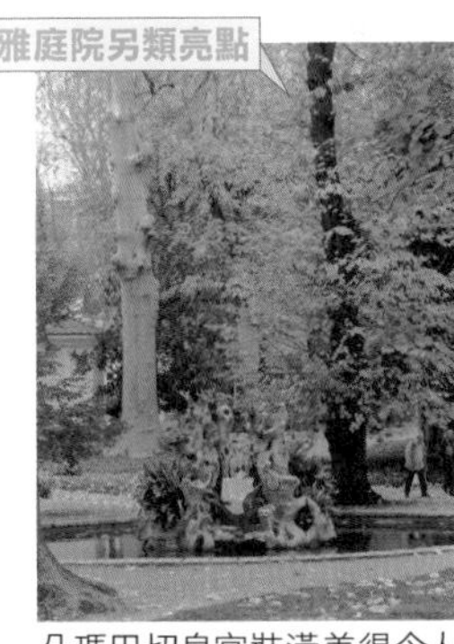

朵瑪巴切皇宮裝潢美得令人印象深刻，除此，宮內的庭園也同樣迷人，例如遊客自皇宮南側的宮門進入，一入門可看見精緻的天鵝噴泉及專供高級官員出入的行政翼(Administrative Wing)，此處環境雅緻寧靜，相當令人心醉。

朵瑪巴切皇宮極盡華麗之能事，宮內裝潢了36座水晶吊燈、141條地毯、581件水晶和銀製燭台、280個花瓶、158座時鐘，以及600幅圖畫。

水晶樓梯廳
Crystal Staircase

從行政翼的入口大廳到水晶樓梯廳，立刻展現極盡豪華的感官刺激，不僅階梯扶手柱全是威尼斯生產的水晶，頂部自法國進口的水晶吊燈也重達2.5公噸，此外還有數座波西米亞立燈妝點。

大使廳
Ambassadors' Hall

大使廳延續水晶階梯的炫麗，中央同樣吊著巨大的水晶吊燈，金箔裝飾的天花板、陶瓷花瓶及地毯也都華麗無比，充滿法式風情，可說是皇宮中最美的廳堂。除了鋪在地上達百公尺見方的絹絲地毯，還有俄皇尼古拉二世贈送的北極熊鋪毯。

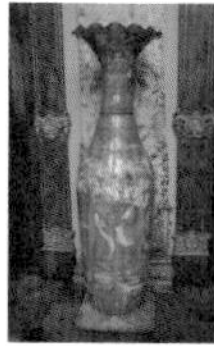

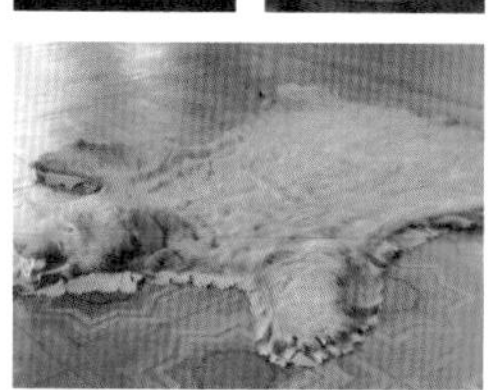

謁見廳
Reception Room

謁見廳是大使們向蘇丹致敬、遞交到任國書之處，由於裝潢以紅色為主調，又稱為紅廳，紅色是鄂圖曼帝國國力的象徵，整個房間紅色、金色相互搭配，更顯國威。中央鑲金泊的小圓桌是拿破崙送給蘇丹的禮物，宮中有許多來自歐洲各皇室的禮物，使每件奢侈的裝飾品多了一層歷史感，如波西米亞製的紅水晶燭台也值得細細品味。

蘇丹浴池
The Imperial Bathroom

新皇宮在1912年導入電燈、暖氣，但在大理石洗浴還是蘇丹的最愛，在欣賞過音樂室(The Music Room)中拿破崙三世送的鋼琴，來到蘇丹浴池會感覺大放光明，因為這裡有三面大窗，讓蘇丹可欣賞博斯普魯斯海峽的美景。

土耳其的浴池都是採用地板加熱系統，蘇丹浴池運用的大理石石材很特別，地是馬爾馬拉石，牆是帶有牛奶糖色、略帶透明的埃及雪花石，且雕著繁複的花紋，清涼而美觀。

畫廊
Portrait Gallery

掛著蘇丹及家人畫像、宮廷畫家作品的畫廊中，半圓形的藍窗帶給這個長廊不同的氣氛，這個接著地面的窗子是供後宮的女人觀看大宴會廳活動用的，無權現身參與宴會廳的活動，就在窗後觀看。

後宮
Harem

新皇宮的後宮勢力分配，依然是以蘇丹的母親及蘇丹的臥室為中心，敞開的蘇丹臥室、寵妃房、蘇丹母親的起居室、王子的教育房、生產房等，此外，還有黃廳、藍廳等開會及宴客的廳堂。

DID YOU KNOW
土耳其國父在這裡闔眼長逝

值得一提的是，土耳其國父凱末爾臨終時的寢室就位於後宮，他在1938年11月10日上午9:05過世，床上覆蓋著絲綢製的土耳其國旗，寢室隔壁則是他的書房。

DID YOU KNOW
全球最大水晶吊燈在這裡

大宴會廳正中央的大水晶吊燈重4.5公噸，由750個小燈組成，燈光全開可以照明的廣度達120平方公尺，是英國維多利亞女王送的禮物，大吊燈加上四角銀燈柱的相互輝映，讓宴會廳金碧輝煌，在當時，可說是全世界最大的水晶吊燈。

大宴會廳
Ceremonial Hall

大宴會廳長46公尺、寬44公尺，可同時容納2500人，共有56根大大小小的柱子，還有一個高36公尺的大圓頂，頂上的畫作是土耳其、義大利、法國畫家的三段式結構作品，引進自然採光後，更顯得色彩圓潤。陽台精雕細鑿，是交響樂團或重要貴賓的座位，也是後宮仕女觀看大宴會廳活動的地方。

博斯普魯斯海峽帶給新皇宮的壯闊視野，大宴會廳開啟的大廳門帶進海景及天光，也讓大廳的空間得到無限的延伸。

王牌景點 8

從希臘時代開始，博斯普魯斯這條寬32公里、連接東西方的深水海峽，就是最重要的戰略性水域。

博斯普魯斯海峽遊船之旅

Boğaz Turu

搭乘遊船巡航博斯普魯斯海峽一圈，是來到伊斯坦堡最大的樂趣之一。從艾米諾努碼頭沿著博斯普魯斯海峽上行，長程線最遠到北端海峽與黑海交界處的安納多魯(Anadolu Kavağı)小鎮，在此停留約2.5小時後出發折返；短程線直行，船行至蘇丹麥何密特大橋後折返，沿路風景美麗，覽盡伊斯坦堡重要地標，再加上水域的傳奇、戰略位置太吸引人，所以不走一遭就不算到過伊斯坦堡。

要看朵瑪巴切皇宮寬達615公尺的鄂圖曼巴洛克式立面，一定得從水面上欣賞，博斯普魯斯觀光遊船就提供了這個機會，同時也通過位於亞洲區的鄂圖曼夏宮(Beylerbeyi Sarayı)，以及兩座博斯普魯斯大橋。

船班就是這樣在歐洲面和亞洲面間來回穿梭，不知不覺中，一船人就在一小時間來回歐亞洲數回合。

造訪博斯普魯斯海峽遊船之旅理由

1 乘遊船巡航是遊覽伊斯坦堡最大的樂趣

2 沿路覽盡伊斯坦堡重要地標

3 在歐洲面和亞洲面間來回穿梭

遊船行程任君選擇

Eminönü碼頭另有不少私營遊船公司經營博斯普魯斯海峽遊船觀光行程，行程內容都很類似，也推出不同碼頭任意上下船的行程，價格依照遊程時間而有所不同，長程遊程的價格平均約120~150TL，遊客可依據自身的時間及預算選擇。

想覽盡伊斯坦堡重要地標，搭乘遊船巡遊博斯普魯斯海峽是最適合也最愜意的遊覽選擇。

長程博斯普魯斯遊船Uzun Boğaz Turu
船公司：Istanbul Şehir Hatları(公營)
出發點：Eminönü
折返點：Anadolu Kavağı
沿途停靠點：Beşiktaş、Üsküdar、Kanlıca、Sarıyer、Rumeli Kavağı
時間：10:35出發、12:25抵折返點，15:00折返、16:40抵達
航程：往返約6小時
單程72TL，來回120TL
www.sehirhatlari.istanbul/tr/seferler/bogaz-turlari

短程博斯普魯斯遊船Kısa Boğaz Turu
船公司：Istanbul Şehir Hatları
出發點：Eminönü
折返點：Ortaköy
出發時間：14:40出發、15:10抵達Ortaköy後即折返
航程：往返約2小時 65TL

不搭乘遊船巡航博斯普魯斯海峽一圈，就不能說你遊覽過伊斯坦堡。

至少預留時間
短程瀏覽：約2小時
長程遊覽：約6小時

怎麼玩博斯普魯斯海峽遊船之旅才聰明？

濱海景觀餐廳浪漫賞景

搭乘遊船遊賞博斯普魯斯海峽，沿途美景處處，在下了船之後，建議找一處景觀餐廳，在海峽美景相伴下享受午後悠閒時光，或欣賞夕陽美景，繼續回味巡遊海峽的愜意時光。

停靠小鎮閒適遊逛

到達安納多魯小鎮時，在碼頭迎接觀光客的是許多大眾食堂、咖啡館，還有賣毛披肩的攤販，停留的時間約2~2.5小時，可悠閒得四處逛逛，但要記得保留好船票，並且牢記折返回船的時間。

登塔享受獨特的一流景觀

立於海峽之中的少女之塔是座小小碉堡，過去曾作為燈塔之用，2021年至2023年5月徹底整修後，重新開放參觀，登島可享受被海環抱的獨特景觀。

博斯普魯斯海峽隔開了亞洲與歐洲，也連接了黑海和地中海，不僅地理位置獨特，景色更是一絕。

❶ 朵瑪巴切皇宮與清真寺
Dolmabahçe Sarayı & Camii

新巴洛克的繁複加上鄂圖曼的東方線條，是博斯普魯斯海峽最美麗的地標。一旁的清真寺，其設計者也是朵瑪巴切宮的建築師Balyan，融合鄂圖曼、新巴洛克式的建築風格。

❷ 歐塔寇伊清真寺
Ortaköy Camii(Mecidiye Camii)

歐塔寇伊地區最顯著的地標，建於19世紀中葉，設計者是朵瑪巴切宮的亞美尼亞建築師Nikoğos Balyan，風格受到西方新古典主義影響，呈現新巴洛克風格，優雅而細膩。清真寺位於博斯普魯斯大橋下，展現了「傳統與現代」的對比。

❸ 魯梅利城堡
Rumeri Hisarı

1453年，麥何密特二世為了攻下伊斯坦堡，而在這個海峽最窄的地方興建了要塞城堡，與對岸亞洲區的安納多魯城堡(Anadolu Hisarı)遙遙相望，達成封鎖海上交通的作用。

❹ 博斯普魯斯大橋
Boğaziçi Köprüsü

博斯普魯斯大橋連接了歐洲區的歐塔寇(Ortaköy)和亞洲區的貝雷貝伊(Beylerbeyı)，是世界上第一座連接歐亞大陸的橋樑，長1,074公尺，距離水面高64公尺，完成於1973年，以紀念土耳其共和國成立50週年。

5 蘇丹麥何密特大橋 Fatih Sultan Mehmet Köprüsü

博斯普魯斯海峽上的第二座大橋，以征服者麥何密特為名，全長1,510公尺，是伊斯坦堡非常重要的交通大動脈。

6 庫勒利軍事學校 Kuleli Military School

這座龐大的建築興建於1845年，是土耳其歷史最悠久的軍事院校，位於亞洲區，最明顯的標誌是那兩座戴著「巫師帽」的高塔。

7 貝雷貝伊夏宮 Beylerbeyi Sarayı

位於博斯普魯斯大橋邊的亞洲區，與朵瑪巴切皇宮同樣呈現了鄂圖曼、新巴洛克風格，於1865年完工，當年主要作為接待外賓之用。

8 少女之塔 Kız Kulesi

造型別緻的少女之塔建於18世紀，是博斯普魯斯海峽南端最顯眼的地標，靠近亞洲區海岸，塔的名稱來自一位公主預言將被蛇咬死的傳說。這座塔過去曾做為燈塔、廣播電台之用，2021年至2023年5月徹底整修後，重新開放參觀。

玩得意猶未盡嗎？地跨歐亞大陸的伊斯坦堡，還有許多清真寺、大市集、主題博物館等著你喔～

MAP P.52 C2

蘇雷曼尼亞清真寺 Süleymaniye Camii

伊斯蘭教世界最偉大的建築師錫南(Sinan)，是改建聖索菲亞清真寺最重要的建築師，他一直希望能在聖索菲亞清真寺的對面、蓋一座無論宗教意義或建築成就都超越聖索菲亞的清真寺；錫南沒有如願，但他在可眺望金角灣的山丘上所建造的蘇雷曼尼亞清真寺，成了伊斯坦堡當地人最鍾愛的建築傑作。

蘇雷曼尼亞清真寺完成於1557年，正值鄂圖曼帝國國力最高峰的蘇雷曼蘇丹(Sultan Süleyman)時，據說當時每天都動用了約兩千五百名工人，並在短短七年內就完工，工程浩大驚人。

搭地鐵M2至Vezneciler站，出站後步行約10分鐘。另可搭地面電車T1 於Laleli-Üniversite站下車，步行約15分鐘。

蘇雷曼尼亞清真寺

Eminönü, Prof. Sıddık Sami Onar Cd, 1-45, 34116 Süleymaniye 日出~日落，除了朝拜時間，其餘皆開放 免費，歡迎自由捐獻 需脫鞋，女性得穿有袖上衣、長褲或長裙、包頭巾，如果沒有頭巾，可向門口的寺方管理員自由借取

蘇雷曼尼亞浴場Süleymaniye Hamamı

P.52D2 為男女混合使用，每日10:00-21:30限家庭或夫妻進入，最後入場時間為20:00；週一～週六6:00-10:00限男性。 Mimarsinan Cad. 20 0212 519 5569 入場費加刷洗按摩70歐元，只收現金，不可刷卡 www.suleymaniyehamami.com.tr

歷史與文化上，伊斯坦堡有所謂的「七座山丘」，清真寺所在位置，正是七座山丘的第三座，整座清真寺位在一個完整的空間內，四周由高牆圍起，以數個開放式的拱門和周邊建築自由連繫，可說是伊斯坦堡最大、最完整的建築群，這些建築包括過去的伊斯蘭神學院、小學、醫院、商旅客棧、商店、浴室、食堂，以及墓園等。

蘇雷曼尼亞清真寺的氣氛確實不同於藍色清真寺，不以華麗取勝，而在於空間創造出來的崇高莊重感，謹守傳統鄂圖曼建築的風格，內部各空間緊密的結合，各種造型的玻璃窗和紅白磚拱的搭配，協調而不誇飾。

蘇雷曼尼亞清真寺是最正統的鄂圖曼建築代表，大圓頂直徑約26公尺，高53公尺，由四根粗大、有「象腿」之稱的石柱支撐；錫南細膩的處理讓清真寺有種清亮的美。

蘇雷曼尼亞清真寺擁有4座叫拜塔，代表蘇雷曼大帝是鄂圖曼遷到伊斯坦堡之後的第4位蘇丹。寺內掛著的可蘭經圓盤是土耳其書法家的作品，更增添清真寺藝術性的完整。

錫南對於二樓陽台欄杆的裝飾處理非常地細膩，彩繪玻璃窗是當時最權威的玻璃工匠伊布拉因姆(İbrahim)以地毯為主題製造的，陽光穿透後的色澤美不勝收。

除了清真寺主體，附屬建物還包括墓園，蘇雷曼大帝夫婦、錫南都安葬於此，還有位於東側的蘇雷曼尼亞浴場(Süleymaniye Hamamı)，已經四百多年歷史，也是由錫南設計，傳統鄂圖曼式的土耳其浴體驗相當特別。

蘇雷曼尼亞清真寺立體圖

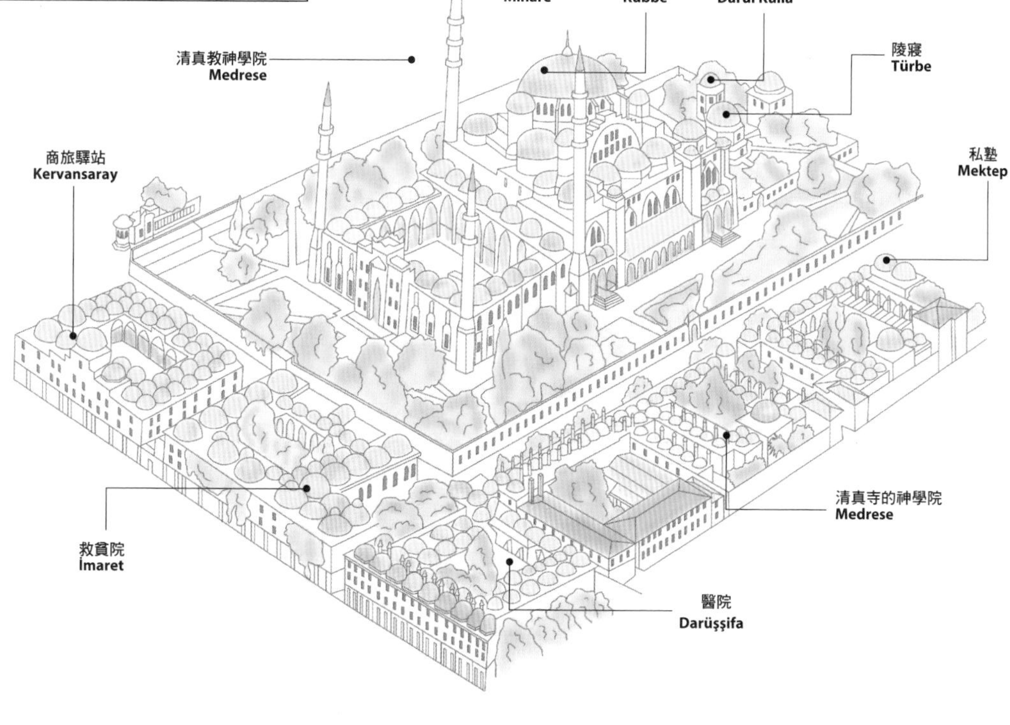

尖塔 Minare
大圓頂 Kubbe
伊斯蘭學校 Darül Kulla
清真教神學院 Medrese
陵寢 Türbe
商旅驛站 Kervansaray
私塾 Mektep
清真寺的神學院 Medrese
救貧院 İmaret
醫院 Darüşşifa

MAP P.52 D4

有頂大市集
Kapalı Çarşı

大市集是1460年時，蘇丹阿何密特二世建造城市的計畫一環，一開始，只是兩座圓頂石造建築稱Bedesten，擺攤位籌募聖索菲亞教堂改建為清真寺的基金，這兩個市集中心至今仍保留著，分別是以珠寶首飾為主的İç Bedesten和以布料紡織品為主的Sandal Bedestenı。隨著規模的擴大，也曾多次被火災所毀，到現在店鋪數超過四千家，密布大大小小六十多條街道，總共有21個出入口，宛如一座小城，除了商店，還有餐廳、茶室、清真寺、銀行、兌幣所、郵局、警察局、醫療所，甚至澡堂，外圍的攤販也越聚越多。

搭乘地面電車T1線至Beyazıt- Kapalı Çarşı站，或地鐵M2的Vezneciler站 週一至週六 9:00-19:00 休週日及節日

有頂大市集是觀光客必去朝聖的地方，它不僅是土耳其最大市集，甚至號稱是中東地區最大的市集。

怎麼殺價看這裡！

買紀念品一定要從三折談起，因為每一家店賣的物品都大同小異，所以記得要貨比十家，提醒你，大市集外的商店常能找到更便宜的，此外，在快打烊收店時常能談到不錯的價錢。

DID YOU KNOW

迷路了怎麼辦？

佔地廣闊的大市集就像是個大迷宮，但別擔心，市集裡雖然複雜，但商店分布大致有一定的邏輯，例如金光閃閃的金飾、銀飾、珠寶店就位於主街道Kuyumcular Caddesi，遊客可以記住這條街，而從主街道轉進側翼則有皮革店，最具代表性的地毯則集中在中心地帶，21個出入口也都標有號碼，都可作為導引方向的指標。

觀光客多，商家個個能操多國語言，只要看到異國面孔，問好之聲立刻冒出日文、法文、西班牙文、德文、中文，連閩南語都可聽到。逛累了，遊客也可以坐下來，喝土耳其紅茶、咖啡，還有抽水煙。

軍事博物館
Askeri Müzesi

MAP P.51 E1

軍事博物館館藏達五萬五千件，規模在世界上數一數二，常態展展品從劍、匕首、盔甲、弓箭、軍裝，到蘇丹的出征服以及華麗的蘇丹絲繡帳棚等，目前共有22間展覽室。還可看到1453年麥何密特二世包圍君士坦丁堡期間，拜占庭為了阻擋鄂圖曼軍隊船艦，而在金角灣設下的大海鏈。此外，軍事博物館的前身為軍事學院，土耳其國父凱末爾就是在此就讀，因此其中一個展室也還原了當年教室的模樣，而最不能錯過的，是每天下午15:00的古代鄂圖曼軍樂隊表演。

搭乘地鐵M2至Osmanbey站，出站後步行10分鐘　Vali Konağı Cd. No:2, Şişli　0212 233 2720　9:00-16:30，軍樂隊表演時段為15:00-16:00　週一及宗教節日　60TL

DiD YOU KnoW

莫札特是鄂圖曼軍樂隊的粉絲？

軍事博物館的軍樂表演相當有名，穿著17、18世紀鄂圖曼軍人的服飾、配件、杖旗都在響亮的樂聲中亮相，據說鄂圖曼的軍樂隊是全世界最早的軍樂隊，後來世界各國紛紛仿效。就連沒來過土耳其的莫札特，也根據傳聞和想像，模仿鄂圖曼軍樂隊寫出了《土耳其進行曲》的鋼琴奏鳴曲。

位於新城的軍事博物館，展示了一些鄂圖曼軍人所向披靡的榮光史。

軍事博物館室外區停放了一些退役的直昇機、槍砲。

軍樂隊演出由55人組成，現場鼓聲、號聲、鐃鈸齊揚，樂聲震耳欲聾，撼人心肺，不難想像，當年剽悍的鄂圖曼軍隊是如何結合這些振奮士氣的樂音，令歐洲人聞風喪膽。

不只是靜態展室，博物館的Cannon Exhibition Hall裡同時也有穿著古代軍服的真人示範拉弓射箭技巧。

在加拉達橋下，有一座露天魚市場，魚市和餐廳並立，除了現點現做的海鮮之外，你也可以吃到和艾米諾努碼頭一樣的烤魚三明治(Balık Ekmek)。

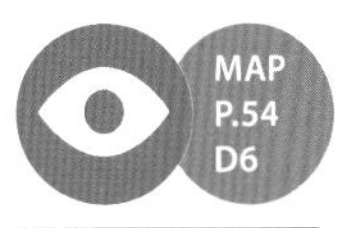

卡拉寇伊 Karaköy

位於加拉達橋的新城區這一端，與舊城區的艾米諾努碼頭遙遙相望，沿著堤岸大道走，會發現這一區林立著許多具個性的伊斯坦堡歷史建築。

就經濟上來說，在鄂圖曼時代晚期和共和時代初期，這一區對土耳其來說相當重要，因為這裡是伊斯坦堡的金融中心。如今在Bankalar街上仍有不少銀行的分行設立於此，建築十分具特色。此外，國際性的遊輪經常下錨在此，世界各地的遊客也都從這裡上岸，人來人往，熱鬧程度不輸艾米諾努。

從這裡望回老城區又是不同的風景，特別是耶尼清真寺、蘇雷曼尼亞清真寺所構成的天際線。

搭地面電車T1或F2 Karaköy–Beyoğlu纜車到Karaköy站

歐塔寇伊 Ortaköy

歐塔寇伊原本就是博斯普魯斯海峽邊的一個小漁村，漁夫們在此上岸卸下一天的漁獲，處處能見到典型的鄂圖曼民宅建築，洋溢著悠閒的漁村風情。伊斯坦堡人經常來此採買、大啖海鮮，久之就變成攤販聚集之處，不論是濱海廣場、還是小巷弄，到處擠滿前來逛市集的民眾，土耳其手工飾品是這個市集的招牌。

歐塔寇伊流行一種名為Kumpir的小吃，個頭約兩個巴掌大的烤馬鈴薯，上頭加滿了香腸、起司、蔬菜等各式各樣的配料，很適合情侶約會時一塊享用。

搭地面電車T1到終點Kabataş站，轉搭往Ortaköy、Arnavutköy或İstinye方向的公車；或從Taksim廣場搭公車。

歐塔寇伊位於歐洲區的博斯普魯斯大橋下，歐塔寇伊清真寺是岸邊最顯著的地標，受到觀光客及伊斯坦堡市民的喜愛。

到這兒逛街，可享用美味的街頭小吃。

此地是新城區一個主要商圈，是伊斯坦堡當地人逛街購物的區域之一。

貝翃克塔翃
Beşiktaş

貝翃克塔翃是位於新城貝歐魯區(Beyoğlu)旁的行政區，範圍大致涵蓋了朵瑪巴切皇宮到歐塔寇伊一帶靠近博斯普魯斯海峽的區域，而其行政中心就位於這兩地的中間。

貝翃克塔翃也是渡輪航線上重要一站，港口熱鬧程度僅次於艾米諾努碼頭。貝翃克塔翃市中心本身重要的景點除了重新開幕的海事博物館(Deniz Müzesi)，還有面積遼闊的耶爾德茲公園(Yıldız Parkı)。

搭乘地面電車T1到終點站Kabataş或F1纜車到Kabataş站，出站後再轉搭計程車或公車，如果步行約走20分鐘。另外可以從Eminönü碼頭搭乘渡輪至Beşiktaş碼頭。

DID YOU KNOW

重獲新生的魚市場

值得一提的是位於中心地帶的魚市場，適逢都市更新，這座魚市原本要面臨拆遷命運，但在GAD事務所的改造下，以一片簡潔俐落的混凝土天篷為外殼，內部沒有任何一根柱子，流通的光線與空氣，營造出一個開放與自在的空間。這個摩登的小魚市，不僅居民愛來，連遊客都絡繹不絕，意外成為一個熱門的觀光景點。

伊斯坦堡是一座美食天堂，從咖啡廳、大眾食堂(Lokanta)、土耳其茶屋或小酒館(Meyhane)、烤肉店(Ocakbaşı)，到夜店和各式各樣的街頭小吃，選擇豐富而多樣。

must eat!
烤肉丸
(Izgara Köfte Porsiyon)
約130TL
推薦菜

Tarihi Sultanahmet Köftecisi Selim Usta

土耳其傳統烤肉老店

Alemdar Mahallesi, Divan Yolu Caddesi, No:12 Fatih, İstanbul

Tarihi Sultanahmet Köftecisi成立於1920年，已有百年歷史，就位於聖索菲亞教堂旁的Divanyolu大街上，別以為這麼重要地段找不到好又便宜的餐廳，這間土耳其傳統烤肉老店就是其中之一。

店面及裝飾很樸實，但口碑遠播，主要是因傳統美味及價格實惠，用餐時間常常大排長龍。除了烤肉外，就是烤肉丸子，選擇不多，很容易點菜，建議再加點一客沙拉及一杯土耳其傳統優酪乳飲料Ayran。

P.53F4 搭乘地面電車T1線至Sultanahmet站 0212 520 0566 11:00-23:00 www.sultanahmetkoftesi.com/MeatBalls.html

Lezzet-i Şark

土耳其東部的風味燒烤

Hasırcılar Caddesi No.52, Eminönü

位於人來人往的埃及市集外圍的巷弄裡，用餐時間總是座無虛席。餐廳裡主要供應各式各樣的烤盤，包括烤雞翅、肉串、茄子、蕃茄等，多是來自阿達納(Adana)、烏爾法(Urfa)等土耳其東部的風味。店裡的羊腿湯(Kellepaça çorbası)辣得夠勁，烤肉丸(İçli Köfte)也很有名。

飯後建議點一盤這裡著名的甜點Közde Künefe，是一種加了乳酪的絲狀糕點，熱騰騰從炭火出爐，別具風味。

P.52D2 搭乘地面電車T1線至Eminönü站，步行約3分鐘，在埃及市集外圍巷弄 0212 514 2763 7:30-20:00

Hafiz Mustafa 1864

伊斯坦堡百年甜點店

Hocapasa Mahallesi Muradiye Caddesi No: 25/B, Fatih

這間成立於1864年的甜點店，店面高貴典雅的裝潢及櫥窗那五顏六色的精緻甜點，總吸引來往行人的駐足。在錫爾克吉火車站斜對面、蘇丹阿何密特、艾米諾努、塔克辛廣場等熱鬧街角，都可見到這家讓客人甜蜜了150年的老店。

土耳其傳統甜點這裡都有，包括巴克拉瓦(Baklava，果仁千層酥)、米布丁(Şütlaç)、波瑞克(Börek，土耳其鹹派)、土耳其軟糖(Lokum)，總讓人陷入選擇困難。

P.53E3　搭乘地面電車T1線至Sirkeci站　0212 527 6654　www.hafizmustafa.com

Şehzade Cağ Kebap

橫躺式旋轉烤肉專賣店

Hoca Paşa Mahallesi, Hoca Paşa Sk. No:6, 34110 Fatih

這家店只賣一種食物，就是橫躺式旋轉烤肉Cağ Kebap。開放式廚房的火爐上，大塊肉排一層層串上大鐵叉，在炭火前不停跳著旋轉舞，外層均勻受熱烤出誘人的金黃色，油光與香氣引人飢腸轆轆，點菜後廚師以細長刀子俐落削下外層香酥的部分，串在鐵叉上桌。

一份兩串烤肉，搭配熱騰騰軟薄餅，濃郁的茴香與紅椒粉的氣息、烤肉片酥脆的焦邊，土耳其的風味盡在這串烤肉中。

P.53E3　搭乘地面電車T1線至Sirkeci İstasyonu站，下車步行2分鐘　0212 520 3361　週一至週六11:00-22:00

must eat! 烤肉拼盤 119TL起 推薦菜

Ziya Şark Sofrası

吃得到土耳其的所有代表菜色

Hoca Paşa Mahallesi, 15/A Hocapaşa Camii Sokak, Fatih

Ziya Şark Sofrası位於席爾克吉火車站附近，打開餐廳大門就能聞到燒烤火爐傳來的香氣。標準土式餐館，提供沙拉、湯、烤肉、土耳其比薩Pide、地區特色菜和甜點，幾乎吃得到土耳其的所有代表菜色，每道菜搭配精美圖片，點餐不用擔心，價格中等，味道不錯，推薦以優格、橄欖油和香料醃製過的烤雞翅（Kanat Şiş），皮酥香、肉嫩多汁，香氣誘人，吃下一整盤也不會膩。

P.53E3　搭乘地面電車T1線至Sirkeci İstasyonu站，下車步行2分鐘　0212 512 1150　10:00-23:30　www.ziyasark.com.tr

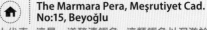

Saray Muhallebicisi

獨立大道上最著名的甜點店

must eat! Aşure 100TL 推薦菜

Kuloğlu Mh., 107, Beyoğlu

歷史悠久的Saray Muhallebicisi ，窗明几淨，是獨立大道上最著名的甜點屋。土耳其的甜點都很甜，有的甜得像會溺死螞蟻，但不少口感佳、甜味不重的甜點，男女老少都會喜歡，如kazandibi，它是由米磨成粉後，加一點肉桂粉、牛奶，用烤箱烤，更講究的還會加上非常細的雞胸肉，屬於溫熱的甜點。而土耳其八寶粥Aşure，不甜、熱量低，非常好吃，內容至少有十樣以上。

P.55E1　搭M2地鐵至Taksim站，出站步行約3分鐘　0212 999 2888　7:00-凌晨2:00　saraymuhallebicisi.com/

must eat! 3 Course à la Carte Menu 4,200TL 推薦菜

Mikla

新安納托利亞創新料理

The Marmara Pera, Meşrutiyet Cad. No:15, Beyoğlu

前菜Bonito就是一大代表，這是一道醃漬鰹魚，這類鰹魚以洄游於博斯普魯斯海峽的最為極品，去骨魚肉泡在鹽水中，醃漬大約一週，然後襯著小黃瓜薄片、佐以Cacık優格和紅洋蔥泥，成了這道帶點北歐極簡卻富詩意風格的料理。

主菜色澤粉紅迷人的羊肋骨間肉軟嫩且盡收肉汁，搭配包裹著碎羊腿和熬煮四小時羊排肉汁的麵餃Mantı和Muğla羊肚蕈，佐以肉桂和綠扁豆打成的沾醬，各種香氣在口中全化開來。

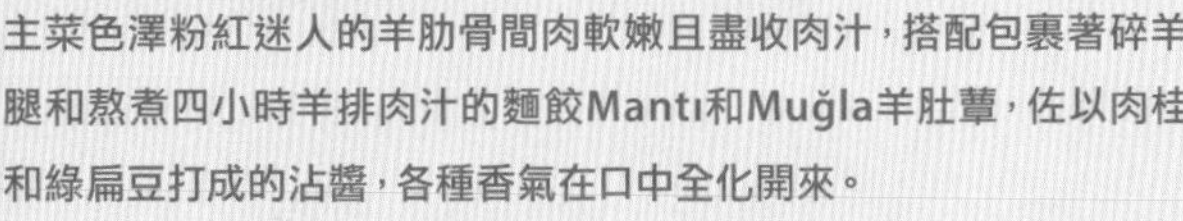

P.54D3　搭M2地鐵至Şişhane站，步行約5分鐘　0212 293 5656　週一至週六18:00-23:30　www.miklarestaurant.com

與一般人所認知的土耳其印象大異其趣的地區！

愛琴海&地中海
The Aegean Sea & Mediterranean Region

愛琴海與地中海的碧海藍天，以及希臘、羅馬時代所發展出來的小亞細亞文明，然而不論從歷史長河或從地理空間來看，愛琴海與地中海在土耳其扮演了極其重要的角色，貝爾加蒙、以弗所、棉堡，以及古代七大奇蹟的其中兩座，都是這個區域的明星景區。

古蹟之外，那綿長的海岸線更是歐洲人熱愛的度假勝地，每到夏季擠滿玩水和日光浴的遊客，這區的飲食也跳脫辛香料和烤肉的組合，受到地中海調味方式的影響，海鮮和橄欖成了餐盤中的常客。

王牌景點 1

伊茲米爾是土耳其第三大城、第二大港，全國工商中心，也可以說是土耳其最西化的城市。

造訪伊茲米爾理由

1. 愛琴海沿岸最亮眼的珍珠
2. 古城風韻與西化市容並存
3. 擁有顯赫一時的佩加蒙王國

航空

伊茲米爾機場(Adnan Menderes Airport，代號ADB)位於市中心以南18公里，國際線連結歐洲主要城市，國內線與伊斯坦堡、安卡拉、安塔利亞、開塞利等城市之間都有直飛的航班。前往市中心可搭乘機場巴士(Havaş)，另可搭乘市區巴士。

伊茲米爾機場

www.adnanmenderesairport.com

機場巴士Havaş

www.havas.net

長途巴士

伊茲米爾的長途巴士站(İzmir Şehirlerarası Otogarı)位於市中心東北邊6公里處，巴士站距離貝爾加馬100公里，車程約兩小時；距離塞爾丘克(Selçuk)80公里，車程一個多小時。到市區可搭各巴士公司的接駁巴士，停靠點是Basmane火車站。共乘巴士Dolmuş也接駁到Basmane車站或Konak；市區巴士也前往Konak

鐵路

伊茲米爾有Basmane和Alsnack兩處火車站，從Basmane可前往以弗所遺址所在的塞爾丘克(Selşuk)和棉堡所在的丹尼茲利(Denizli)，距離塞爾丘克約1.5小時，丹尼茲利約5小時。

至少預留時間
隨意瀏覽：約1天
細細遊賞：約2天

MAP P.111

伊茲米爾

İzmir

伊茲米爾古稱「斯米爾納」(Smyrna)，有聖母國度的含義，由愛奧尼亞人所建立，自古因商港貿易而繁榮，之後歷經波斯、羅馬、塞爾柱、鄂圖曼的統治。

伊茲米爾是一座海港城市，但四周群山環抱，陡峭山壁直逼伊茲米爾海灣，所有住家都往山陵上發展，經過城市改造之後，以科納克廣場為中心的行人徒步區展現港都風情，沿著濱海大道，散步、跑步、騎單車、遛狗，甚至懶洋洋地躺臥其間，有海為伴，更添浪漫。

市區交通看這裡

伊茲米爾市區幅員較廣，主要的大眾運輸有巴士、地鐵、電車，還有渡輪。

市區巴士大部份的巴士路線都會經過科納克廣場(Konak)周圍。

地鐵只有一條線，從Fahrettin Altay通到Evka-3，會經過Konak、Basmane、Ege Universitesi等17站，線路還在計畫擴充中。

電車線有兩條，Karşıyaka Tram Line於2017年7月1日開始運營，自Ataşehir到Alaybey，長8.8 公里，有14站。Konak Tram Line於2018年7月2日開始營運，在Halkapınar和Fahrettin Altay長12.8公里的線路上設有19站。

Karşiyaka、Bayraklı、Alsanacak、Pasaport、Konak和Göztepe各碼頭之間有渡輪可以搭乘。

地鐵 www.izmirmetro.com.tr

渡輪 www.izdeniz.com.tr

順遊貝爾加馬壯觀遺址

從伊茲米爾往北約兩小時車程可抵達貝爾加馬，這裡曾有顯赫一時的佩加蒙王國，其壯闊的古文明遺址，能感受到有別於特洛伊的不凡氣勢。

怎麼玩伊茲米爾才聰明？

善用伊茲米爾交通卡

在伊茲米爾搭乘巴士、地鐵、渡輪等各種交通工具，建議使用交通票卡，既便利又有優惠。交通卡有兩種，İzmirim Kart是類似悠遊卡的IC儲值卡，而「Bilet 35」則分成2、3、5、10次券，限定在35天內使用完，若搭乘交通工具的機會不多，以後者較方便，兩者在車站和售票亭都有販售。

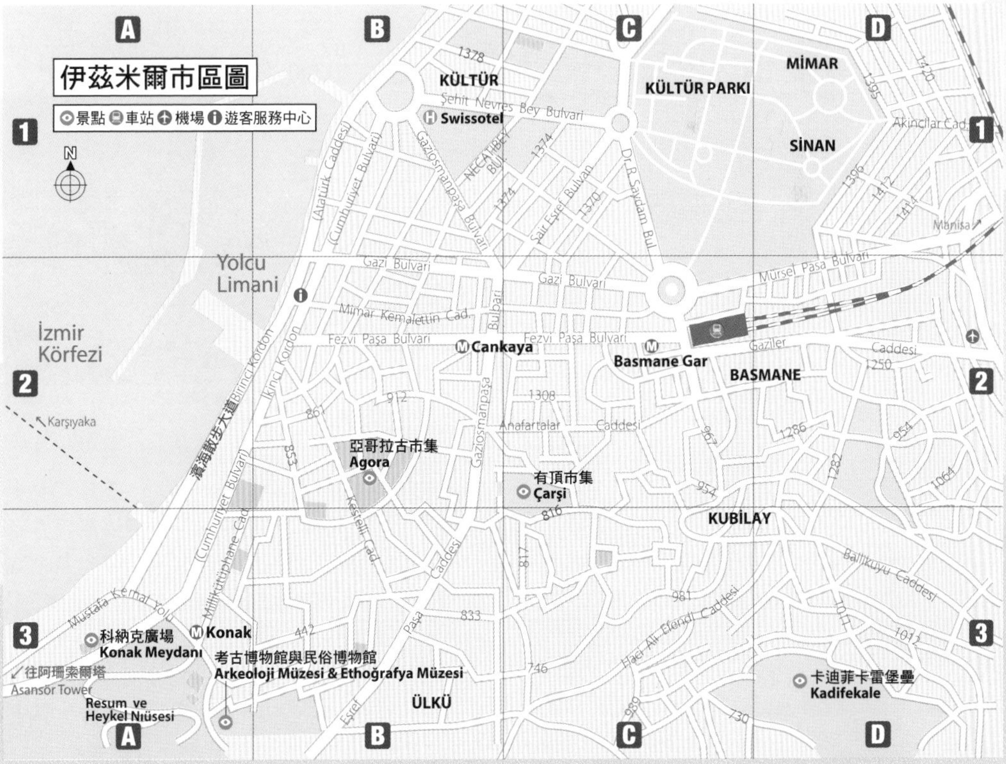

伊茲米爾市區圖

◎景點 Ⓜ車站 ✈機場 ℹ遊客服務中心

KÜLTÜR, Swissotel, KÜLTÜR PARKI, MİMAR SİNAN, Yolcu Limani, İzmir Körfezi, Cankaya, Basmane Gar, BASMANE, 亞哥拉古市集 Agora, 有頂市集 Çarşi, KUBİLAY, 科納克廣場 Konak Meydanı, Konak, 考古博物館與民俗博物館 Arkeoloji Müzesi & Ethoğrafya Müzesi, 往阿珊索爾塔 Asansör Tower, Resum ve Heykel Nıüsesi, ÜLKÜ, 卡迪菲卡雷堡壘 Kadifekale, 濱海散步大道, Karşıyaka, Manisa

伊茲米爾港灣群山環抱，濱海大道呈現迥異於土耳其的歐式風情。

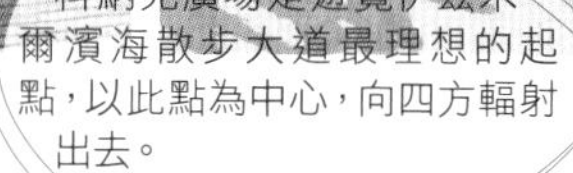

科納克廣場是遊覽伊茲米爾濱海散步大道最理想的起點，以此點為中心，向四方輻射出去。

濱海散步大道時時擠滿來此閒散漫步的伊茲米爾市民。

港口邊是人行徒步區，呈現出與古老土耳其截然不同的現代氛圍。

濱海散步大道
Birinci Kordon

濱海散步大道名稱為Atatürk cad.，與科納克廣場(Konak Meydanı)相連，從廣場走向海邊，可見建於1890年的科納克碼頭，這是由世界知名的建築師艾菲爾(Gustave Eiffel，巴黎艾菲爾鐵塔的設計者)所規劃設計，其中過去的海關大樓已改裝成一座購物中心。

接著沿著港邊向北走，一路敞開的濱海大道可說是伊茲米爾最優閒浪漫的地方了。大道點綴著棕櫚樹，一邊是商店街，靠海的那邊擺滿露天座椅，到處坐滿聊天的、喝咖啡的、喝茶的、抽水煙的、下棋的、呆坐望海的，或情侶、或三五好友、或獨自一人，都在此享受片刻優閒。

港口面向西邊，也成了觀賞愛琴海落日的最佳地點，日落夜幕升起後，坐在露天咖啡座吹拂微風，沿著大道散步的人潮也仍然不會散去。

MAP
P.111
D3

卡迪菲卡雷堡壘
Kadifekale

「Kadifekale」的語意為「絲絨堡壘」，離景點集中的科納克廣場有一段距離，而且位於山丘上，這裡有極佳的視野景觀，可以俯瞰整個伊茲米爾城及港灣。

要談這座雄踞山頭上的城堡，還是得回到亞歷山大時代。亞歷山大於西元前334年征服安納托利亞地區之後，開始了一段為期三個世紀的希臘化時期，整個愛琴海、地中海東部地區的社會和文化都起了重大變革。為了安全和防禦起見，易守難攻的山丘成了聚落發展重心，帕果斯(Pagos，也就是今天卡迪菲卡雷堡所在地)便從這個時候開始扮演重要角色，接下來在羅馬、拜占廷、鄂圖曼時期，高高在上的卡迪菲卡雷堡始終捍衛著伊茲米爾。

Kadifekale Mahallesi, 5271. Sk. 9-11, Konak 在Konak搭乘33公車，或標有Kale的公車，可抵達山丘上

卡迪菲卡雷堡壘位置佳，可居高臨下俯瞰伊茲米爾。

堡壘的歷史可溯及亞歷山大時代。

MAP P.111 A3

考古博物館
Arkeoloji Müzesi

考古博物館主要收藏品包括希臘與羅馬時期的雕像、玻璃器皿、金屬製品、銀器和黃金珠寶，許多都是從亞哥拉古市集出土的，部分則來自以弗所，較亮眼的館藏包括拜占庭時期的玻璃器皿，還有寶物室裡的黃金珠寶飾品。

Bahribaba Parkı İçi,No:4 8:30-17:30 考古博物館90TL

希臘羅馬時期古物及雕像是考古博物館主要館藏。

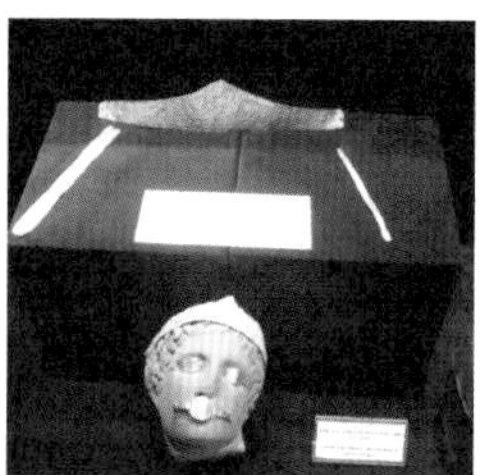

考古博物館館藏許多都是自「亞哥拉古市集」出土的。

阿珊索爾塔其實是一座造型獨特的古老電梯。

這裡視野很好，可以遠眺城市和海景。

電梯的頂樓可以喝咖啡賞景。

MAP P.111 A3

阿珊索爾塔
Tarihi Asansör Binası

位於伊茲米爾市郊南邊，乍聽這個名字會難以理解，其實它是伊茲米爾Karstaş區的一部古老電梯，由一位猶太籍的慈善家於1907年所建，而「Asansör」這個字就是電梯的意思。

因為這一帶地勢陡峭，房子沿著山壁而建，街道與街道之間高度落差極大，為了方便老人、孕婦、小孩爬樓梯的辛苦而蓋了這部電梯。如今這部電梯已被列為歷史建築，電梯的頂樓還開設了一家餐廳和陽台咖啡，此處視野很好，可以邊用餐邊欣賞城市和海景。

從Konak搭乘巴士至Karstaş下車，步行約3分鐘 Turgut Reis Mahallesi, Şht. Nihatbey Cd. 76/A, Konak

曾經顯赫一時的貝爾加馬王國，是愛琴海的文化、商業和醫藥中心，值得一遊。

貝爾加馬是個面積不大的活潑小鎮。

貝爾加馬(佩加蒙)
Bergama(Pergamom)

INFO

自伊茲米爾搭巴士，車程約1.5~2小時。貝爾加馬新的長途巴士站位於市中心外7公里處，與市中心的舊長途巴士站有免費接駁巴士。

小亞細亞最重要的一次大規模文化運動，是由馬其頓的亞歷山大大帝帶來的希臘化運動，英年早夭的傳奇英雄最後死在巴比倫城，他的萬里長征由歷史觀點來看，最高價值並不在打敗波斯帝國宣揚武功，而在傳播希臘文化，兩河流域、安納托利亞、埃及全在影響範圍內。

亞歷山大大帝死後，帝國分裂，他的幾名將領瓜分天下，但希臘化運動並沒有停止，反而更融合在地文化特質，而帶來了希臘化時代最具代表性的佩加蒙風格，如今佩加蒙最重要的出土物，大多珍藏在德國柏林的佩加蒙博物館。

貝爾加馬小鎮以編織地毯聞名，街上有不少土耳其地毯店。

亞歷山大部下Philetarus繼承了佩加蒙這一帶的領土，而曾經顯赫一時的佩加蒙王朝，在歐邁尼斯一世(Eumenes Ⅰ，

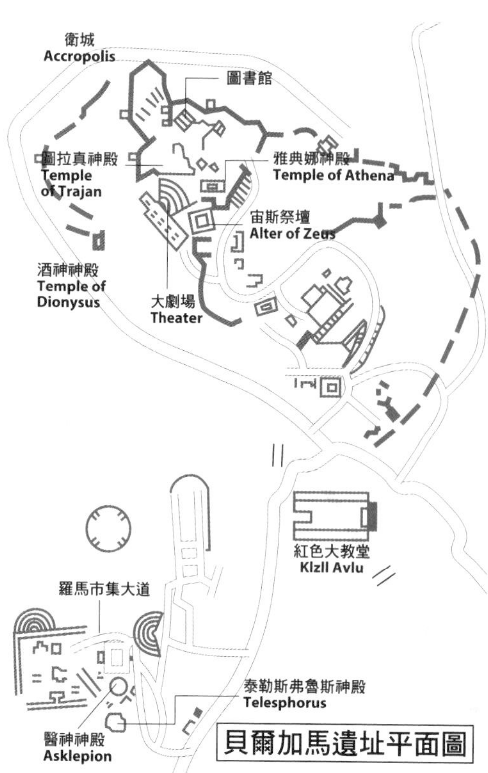

串遊景點有訣竅

貝爾加馬的景點非常分散，其中紅色教堂距離遊客中心1公里，醫神神殿在2公里之遠，衛城更在5公里之外，如果採步行的話，不可能一天內完成，最方便的方式是從貝爾加馬小鎮上搭計程車，不過，有些不肖計程車司機會抬高價格欺騙遊客，因此記得要先議定價格。

Philetarus的姪子)時達到顛峰，是愛琴海北部的文化、商業中心，足以和南邊的以弗所(Efesus)分庭抗禮，享有「雅典第二」的稱號。其遺址就位於今天的貝爾加馬(Bergama)小鎮，遺址主要分成南邊的醫神神殿(Asklepion)和北邊的衛城(Acropolis)兩大部分，兩地相距8公里，鎮中心還有一座紅色教堂遺址(Kızıl Avlu)及博物館。

紅色大教堂Kızıl Avlu

Kınık Caddesi 8:30-17:30
60TL，適用博物館卡

紅色教堂就位於貝爾加馬鎮上，建於西元2世紀，原本是祭祀埃及神明Serapis、Isis的神殿，在拜占庭時期改成大教堂，奉獻聖約翰，教堂面積長60公尺、寬26公尺、高19公尺，在聖經《啟示錄》(Revelation)中所提到7座小亞細亞教堂，這間就是其中之一。

醫神神殿Asklepion

İzmir Bergama Zafer Mahallesi 8:30-17:30
300TL，適用博物館卡

醫神神殿距離貝爾加馬鎮不遠，可以從這裡展開佩加蒙的古文明之旅。說這裡是醫神神殿，不如說是一個醫療中心，年代約從西元前4世紀到4世紀。順著羅馬市集大道走進來，遺址裡有兩座醫神神殿，一是希臘神話醫療之神阿斯克列皮亞斯(Asklepios)的神殿，另一座是泰勒斯弗魯斯神殿(Telesphorus)，供奉另一個醫療之神。

除此，還包括羅馬劇場、圖書館及聖泉、澡堂。古時候人們不遠千里來到醫神神殿飲聖泉、按摩、洗泥巴浴、搭配草藥、祭拜醫神，以紓解疲勞、壓力及治病。

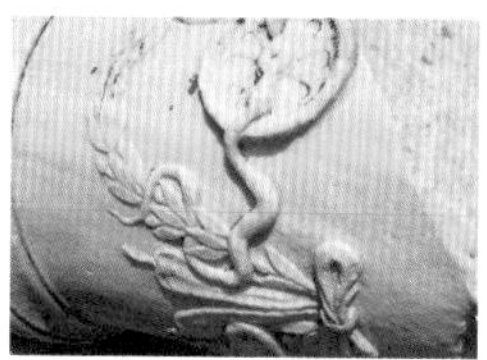

衛城Acropolis

İzmir Bergama Kurtuluş Mahallesi　可於山下搭乘纜車抵達，單程約15分鐘　8:30-17:30　340TL，適用博物館卡

整座衛城雄踞於東北邊險峻的山坡上，穿過皇家大門，便進入這個曾經是偉大的希臘文明中心。在頹圮的城牆範圍內，主要建築包括了宙斯祭壇(Alter of Zeus)、雅典娜神殿(Temple of Athena)、酒神神殿(Temple of Dionysus)、圖拉真神殿(Temple of Trajan)、大劇場，以及圖書館。

圖拉真神殿是遺址裡僅存的羅馬時代建築，紀念已被神格化的羅馬皇帝圖拉真一世(Trajan Ⅰ)，是哈德良(Hadrian)為父親圖拉真所建，全部以大理石打造，正面有6座、側面有座科林斯式石柱。

宙斯祭壇現在只留有基座，祭壇原件在19世紀被搬到德國柏林的佩加蒙博物館(Pergamom Museum)，這座祭壇高12公尺，浮雕描繪諸神與巨人間的神話戰爭。

沿山坡而建的大劇場是目前遺址中最完整、最雄偉的建築，這個世界上最陡峭的劇場（約70度角）分成3層、80排座位，可以容納15,000名觀眾。因為劇場位於懸崖邊緣，可俯瞰整個貝爾加馬市區，視野更可無限延伸到地平線，是整個遺址最令人驚奇的地方。

DiD YOU KnoW

安東尼送了什麼禮物給埃及豔后？

佩加蒙圖書館的規模曾經是全世界第二大、僅次於埃及亞歷山卓城，藏書約二十萬冊，傳説埃及因此斷絕輸出莎草紙，後來阿塔魯斯二世(Attalus II)發明了羊皮紙解困，而當羅馬征服這座城市後，安東尼將這座圖書館獻給埃及豔后克麗奧佩脱拉。

號稱「雅典第二」的出土文物被運出國啦！

1878年，貝爾加蒙祭壇(Pergamon Altar)在土耳其被德國考古學家發掘後，便被拆成小塊運回柏林，成為柏林佩加蒙博物館Pergamon museum in Brelin。祭壇底部的雕刻，描述的是諸神與巨人之間的戰爭，不同於古希臘藝術平衡與和諧的原則，這些雕飾顯得誇張和激烈，極具戲劇張力，這就是希臘化時代最經典的藝術特徵，也因此佩加蒙祭壇的圖像總是出現在藝術史的教科書上。

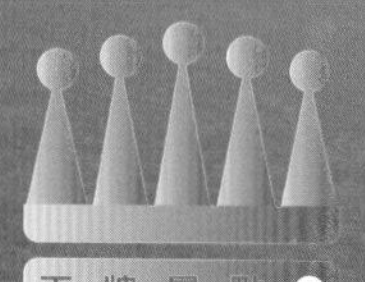

王牌景點 2

以弗所曾是僅次於羅馬的第二大城市，人口超過了二十五萬，經過幾百年的變遷，依然可見當年的繁華。

愛琴海畔的以弗所，一直是遊客造訪土耳其最熱門的地點之一，面積廣闊的古城遺跡，保存至今已有兩千餘年的歷史。

位於塞爾丘克西邊3公里，遺址主要有南北兩個出入口，南門是所謂的上入口，北門是下入口。
0232 892 6010
8:00-18:30，關門前1小時停止售票
700TL，適用博物館卡

可從塞爾丘克的巴士總站旁側的小巴候車站搭乘共乘巴士Dolmuş，可於北門下車，車程約15分鐘；搭乘前往Pamucak或Kuşadası的迷你巴士，可在分岔路口下車，再徒步10分鐘至北門。

至少預留時間
隨意瀏覽：約1小時
漫步細賞：約2~3小時

MAP P.119 A1

以弗所遺址

Efes / Ephesus Archeological Site

西元前9世紀，已有以弗所存在的記載。在歷經西元前6世紀波斯人的入侵後，希臘亞歷山大大帝將其收復，開始這座城市的基礎建設。亞歷山大大帝去世後，後繼者將城市移往波波(Bülbül)山與帕拿爾(Panayır)山的山谷間，這也是今日以城所在地。

經過希臘文明洗禮後，羅馬帝國幾位帝王對以城喜愛有加，紛紛為城市建設加料，以城的繁華興盛到達顛峰，不只是古代經濟和政治重心，科學、文化和藝術上也佔據重要地位。

造訪以弗所遺址理由

1. **小亞細亞最熱門的希臘羅馬遺址**
2. **盡賞三千年前的宏偉建築**
3. **順遊聖母瑪利亞晚年居所**

以弗所古城遺址於20世紀初陸續挖掘出土，斷垣殘壁隨處可見。

據史料記載，西元17年時一次大地震，嚴重摧毀以弗所，當時羅馬人展開修護工作。

以弗所是地中海東部地區保存最完整的古代城市，一年到頭遊客絡繹不絕。

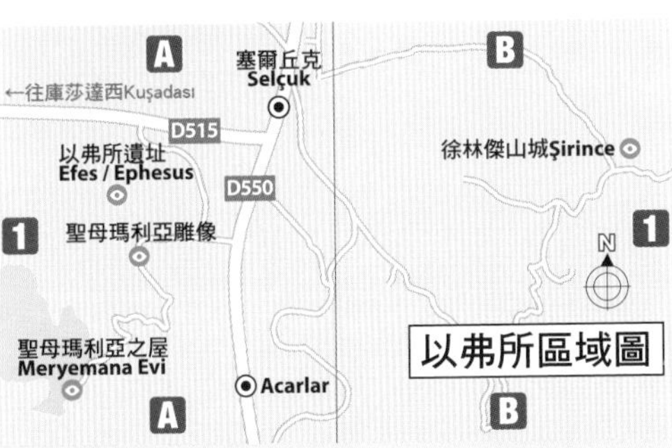

DID YOU KNOW

最古老的情色廣告就在這裡！

走在大理石大道上，留心腳下的石板，上面刻著女人頭像、左腳腳印、一顆心、錢幣等四種象徵物，這就是古代的妓院(Brothel)廣告！從前海港城人來人往，船員或外來客就是循著這廣告找樂子，意思是：「如果你有顆寂寞的心，請帶著錢幣，循著腳印方向尋找，美麗的女子正在候駕……」

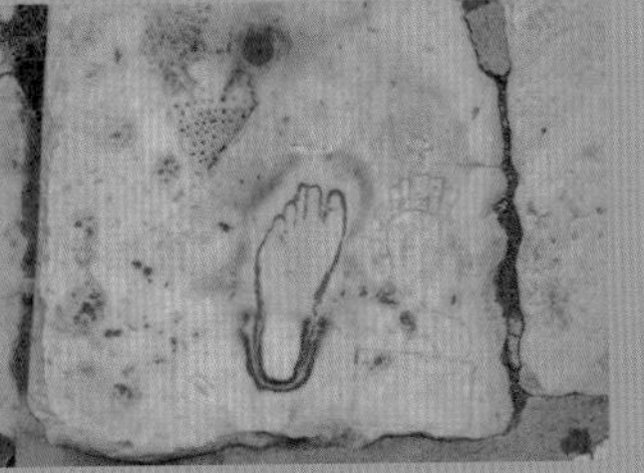

也有一說是，此腳印選用成年人的腳印，作為檢測是否為未成年人的標準，比這個腳印小或是沒錢的人，都不能進入妓院。

怎麼玩 以弗所遺址才聰明？

避開人潮走這裡

如果要避開參觀人潮，建議以南門(上入口)為起點，兩個入口之間可搭乘計程車。

記得自備飲水和輕食

古蹟內無餐飲、無商店，前往之前要記得攜帶足夠的飲用水和簡便的輕食，此外，遺跡佔地廣闊又沒有任何遮蔭物，因此夏季前往要注意防曬，並時時補充水份，以避免中暑。

順遊宗教聖地

聖約翰教堂和聖母瑪利亞之家是必遊的宗教聖地，聖約翰為基督12門徒之一，在被迫離開耶路薩冷之後，與聖母瑪利亞一同來到塞爾丘克度過晚年，6世紀時，查士丁尼大帝在聖約翰的墳墓處蓋起一座大教堂，今日還留有教堂的遺跡，以及聖母瑪利亞的故居，是遊客及朝聖者必訪之地。

以弗所一直是遊客造訪土耳其最熱門的地點之一，古城遺跡面積廣闊，至今已有近三千年的歷史。

古時，市民代表大會及音樂會都在此處舉行。

音樂廳 Odeon

音樂廳建於西元2世紀，古羅馬時為市府高級官員開會的議場，也兼作音樂廳的用途。由看台後方有高牆、兩側有入口，看台與舞台間有供樂團演奏的半圓形空間等設計，可判定此處為羅馬式建築，其設計仿照劇場，但多了屋頂，能容納約1,800人，不過屋頂早已坍塌。

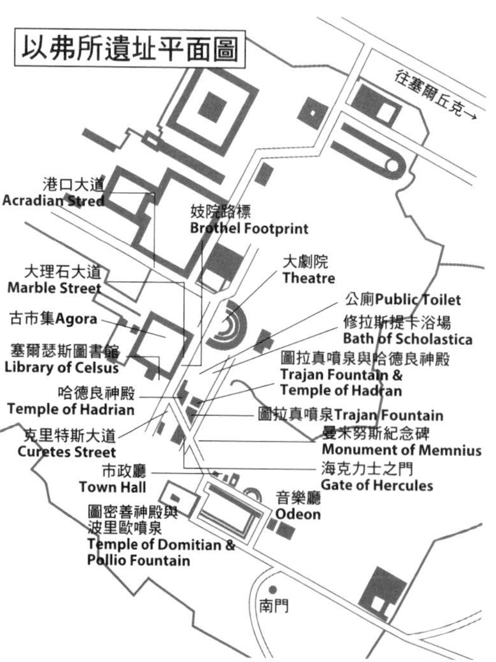

市政廳 Town Hall

廳內原分為幾個不同的辦公室，飾以黑、白大理石，每個廳裡的神龕置有女神赫斯提雅，中庭則放著豐饒女神阿特米斯的雕像，並燃燒火苗象徵以城的城市精神。這座建築原本用來獻給阿特米斯女神，後來在廢墟中挖出兩具阿特米斯石雕，造型完好，現為塞爾丘克博物館的鎮館之寶。

市政廳建造日期可追溯至西元前3世紀，當時統治者為奧古斯都，西元3世紀時整修過，不幸毀於4世紀末。

曼努斯紀念碑 Monument of Memnius

曼努斯為以弗所建築水道橋知名的建築師，他也是羅馬獨裁皇帝蘇拉(Sulla)的孫子。稍早時以弗所人曾協助鄰近的龐特斯(Pontus)王國抵抗羅馬人入侵，龐特斯戰勝羅馬後，該國國王卻下令屠殺那一區八萬名的羅馬人，為紀念此一悲慘事件，曼努斯遂建立此碑，保護該城的羅馬子民。

曼努斯紀念碑記載著一段血流成河的悲慘歷史。

神殿原供奉羅馬皇帝圖密善，在皇帝被謀殺之後，神殿就被毀壞，現僅存地基。

MAP P.120

圖密善神殿與波里歐噴泉 Temple of Domitian & Pollio Fountain

隔著克里特斯大道，在曼努斯紀念碑對面有一座二層樓高的石柱，就是圖密善神殿遺址所在，神殿面積原本長100公尺、寬50公尺，這是羅馬皇帝圖密善為自己所建，裡面供奉一座高7公尺的圖密善雕像，雕像現存於以弗所考古博物館內，把自己塑造成一個大力士模樣。另在圖密善神殿旁還有一座圓拱狀的噴泉，為西元97年時名為波里歐(Pollio)的人所建。

這條大道在古時還兼有運送木材和火苗的功用。

MAP P.120

克里特斯大道 Curetes Street

循著斜坡往下看，居高臨下的遠處是圖書館建築宏偉的外觀，古時候這條順勢而下的通道可直通港口，道路下的下水道建設，從那時起即扮演著排除廢水、污物的功能。街道的兩側有保存較為完整的建築。左側是富有人家的房屋群及精品商店，在精品店牆上仍留著明顯的壁畫，地面上也有馬賽克裝飾。

MAP P.120

海克力士之門 Gate of Hercules

在踏入克里特斯街之前，必須先經過一座門，今日可見兩座雕有門神的石柱，這就是海克力士之門，兩位門神都是大力神海克力士，原本門拱上裝飾著勝利女神Nike的雕像，目前則陳列在一旁。此門的意義在於保衛前面市政府重地，也由此作出區隔，接下來即是一般公共設施和老百姓的房舍。

大門左右兩側有對稱的大力神海克力士雕像。

DiD YOU KnoW

你穿的球鞋有勝利女神的加持？

原本裝飾在門拱上的勝利女神尼克，有著一雙開展的翅膀，巴黎羅浮宮鎮館三寶之一的勝利女神就是祂，祂也經常與宙斯、雅典娜一起出現，擁有驚人速度的勝利女神，也經常出現在奧運獎牌上，從首屆奧運會的獎牌，就可見到勝利女神不同的形象，最讓人驚訝的是，據說知名運動品牌Nike的打勾商標，設計的靈感來源就是來自勝利女神的翅膀。

藏在以弗所博物館中的愛神伊洛斯雕像，就是自圖拉真噴泉發現的。

MAP P.120

圖拉真噴泉 Trajan Fountain

擁有山形牆立面的圖拉真噴泉建於西元2世紀初，獻給當時的羅馬皇帝圖拉真，兩層樓的建築約12公尺高，前面噴泉池造型仍可辨識。

連接大劇院和海港的港口大道，因為海岸線已經信儀，因此，看不到直通大海的景觀了。

MAP P.120

港口大道 Acradian Street

出了大劇場，就是港口大道，由此通往當時歐亞大陸間的重要港口，「世界上最古老的街燈」曾經點亮整條大道，迎接埃及豔后駕臨。街道長500公尺，寬11公尺，兩旁曾有商店，道路在羅馬皇帝阿卡迪奧斯(Arcadius)重修，於是以他為名。

MAP P.120

哈德良神殿 Temple of Hadrian

哈德良神殿是典型科林斯式神廟的代表。內牆廊柱上有不同神話人物的雕刻，一側屬於希臘時代，另一側刻劃著亞馬遜(Amazon)女人國的人物。正面拱門中央雕著勝利女神Nike，內牆正面的雕像是蛇髮女妖梅杜莎(Madusa)張開雙手，取其強悍特質來保護此廟。

哈德良神殿立面雕飾很華麗。

內牆正面雕著張開雙手的蛇髮女妖梅杜莎雕像。

DID YOU KNOW

兩千多年前就有沖水廁所了！

從哈德良神殿右側小路彎入，可見到一排挖洞的坐處，這就是最早的公共廁所！這處公廁沒有隔間，如廁的人可以聊天、論時政、談生意，具有社交功能，所以在早期是群眾的社交場所。天冷時，貴族們還會命奴隸先坐在圓洞上溫熱馬桶，非常有意思。當時公廁中央建有一座水池以利空氣流通，馬桶下方的溝渠也保持有流水沖刷，可說是全球最早的沖水馬桶。

DID YOU KNOW

男人上圖書館是為了招妓?!

以弗所境內最具代表性的雄偉地標型建築，就是塞爾瑟斯圖書館！在當時，女性是沒有受教育的資格，因此，只有男性可進入這座圖書館，而妓院就在大理石大道和克里特斯大道的交叉口，也就是正好是圖書館的對面，傳說當時男子會以去圖書館為藉口，瞞著妻子從圖書館下方的密道偷偷溜進妓院。

塞爾瑟斯圖書館 Library of Celsus

MAP P.120

圖書館的規模當時號稱小亞細亞第二大，曾藏書12,000冊，僅次於佩加蒙市那座。歷經大火、地震，圖書館正面大門依然挺立，最近一次整修約為1970年。大門一樓清楚可見4尊女神龕於石柱後面，分別代表智慧、命運、學問、美德，目前所見為複製品，因奧地利人於20世紀初協助考古挖掘工作，目前真品藏於維也納的博物館中。

面對圖書館右側通往亞哥拉古市集有一座三拱門，名為Mazeus & Mithridates之門，這是羅馬皇帝奧古斯都所赦免的兩位奴隸，為感念其恩所建。

西元2世紀，羅馬一名領事官繼任為總督，為紀念父親塞爾瑟斯(Celsus Polemaenus)，在其墓地上蓋了這座壯觀的圖書館。

大理石大道 Marble Street

MAP P.120

圖書館位於克里特斯街和大理石大道交叉口，向右側走，城門外就是熱鬧繽紛的市集了，如今面貌是一片滿布石柱的廢墟，但不難想像當年一攤攤比鄰的叫賣小販。循著大理石街向前走，可通到港口，古時的以城就是愛琴海畔的一個海港城，羅馬人、北非人不時來此造訪，交易熱絡。

布滿石柱的遺跡，當年可是人聲鼎沸的市集喔！

大劇院 Theatre

MAP P.120

據史料記載，耶穌門徒保羅也曾在這裡演說、傳教，卻遭到群眾的抗議、示威。

走到大理石街道底就可見到大劇院，沿著Panayır山坡而建，規模可以容納二萬五千人，古時每當一年一度的節慶時，全城人都來此參加音樂會。劇院的建立始於西元前3世紀，止於西元2世紀，因此，觀察劇院建築風格，同時混合了希臘、羅馬兩種特色。半圓形造型、沿山坡而建是希臘劇院特色，不過，拱門的入口又混雜羅馬建築風。

修拉斯提卡浴場 Bath of ScholasticaBath of Scholastica

MAP P.120

這個大型公共浴場位於哈德良神殿後方，興建於1世紀，毀於4世紀的地震，後來由修拉斯提卡將它重建為一座3層樓的拜占庭式浴場，在通往大劇院的路上還有一座她的雕像，但頭部已佚失。

除了以弗所遺址，不可錯過以弗所博物館、聖約翰教堂、聖母瑪利亞之屋，以及郊區的徐林傑山城。

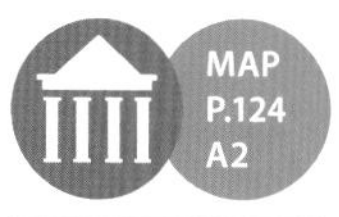

以弗所博物館 Efes Müzesi

MAP P.124 A2

INFO

Uğur Mumcu Sevgi Yolu Caddesi

0232 892 6010

8:00-17:30

220TL，可使用博物館卡

以弗所遺址具有價值的考古文物包括雕像、馬賽克鑲嵌畫、濕壁畫、錢幣等，許多都收藏在這間博物館，最好是先造訪以弗所再來參觀博物館，更能與遺跡產生連結。

不能錯過的雕像和浮雕包括哈德良神殿門楣上的帶狀浮雕，羅馬皇帝圖密善(Domitian)如巨人般的雕像，以及奧古斯都(Augustus)雕像等，而以弗所的階梯屋(Terrace Houses)、醫藥學校(School of Medicine)，這裡也都有詳盡介紹。

此外，博物館還有一室專門介紹格鬥士(Gladiator)，看過電影《神鬼戰士》的人一定對在競技場裡與野獸搏鬥、供貴族娛樂的場面不陌生，這裡就展示神鬼戰士的雕像。

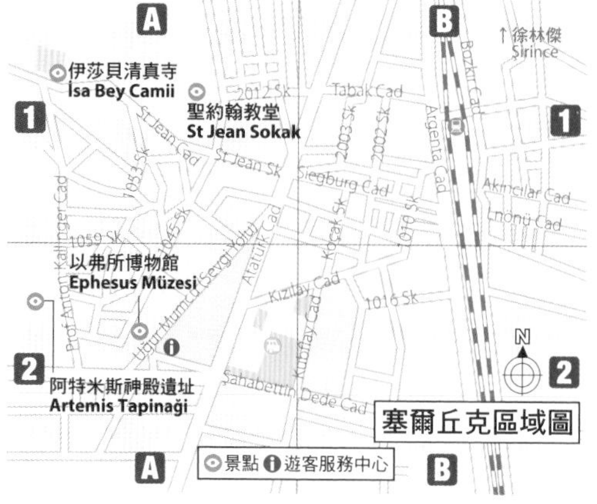

來到塞爾丘克一定不能錯過這座博物館，因為收藏了以弗所遺址珍貴出土文物。

以弗所出土的雕像、馬賽克鑲嵌畫、濕壁畫、錢幣等都收藏於此。

館方用心重現以弗所遺址當年的情境。

館內還展示格鬥士相關的雕像。

阿特米斯雕像(Artemis)

鎮館之寶就是兩尊造型奇特的阿特米斯雕像，在希臘神話裡，豐饒女神阿特米斯被塑造成一位貞潔的處女，屬原野女神，主宰狩獵事宜。在以弗所，阿特米斯特別受崇敬，祂被塑造成一個多乳頭的乳母形象，其中有冠的是1世紀作品，在以弗所的市政廳挖掘出來；另一尊則是西元125年到175年之間的作品，今日塞爾丘克也以這座雕像作為城市精神象徵。

愛神伊洛斯(Eros)

愛神伊洛斯也就一般人所熟知羅馬時期的愛神丘比特，博物館裡就有不少愛神的雕像，不能錯過的是一件伊洛斯騎在海豚上的青銅雕像，這是在以弗所圖拉真噴泉發現的，作品不大，鎖在玻璃櫃裡，並以柵欄阻隔，足見其珍貴程度。

查士丁尼所建的雄偉建築已毀損，僅存殘跡。

聖約翰教堂
St John Kilisesi

INFO

St Jean Caddesi，位於Ayasuluk山丘上

8:00-18:00

130TL，可使用博物館卡

據說耶穌十二門徒之一的聖約翰是在塞爾丘克度過人生的最後一年，並在艾亞素魯克(Ayasuluk)山上寫下福音書，有一座4世紀的墳墓就被認為埋藏著祂的遺骸，上面有一座祭壇。

6世紀時，查士丁尼就在山丘上蓋了一座大教堂，一個中央大圓頂環繞著許多小圓頂，呈現一個十字造型，為拜占庭時期該地區的最大建築物。歷經多次地震，教堂早已成為一片瓦礫廢墟，直到一個世紀前才開始修復，然而除了豎立一些柱子，已難以恢復原貌。

埋葬聖約翰的墓室位在中殿，這一塊區域的大理石柱都重新立起來，在中殿的盡頭，也就是後堂的地方，兩片濕壁畫模糊可辨，是聖約翰的畫像，有玻璃圍著保護起來。

教堂內就是耶穌門徒聖約翰的墓室所在。

後堂保存了兩片模糊可辨的濕壁畫，是聖約翰的畫像。

聖母瑪利亞之屋
Meryem Ana Evi

MAP P.119 A1

INFO

距離以弗所北門7公里，離南門5.5公里。自行前往需從塞爾丘克搭乘計程車，建議可連同以弗所行程一起講價。

Atatürk Mah. Mevki Küme Evleri 35922 Selçuk/İzmir

11~3月8:00-17:00， 4~10月8:00-18:00

250TL

耶穌門徒約翰在此終老，而約翰受耶穌託付照顧聖母瑪利亞，因此，聖母也在此度過她的晚年。當以城遺址後方山坡上聖母瑪利亞之屋於1890年挖掘出來時，印證了聖母瑪利亞在此度過她晚年的事實，朝拜人士絡繹不絕。

教堂牆壁的石塊上畫有曲折的紅色線條，據了解紅線代表6世紀前建物的高度，紅線以上部分則是日後慢慢修築而成。教堂地處靜僻，一棵五百年的老槭樹依牆而生。走出教堂，順勢向下，在樓梯下有聖水供應，還有朝聖者留下的滿滿紙條。

這麼一小小間禮拜堂，每年有100萬遊客與朝聖者造訪。

教堂一旁的看板上貼滿紙條、名片和照片，左側樹上也都是虔誠朝拜者祈福的紙條。

現在的瑪利亞之屋是一間小禮拜堂，長年有世界各地的朝聖者前來朝拜。

這個山間小村落以出產水果酒聞名，懂門道的土耳其人和遊客，都會到山上來感受小山城的風情。

穿梭在山城小徑，會發現一些畫廊及個性小店。

徐林傑的住宅保留了鄂圖曼時期希臘樣式，白牆紅瓦沿山坡而建，相當可愛。

MAP P.119 B1

徐林傑山城
Şirince

INFO

位於塞爾丘克東邊9公里山上，從巴士總站可以搭乘迷你巴士前往，車程約20分鐘。

百年前山城的住民原本是希臘人，1922年土希戰爭，希臘戰敗後，進行兩國人口交換，土耳其人移入，因此，住宅保有希臘樣式，因為山城靜僻，吸引不少居住在大都會的藝術家移來這裡定居。

小鎮主街道是遊客聚集的中心，街道兩旁都是迎接遊客的酒館、小餐廳、紀念品小店，還有賣香料、橄欖製品等，當然不能錯過的是鎮上最出名的水果酒，從草莓、蘋果、水蜜桃、哈密瓜、櫻桃、藍莓、梨子……十數種水果酒，平均8%的酒精濃度，即便不勝酒力，淺嘗各種水果酒的味道也是一番享受。

DID YOU KNOW

先知穆罕默德斷袖竟是為了牠？

以弗所遺址和徐傑林山城到處可見貓咪的可愛身影，牠們毛色光亮、神情悠閒、容易親近，可說是與土耳其人共同生活的朋友。
中世紀黑死病流行時，利用貓抓老鼠的天性，海港城市得以控制這個透過老鼠傳染的致命疾病，而在伊斯蘭《可蘭經》中，貓被視為潔淨的動物。關於貓的宗教認證，還有個故事提到先知穆罕默德的貓趴在他的衣袍上午睡，禮拜時間到了，穆罕默德剪掉自己的衣袖起身，就為了不打擾愛貓休息。

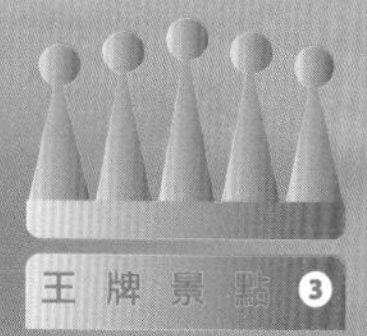

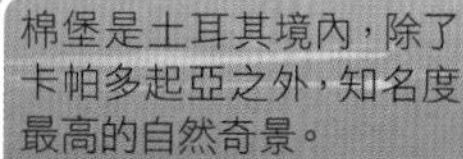

棉堡除了自然景觀，也以溫泉聞名，希艾拉波利斯遺址則結合大自然與古文明所展現的偉大風華。

棉堡是土耳其境內，除了卡帕多起亞之外，知名度最高的自然奇景。

棉堡和其他區域的交通往來十分便利。

丹尼茲利市(Denizli)巴士總站地下一樓可轉乘市區巴士，在此搭共乘小巴(Dolmuş)可前往帕慕卡雷村(Pamukkale Kasabasi)、景區北邊入口或卡拉哈耶特村(Karahayıt)，車程約半小時。自帕慕卡雷村可步行至棉堡自然公園進入景區，距離南入口約3公里，卡拉哈耶特村則距離棉堡北入口約5公里。

至少預留時間
隨意瀏覽：約1小時
漫遊細賞：約3小時

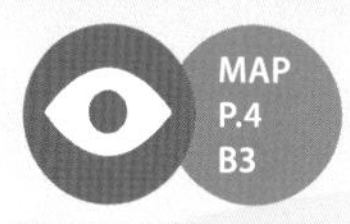

棉堡
Pamukkale

棉堡的土耳其語為「Pamukkale」，「Pamuk」意指「棉花」，「kale」是「城堡」，「Pamukkale」就是「棉花之堡」之意。每年有上百萬遊客前來爭睹這處奇景，也因此構成了這個以棉堡為核心的景區。棉堡除了自然景觀，也以溫泉聞名，前來沐浴療養的遊客始終絡繹不絕，自然而然形成龐大聚落及城市。

希艾拉波利斯遺址(Hierapolis)與棉堡的石灰棚緊緊相連，占地廣闊的神殿、劇場、大道、城門、市場、浴場及墓地遺跡，展現其結合大自然與古文明所展現的偉大風華。

棉堡除了自然景觀，也以溫泉聞名。

造訪棉堡理由

1. 石灰華結晶而成的雪白棉田
2. 在千年古蹟中泡溫泉
3. 極致工藝的阿芙洛迪西亞斯遺址

希艾拉波利斯遺址是鄰近棉堡的知名古蹟。

每年有上百萬遊客前來遊賞這處狀似棉花的白色城堡。

怎麼玩棉堡才聰明？

住哪裡看這裡

棉堡景區的住宿處主要有三處，一是有30分鐘車程的丹尼茲利市(Denizli)，多數聚集在長途巴士站附近；一個是度假飯店林立的卡拉哈耶特村(Karahayıt)，距離棉堡北門5公里，這些號稱4星、5星的飯店多半都附設了溫泉浴場；還有一處是離棉堡3公里的帕慕卡雷村，以平價民宿為主。

順遊近郊重頭戲景點

要見識鄰近地區保存更完整的古文明，不能錯過100公里之外的阿芙洛迪西亞斯遺址(Aphrodisias)，有些人喜歡阿芙洛迪西亞斯更甚於以弗所，原因是除了古蹟保存狀態完整之外，並因地理位置較孤立，少了遊客喧鬧和大型巴士的穿梭，更能感受其古典之美。

搭車情報告訴你

棉堡和其他區域的交通往來，幾乎都要經過丹尼茲利市(Denizli)轉運。丹尼茲利的火車站位於市中心，從伊茲米爾、塞爾丘克方向來的火車(Basmane-Denizli線)就停靠在此，車程約4.5~5小時。火車站對面就是巴士總站，幾乎所有的長途巴士公司包括Metro、Kamil Koç、Pamukkale都有設櫃，丹尼茲利與伊茲米爾之間巴士班次非常頻繁，車程約4小時；從塞爾丘克發車的班次較少，車程約3小時；從安塔利亞(Antalya)出發約3.5小時；從孔亞出發約5.5小時；從卡帕多起亞出發，車程約9小時，建議搭乘夜車，清晨抵達正好參觀景點。巴士時刻查詢網址：www.obilet.com

棉堡擁有石灰棚自然景觀，也有與眾不同的溫泉，更有千年古蹟希艾拉波利斯遺址，可暢快遊賞！

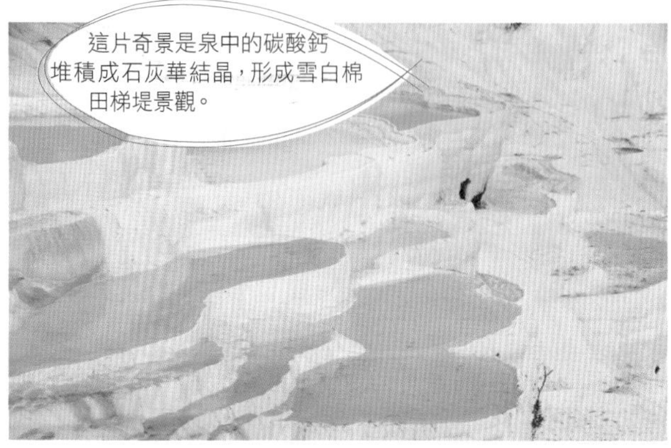

這片奇景是泉中的碳酸鈣堆積成石灰華結晶，形成雪白棉田梯堤景觀。

雪山般奇景襯著倒映的天光，令人迷醉！

棉堡層層相連如梯田的造型，有天然溫泉從地底冒出，當陽光照拂，泉水映出藍綠色調，穿插於白色大地，煞是好看。

棉堡成為熱門景區後，飯店、熱氣球各式旅遊設施暴增。

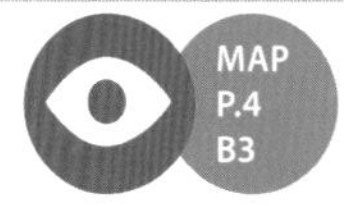

棉堡石灰棚 Travertines

MAP P.4 B3

棉堡這片鬼斧神工的獨特景觀，是石灰岩岩體流滲出富含碳酸鈣的溫泉，湧冒的泉水依著地勢聚集環流，泉中所含的碳酸鈣慢慢釋出堆積成石灰華結晶，經過千年的累積，形成梯堤景觀。

遺憾的是，棉堡開發為觀光區之後，飯店、溫泉池林立，泉水量日益減少，顯現過度開發的疲態，加上遊客恣意踩踏，嚴重破壞脆弱的石灰華，致使看不到整片水梯田的景觀。因此，規定遊客須遵守去除鞋襪、循著堤邊步道遊賞的規矩，不得任意入池戲水，以使泉水重獲再造奇景的機會。土耳其當局也著手進行冬、夏兩季各有不同的水源管理計畫，分區注入溫泉水。

交通：棉堡景區有三個入口，北門和南門入口都位於石灰棚上層，又以南門最接近，也是旅遊團巴士停靠的地方；對自助旅行者較方便的是從棉堡自然公園入口進入，從石灰棚的下層向上走，需要赤腳提鞋走過整個石灰棚。

8:00-18:30　700TL(含希艾拉波利斯古蹟區的費用)，適用博物館卡

赤足行走像走健康步道

遊客進入石灰棚景區須去除鞋襪循著堤邊行走，赤足漫步水光雲影中看似浪漫，其實石灰棚表面粗糙不平，像走在鵝卵石健康步道上，腳底不免感覺刺痛，而溫泉水流的渠道則潮濕光滑，遊客行走時須注意安全。此外，清晨和傍晚是最佳參觀時間，夏季中午炎熱無遮蔭，請注意防曬。

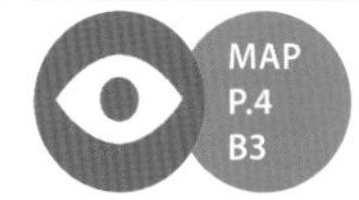

棉堡溫泉
Pamukkale Antik Havuz

坐在石灰棚上泡腳似乎有點意猶未竟，不如換上泳衣和神殿古蹟一起泡溫泉吧！

這座溫泉游泳池就在整個棉堡景區的正中心，嚴格來說，它也是一處古蹟，一旁的希艾拉波利斯遺址因為下陷而形成溫泉池，過去應該屬於阿波羅神殿的一部分，清澈的池子裡倒臥著許多大理石柱和雕飾。

池子的平均深度3公尺，有些地方更深達4至5公尺。溫泉水冒出的溫度為36℃~57℃，整個池子平均溫度約35℃，富含碳酸鹽、硫酸鹽、鈣、二氧化碳、鐵、鈉、鎂、氡等成分的泉水，據說沐浴和飲用都具療效，尤其是坐骨神經病、婦科、神經系統、泌尿器官等疾病均有療效，自古聞名。

同石灰棚　9:00-19:00，冬天至17:00

200TL

在千年古蹟中泡溫泉，可是獨一無二的經驗。

不想在千年古蹟中游泳的話，可坐在池邊喝杯飲料，欣賞這座與眾不同的溫泉池，這樣也挺有趣的。

溫泉中佈滿神殿倒塌的大理石柱。

向晚的天色賦予希艾拉波利斯魔幻般氛圍。

希艾拉波利斯曾歷經地震災害，毀損嚴重。

希艾拉波利斯遺址 Hierapolis

MAP P.132

Hierapolis以開國神話人物Hiera命名，在希臘文中意思是「聖城」，最早於西元前190年由佩加蒙(Pergamum)國王歐邁尼斯二世(Eumenes II)所建立，後來羅馬、拜占廷都先後統治過，這裡還有一處大型的猶太社區，以及早期基督教徒的聚會所，只是後來都毀於地震。

如果已經去過貝爾加蒙、以弗所，可能會覺得這處古蹟似曾相識，因為整個愛琴海、地中海東岸地區的古文明的確大同小異，只是摻雜的元素會有一些變異，以希艾拉波利斯而言，它融合了希臘、羅馬、猶太、早期基督教等文化元素，最終還是以土耳其「安納托利亞」(Anatolian)的當地風格展現出來。

同石灰棚 遺址8:00-18:00；博物館8:00-17:30 遺址700TL(與棉堡使用同一張門票)；參觀博物館須加付門票

希艾拉波利斯遺址平面圖

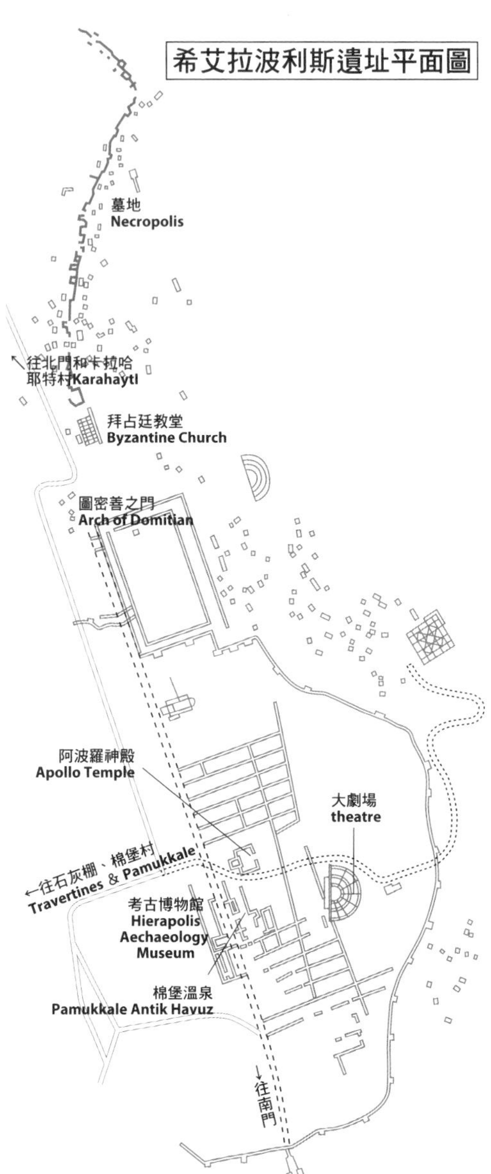

墓地Necropolis

若從北門進入希艾拉波利斯遺跡，見到的是散落石棺的大規模墓地。石棺總數超過1,200具，是安納托利亞最大的古墓場。希城這一帶自古就以頗具療效的天然溫泉吸引外來客，這些石棺多是兩千多年前，屬於來此養病、終老的百姓所有。石棺有圓有方，甚至有大規模的全家福式，陪葬品的多寡也有不同。

4世紀時一場地震肆虐，如今墓地的面貌更像是貧瘠山陵中一處廢墟。

市集大道以林立的石柱隔出一間間小商店。

據推測，三門式的拱門約建於西元1世紀。

圖密善之門Arch of Domitian

建築輪廓依然清晰，三門式的拱門建於西元1世紀，城門兩側各有一圓形雕堡，據說是為了榮耀當時羅馬皇帝圖密善而建。出城門後是市集(Agora)，林立的石柱間隔出一個個小單位的賣場。

交錯的「拱」顯示此處原本是處羅馬浴室。

羅馬時期的雕像和石棺是館藏重點。

考古博物館 Hierapolis Archaeology Museum

博物館的建築本身是古代的羅馬浴室，從交錯的「拱」可以看出一二。博物館收藏主要分成兩大類型，一是造型特殊的石棺及羅馬時代的雕像，一是從希艾拉波利斯出土的小型文物。

阿波羅神殿與大劇場 Apollo Temple & Theatre

阿波羅神廟因地震之故，及目所見盡是殘破石堆，絲毫看不出太陽神阿波羅的蹤跡。循坡地往上走，大劇院是遺址群中整修復原狀況最好的建築，可容納15,000人左右，除了中心半圓舞台，還有一座高起的平台，當時兼顧競技和表演的功能，劇場融和希臘和羅馬式的影子，為哈德良皇帝時代所建。

規模宏偉的大劇場，約可容納15,000名觀眾。

劇場建造形式融合了希臘和羅馬風格。

阿波羅神廟曾遭地震毀壞，現今僅存殘破景象。

DiD YOU KnoW

拜占廷教堂是浴場改建的？

踩著石堆前進，可見到一間拜占庭時代改建的教堂，目前只剩一面牆，這間教堂的前身是一處羅馬時期浴場，從浴池設備可推測希城古時以溫泉遠近馳名，據說當時有成千上萬人專程赴此泡湯、療養。

阿芙洛迪西亞斯的工藝水平、大理石建材用料、審美觀念都高於同期的古城，令人印象深刻。

阿芙洛迪西亞斯遺址 Aphrodisias Archaeological Site

INFO

位於Aydın和Denizili之間，與Denizili距離約100公里

與Denizili車程2小時。如果搭乘公共交通，得換車好幾趟，最方便的方式是參加一日導覽行程，此外，也可於丹尼茲利長途巴士站詢問Pamukkale等巴士公司，購買來回交通票。

8:30~17:30 280TL

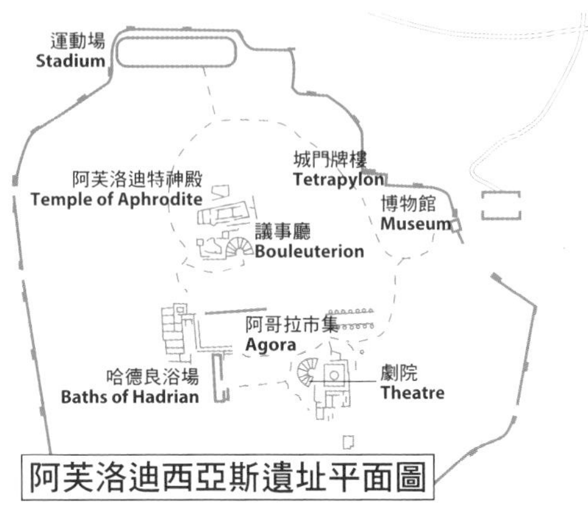

阿芙洛迪西亞斯遺址平面圖

土耳其有多處古蹟與義大利、奧地利等國簽有考古挖掘計畫，一旦簽署合作，依約有相當比例(約10%)的古蹟由挖掘國家保存，亦即土耳其現存的古蹟有一部分流落他鄉。正因如此，阿城的考古工作難得由土耳其考古教授領軍執行，由土國人自己進行挖掘，對土國人的意義自是不同。

阿芙洛迪特神殿的歷史可回溯到西元前3000年的銅器時代，在羅馬時代達到了全盛時期，從阿芙洛迪特神殿的大門、劇院、市集、運動場等建築特色即可窺知。一般相信因為當時愛與美的女神「阿芙洛迪特」(Aphroite)強力守護這座城市之故，因此本城也以祂的名字來命名。阿城的工藝水平、大理石建材用料都較其他城市高，審美觀念、生活水平也高於同期的古城，似乎也和城市守護神有關，也是當時的藝術中心。

進入古城遺址有兩個入口，一處會先看到塞伯斯汀神殿；另一處則先經過博物館，由林蔭進入遺址，兩處都可自由進入。

阿芙洛迪西亞斯展現了希臘羅馬時代極致工藝之美。

古城阿芙洛迪西亞斯在土耳其眾多古蹟中是保護較好的一處。

阿城的工藝水平、大理石建材、審美觀念都較其他城市高。

城門牌樓Tetrapylon

在希臘文中，「tetra」意義為「四」，「pylon」是「門戶」，結合的字義就是四柱形成的門，仔細一看，城門造型的確如此。由建築角度欣賞，四柱的柱頭是華麗的科林斯式，門上三角牆部分分別精雕著神話人物，例如小愛神伊洛斯。經過整修與重砌，城門原貌英挺地矗立眼前。

這是阿城古早的城門，也是本城的地標。

運動場Stadium

這個浩大的建築長262公尺、寬59公尺的運動場，輪廓清晰、座椅外觀完好，建於西元2世紀，再次讚嘆古羅馬人的建築功力。當時羅馬人也將這個場地兼做為競技場和賽馬場，可以容納約三萬人。

現在的神殿可見14根愛奧尼亞式柱子。

DiD YOU KnoW

怎麼計算古城人口？

根據考古學者計算，要判斷當時一座城市的人口，只要把最大的集會場所，如劇場或競技場容納人數乘以八，就可以推估出來，阿芙洛迪西亞斯的運動場可容納約三萬名觀眾，就可約略得知當時阿芙洛迪西亞斯城市約有二十四萬人。

阿芙洛迪特神殿 Temple of Aphrodite

阿城人從希臘過渡到羅馬時代，一致崇拜專司愛與美的女神阿芙洛迪特，在哈德良皇帝時代，神殿上加蓋了兩層13公尺長、8公尺寬的柱廊，可惜的是5世紀後，基督教文明盛行，這座神殿被改造成教堂，緊接者拜占庭帝國也將廟宇改建另作他用，甚至在它周遭挖出墳墓區，神殿的完整性已遭破壞，現在的神殿可見14根愛奧尼亞式柱子，而拜占庭式的教堂後殿殘蹟如今也還看得到。

1962年後來挖掘出來的阿芙洛迪特神像高達3公尺，收藏在入口處的博物館。

小巧精緻的半圓形座位席，具有多功能用途。

議事廳 Bouleuterion

這是一座保存得相當完好的大理石建築，就像現代城市的市政廳一樣，這座議事廳算是當時的行政中心，具有多功能用途，包括室內集會、音樂會等，原有的屋頂則在4世紀的地震中震垮。半圓的座位席可容納1750人，座位上還有雕刻得十分精美的貴賓席。

哈德良浴場 Baths of Hadrian

哈德良是西元2世紀時的羅馬皇帝，將近兩千年前所啟用的浴場，當時已有完備的洗浴設備，進入大廳的兩側分別為不同的功能廳，包括更衣室、熱水池、冷水池、蒸氣浴等，地底下更隱藏著燒水火爐室、下水道、引水設施等精良的硬體配備。

兩千年前的浴場已具有冷熱水、蒸氣浴等功能。

亞哥拉古市集佔地遼闊，以今日的規模來看依然驚人。

今日留存兩排高聳的愛奧尼亞式石柱。

亞哥拉古市集Agora

原始市集分東、西、南、北四翼，大門位於東南側，西翼出口正面對浴場。市集中央有個巨大水池，長263公尺，寬18公尺，相當驚人。目前只看到兩排愛奧尼亞式石柱杵在那裡，只能遙想當年的熱鬧場景。

從阿芙洛迪特神殿出土的阿芙洛迪特雕像就收藏在館內。

博物館Museum

遺址逛完，不要忘了進博物館看看珍藏。在羅馬時代，阿芙洛迪西亞斯有一所非常著名的雕刻學校，博物館裡就有許多當時的優秀作品。其中從阿芙洛迪特神殿出土的阿芙洛迪特雕像，穿著一件裝飾華麗的外袍，臉部已不見，是博物館的鎮館之寶。

由於古物不斷出土，博物館也隨之擴建，可看到阿芙洛迪特神殿的復原圖，以及原本立在柱廊之間那一尊尊栩栩如生的雕像。由於古物太多，許多雕刻精美的石棺堆放在博物館周遭。

DiD YOU KnoW

兩千多年的劇院就有VIP貴賓座位

西元前3世紀這座大理石劇院即已存在，從其沒有舞台和後台判斷，屬於希臘式建築，規模與以弗所劇院差不多。劇院外貌相當完好，要注意的是：第一排座位有著明顯高起的椅背，那是貴賓專屬；最後一排座椅上有幾個椅面雕刻著符號或文字，據研究是當時購買季票人士，也就是忠實觀眾所持有，因此留下如此記號。

安塔利亞為土耳其南部的交通樞紐，保留著迷人的老城區，也是前進重要古蹟阿斯班多斯的基地。

安塔利亞不似伊斯坦堡擁擠侷促，淹沒在一片圓頂、高樓和人群中，地中海的涼意在圓弧的港灣中迴旋，令人迷戀。

航空

安塔利亞機場(Antalay Airport)位於市中心東北邊10公里，有航班直飛伊斯坦堡、安卡拉及東部城市。由機場前往市中心可搭地面電車AntRay，從機場站(Havalimanı)出發，經Meydan站、İsmet Paşa站到終點Fatih站。另可搭市區巴士至長途巴士總站，可透過「Antalyakart Mobil」APP或撥打交通資訊專線242 606 0707了解巴士出發時間。如搭計程車到市區，車程約20分鐘。

安塔利亞機場

www.antalya-airport.aero

計程車公司

www.antalyaairporttaxi.net

長途巴士

長途巴士停靠市中心北邊的城際巴士站(Şehirlerarsı Terminalı)，而前往Kemer區域Aspendos、Side Manavgat和Alanya路線的小巴，則從市中心以西的Kemer巴士站出發。安塔利亞到喀煦在夏季有頻繁的巴士通行，車程約3.5小時；到棉堡車程約4小時；到伊茲米爾約8小時；到安卡拉約8小時；到卡帕多起亞的Göreme約9~10小時，有夜車行駛。從巴士總站進入市區可搭乘地面電車AntRay，到舊城邊緣的İsmet Paşa站約20分鐘。

市區單軌古董電車
Antik Tramvay

市中心的單軌古董電車線長6公里，沿著Cumhuriyet、Atatürk、Fevzi Çakmak等主要大道，從安塔利亞博物館的Müze站到Zerdalilik站，共有10站，串聯市區主要景點。

市區雙軌電車AntRay Tram

2009年開通的雙軌電車線，從市區北邊的內陸駛向舊城海岸及機場，連接長途巴士站Otogar、機場Havalimanı，對遊客來說相當便利。

MAP P.140

安塔利亞
Antalya

身為土耳其南部的交通樞紐，安塔利亞不僅是土耳其地中海岸的主要出入門戶，更憑藉著自身的魅力，吸引八方而來的遊客。

論建城歷史，安塔利亞與其他古都同樣顯赫，來自佩加蒙(Pergamum)的阿塔盧斯二世(Attalus II)在西元前1世紀來此造城，在隨後兩千多年的歲月裡，羅馬、拜占庭、塞爾柱土耳其、鄂圖曼、義大利輪番入主安塔利亞，各派人馬爭相改造，使得安塔利亞擁有獨特的混血魅力。

大城市該有的，這裡一點也不缺，博物館、餐廳、酒吧、俱樂部，質量均佳，更難得的是這裡還保留著一片迷人的老城區，曲折的石板路在殘存的城牆間穿梭，每處轉彎都充滿無法預期的驚喜。

至少預留時間
隨意瀏覽：約1小時
漫步細賞：約4小時

當然，這裡也是前往阿斯班多斯(Aspendos)、佩爾格(Perge)、席德(Side)等南部重要古蹟的基地。

造訪安塔利亞理由

1 迷人的老城區

2 博物館上乘雕像

3 順遊阿斯班多斯

浪漫漫步海灣，善用交通卡漫遊市區

安塔利亞緊依迷人的海灣，適宜漫步，也可善用儲值式的交通卡(Antalyakart)漫遊市區，交通卡通用於巴士、Antik Tramvay和AntRay，可以在巴士總站、機場等電車站或書報攤購得。購卡費用為35TL，一次性的交通卡為6TL。

怎麼玩安塔利亞才聰明？

兩種電車路線不同

AntRay和Antik Tramvay兩條電車線沒有相連，但AntRay的İsmet Paşa站和Antik Tramvay的Kale Kapısı站僅幾步之遙，可充分利用搭乘遊覽。

各區住宿等級不同

舊城區裡多半為民宿及小旅館，大型度假飯店多半位於市區外圍以及海灘沿岸。

傍著舊城西側的港灣有著另一番的風情。

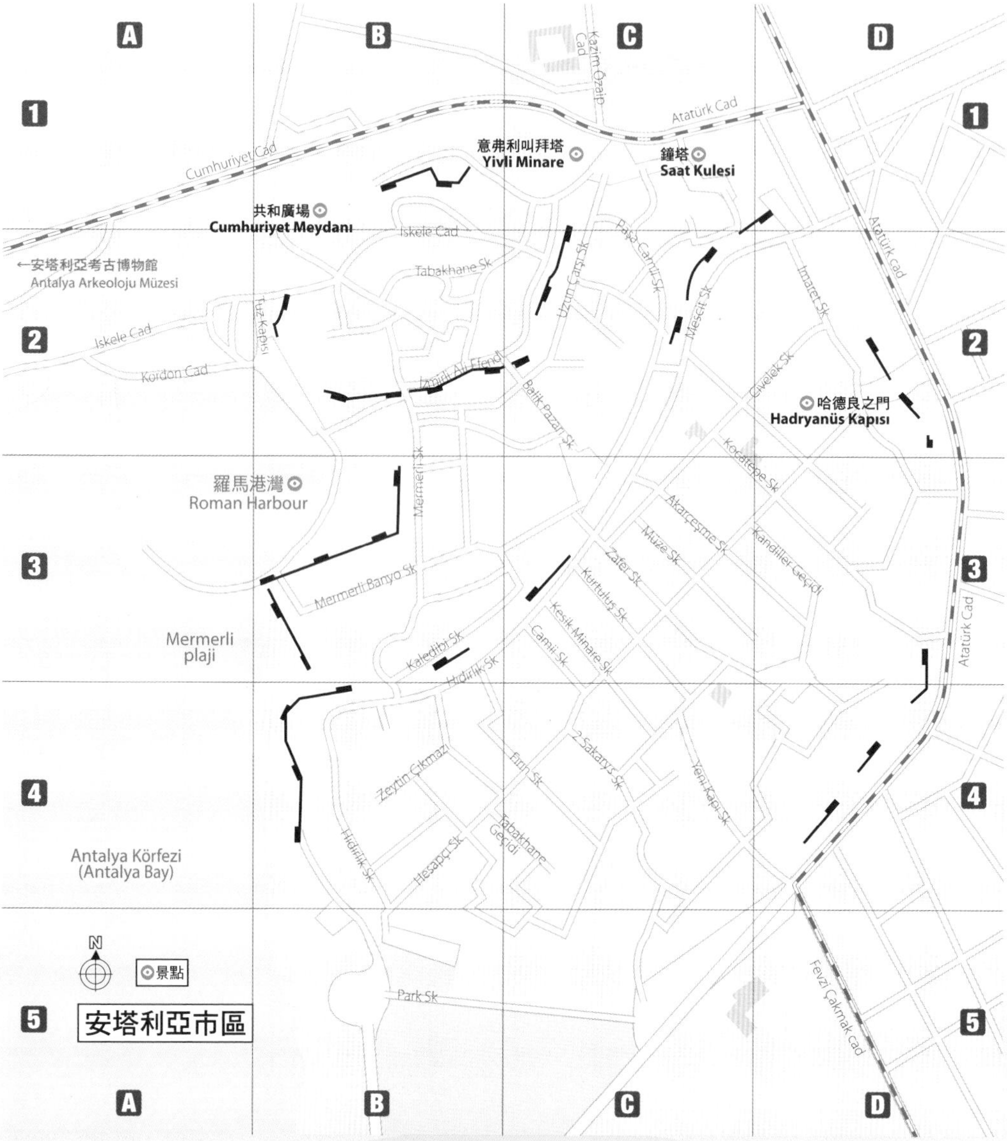

安塔利亞市區

A B C D
1 2 3 4 5

◎景點

意弗利叫拜塔 Yivli Minare
鐘塔 Saat Kulesi
共和廣場 Cumhuriyet Meydanı
←安塔利亞考古博物館 Antalya Arkeoloju Müzesi
哈德良之門 Hadryanüs Kapısı
羅馬港灣 Roman Harbour
Mermerli plaji
Antalya Körfezi (Antalya Bay)

Cumhuriyet Cad
Atatürk Cad
Kazim Özalp Cad
Iskele Cad
Tabakhane Sk
Paşa Camii Sk
Uzun Çarşı Sk
Mescit Sk
Imaret Sk
Tuz Kapısı
Kordon Cad
Hamidi Ali Efendi
Balık Pazarı Sk
Civelek Sk
Mermerli Sk
Kocatepe Sk
Akarçeşme Sk
Müze Sk
Kandiller Geçidi
Zafer Sk
Kurtuluş Sk
Kesik Minare Sk
Camii Sk
Mermerli Banyo Sk
Kaledibi Sk
Hıdırlık Sk
Zeytin Çıkmazı
Fırın Sk
2 Sakarya Sk
Yeni Kapı Sk
Tabakhane Geçidi
Hesapçı Sk
Park Sk
Fevzi Çakmak cad

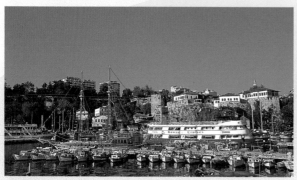

靜坐在港邊，看著交錯的船桅、往返的遊艇、錯落的白屋、專心釣魚的孩童交織成一幅絕美的風景。

安塔利亞最令人難忘的是迷人的老城區，曲折的石板路、百年老店及熱情親切的民情，讓每處轉彎都充滿驚喜。

安塔利亞是一座顯赫古都，獨特的混血魅力在安塔利亞博物館和卡雷齊老城區展露無遺。

安塔利亞博物館 Antalya Müzesi

安塔利亞博物館依照年代分廳展示鄰近地區出土的雕像、石棺、陶器、聖畫像，展品質量均豐，堪稱為伊斯坦堡考古博物館、安卡拉的安納托利亞博物館之外，最能傲視土耳其的博物館。

位於市中心西邊2公里，搭乘古董電車在Müze站下車 Bahçeli evler Mah. Konyaaltı Cad. No 88 0242 238 5688 8:30-17:30 340TL www.antalyamuzesi.gov.tr

羅馬大理石雕像 Roman Marble Sculpture

所展示的幾乎都是出土自佩爾格(Perge)、西元2世紀的羅馬大理石雕像，也是整座博物館的精華所在。

放置在展廳中央的《舞者》(Dancer)及《荷米斯》(Hermes)雕像是矚目的焦點，雕工、體態的平衡都是羅馬時期的上乘之作。除此，亞歷山大帝、羅馬皇帝哈德良(Hardian)、圖拉真(Traian)、眾神之王宙斯(Zeus)、眾神之后赫拉(Hera)、太陽神阿波羅(Apollo)、智慧女神雅典娜(Athena)、愛情女神阿芙洛迪特(Aphrodite)、豐饒女神阿特米斯(Artemis)、命運之神提基(Tykhe)等，所有希臘羅馬重要神祇幾乎全數到位，就算在伊斯坦堡考古博物館也難得一見。

2011年，美國波士頓美術館把同樣出土自佩爾格的《休息中的海克力士》上半身歸還給土耳其，讓原本斷裂成兩截的雕像合體。

DID YOU KNOW

聖誕老公公的骨骸藏在這裡？

昏暗的燈光下，基督聖物室(Christian Artworks)裡陳列著拜占庭早期留下來的黃金畫作、銀器等，其中最名貴的展品，就屬「聖誕老人」起源的聖尼古拉(St Nicholas)的骨骸最引人矚目，西元11世紀，位於德姆雷(Demre)聖尼古拉教堂裡的石棺被義大利人敲開並運到義大利去，在這其中，有幾片骸骨、牙齒及聖物留下來，今天就在聖物室裡展示。

石棺廳 The Hall of Sarcophagus

石棺廳裡的石棺也都是從佩爾格出土、西元2世紀的作品，其中以《夫妻石棺》以及《海克力士石棺》最為驚人，石棺浮雕上生動雕刻著海克力士完成國王交付12件任務、升格為神的故事，樣式屬於「小亞細亞柱式」石棺。不妨搜尋角落一座不起眼的小石棺，那是為小狗所打造的石棺。

卡雷齊老城區
Kaleiçi

安塔利亞的老城區稱為卡雷齊(Kaleiçi)，過去是卡雷齊城堡所在，部分城牆拆掉之後，被Atatürk和Cumhuriyet兩條大道所環繞，大道上通行便捷的古董電車，大道所圍起來的老城巷弄間，沒有車馬喧囂，只有安步當車的閒適旅人。

搭古董電車在Kale Kapısı站下車，即為共和廣場

地址：Atatürk和Cumhuriyet大道所環繞的老舊區域

大道所圍起來的老城巷弄間展現舊時代的風華。

意弗利叫拜塔 Yivli Minare

一片低矮老屋中，意弗利叫拜塔高高拔起，「Yivli」土耳其語意思是「笛子」，高38公尺，由塞爾柱王朝蘇丹Kayqubad一世所建，磚紅塔身飾著藍色磁磚，這座13世紀的塞爾柱式建築，是安塔利亞舊城區的地標之一。一旁就是意弗利清真寺。

共和廣場Cumhuriyet Meydanı

這座廣場位於新舊城交界，豎立著一尊凱末爾騎馬雕像，因為居高臨下，附近又有電車站，是最理想的老城散步起點。從這裡極目望去，遠方的安塔利亞港灣舟帆點點，雙腳底下則是縱橫交錯的老屋、老樹，紅色屋瓦、濃綠樹葉，斑駁陸離。

鐘塔Saat Kulesi

鐘塔是老城上區的地標，從其斑駁的外表可以看出建築物本身屬於古城牆的一部分，塔身呈五角形，從羅馬時期、塞爾柱時期，到鄂圖曼時期，每個時代這座牆塔都有不同用途，19世紀之後，成為一座貨真價實的鐘塔。

濱海景觀餐館享用浪漫餐點

港口邊的城牆依舊保存完好，許多餐館、露天咖啡座巧妙地利用城牆及碼頭高高低低的落差，讓遊客可以邊吃餐點，邊欣賞美麗海景。從外海望回來，城牆與碼頭之間，構成一道道完美的線條。

羅馬港灣Roman Harbour

傍著舊城西側的港灣從西元前2世紀起就是安塔利亞的生命線，直到1990年代，安塔利亞在西邊10公里的地方建造了新的港口，這處舊海港轉作觀光用途的遊艇碼頭以及供近海短程渡輪使用。

哈德良之門Hadryanüs Kapısı

羅馬皇帝哈德良曾於西元130年造訪此地，留下這道白色大理石構造的三重拱門，並飾有4根科林斯式(Corinthian)石柱，城門造型與羅馬凱旋門相仿，過去應該有哈德良的雕像立於城門上方，如今已不復見。城門兩邊各有一座高塔，分屬羅馬及塞爾柱不同時期建造。走出這道門，便也出了老城區。

找找看鄂圖曼老屋藏在哪？

風韻迷人的老城區保有許多鄂圖曼式老屋(Ottoman Houses)，這些鄂圖曼老屋很難說得準分布在哪個角落，當遊客在巷弄間穿梭，一定會發現一幢幢鄂圖曼式宅邸，有的仍保有古老樣貌，有的則被整修成旅店、民宿、餐廳、咖啡館、手工藝品店，以及博物館等，這是把古蹟活化的最佳範例。

安塔利亞郊區有著重要的古蹟阿斯班多斯，而石灰岩地形造就了數處水勢盛大的瀑布，都不容錯過。

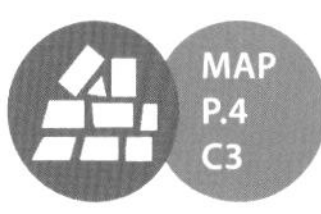

MAP P.4 C3

阿斯班多斯 Aspendos

INFO

位於安塔利亞東邊47公里，在安塔利亞的長途巴士站搭乘前往鄰近城市Serik的巴士，車程約1小時10分，然後從這裡轉搭迷你巴士前往古蹟區，車程20分鐘。或在安塔利亞參加佩爾格與阿斯班多斯的一日套裝行程。

0242 892 1325 8:00-17:00 340TL

阿斯班多斯古城以它保存完美如昔的劇院聞名。建於西元2世紀後半，號稱是全小亞細亞規模最大、保存最完整的一座劇院。

就結構而言，觀眾席上、下兩區座位由中央走道區隔出，走道上設有通道可以疏散觀眾；劇院觀眾席下方兩側洞孔是動物專區，每當有鬥獸表演，動物群即從兩側放出來；觀眾席前面的半圓形部分為樂隊席，再前方則是舞台、佈景區。

座位席上刻著名字的少數座位是當時的貴賓席；兩側包廂則保留給皇室家族、牧師、官員精英等人；第一排座位是議員、法官、大使專屬，第二排則留給軍隊高級長官。當時如果女人要看表演，只能坐在最上方，靠近拱廊那幾排，其餘座位則開放給一般市民。整個劇院的容納量約為15,000人到20,000人之間。劇院經常上演的內容包括希臘悲劇、羅馬喜劇和笑鬧劇、音樂會等節目，也有鬥獸表演秀。

DiD YOU KnoW

千百年前的戲票是動物骨頭做的？

據史料指出，當時平民百姓若要在此劇院演出，不須場地費，不過，必須支付一筆費用充作市府的年歲收，而且有趣的是，當時所用的戲票並非紙張，而是用金屬、象牙或動物骨頭，雕成蟲、魚、花、鳥形狀，以區別不同的座位排號。

觀眾看台依山丘而建，如同半圓形扇葉造型，並以一條中央走道區隔成上、下兩區。上面21排、下面20排座位，石灰岩基座堅固耐用。座位與座位的間隔梯道設計比座位高度還低，方便觀眾腳步的移動。

這是小亞細亞規模最大、保存最完整的劇院，最上方有59個拱型門，內有通道也可供人走動，裡外造型美侖美奐，據說還有防雨功能。

舞台就在樂隊席前方。舞台後側是一道兩層樓高的牆面，高度與觀眾席等高。一樓有5個門可以連接舞台與場外，中央的門為主門，其次兩門為客人進出的門，最靠兩邊的小門則是野獸進出的洞孔。兩翼的塔樓是塞爾柱土耳其人後來另外增建，當作夏宮使用。

安塔莉亞境內的瀑布落差雖不大，但豐沛的水量造就驚人的氣勢。

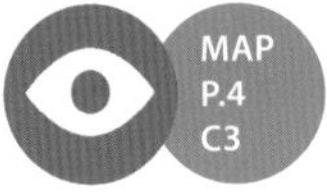

杜頓瀑布
Düden Şelalesi

INFO

安塔利亞北邊10公里處。在市區從100.Yıl Bul.搭乘VC30號公車前往

安塔利亞郊區的石灰岩地形分布著幾處水勢盛大的瀑布，例如Manavgat瀑布、Kurşunla瀑布、Düden瀑布等，由於環境優美，可以暫別安塔利亞的繁忙，因而成為安塔利亞當地居民假日的休閒去處，這幾處瀑布，以杜頓瀑布最值得花半天時間前往。

瀑布分為上下兩區，上瀑布在安塔利亞東北方切出一條14公里長的美麗峽谷，順著瀑布地勢串聯出許多自然步道，步道忽高、忽低，有時則鑽進山洞裡，不同角度、每個轉彎都能呈現出瀑布萬馬奔騰的氣勢。

河水繼續往下游流，形成下瀑布，注入安塔利亞灣，從安塔利亞舊港碼頭有提供海上行程前往觀賞。

瀑布區環境優美，令人深深著迷。

這才是正港的流水席！
在瀑布區下方，瀑布匯集成水勢湍急的河流，餐廳業者沿著河邊引流造景，搭建出許多特色餐廳及露天座椅，邊吃飯邊欣賞水景，水聲轟鳴，彷彿人就置身在水中。

無數古城遺址及碧海美景，沿著愛琴海和地中海展開，特洛伊遺址、博德魯姆藍色巡航、達里揚與蘇丹尼耶溫泉都不容錯過～

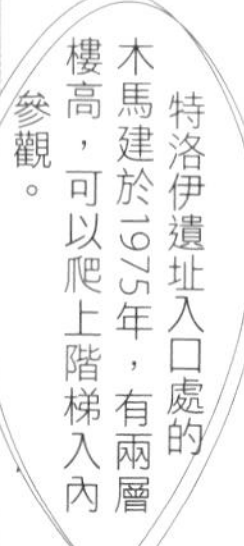

特洛伊遺址入口處的木馬建於1975年，有兩層樓高，可以爬上階梯入內參觀。

特洛伊遺址保留羅馬帝國時期的劇場和神殿。

特洛伊遺址是小亞細亞文明與地中海文明接觸、交融的重要證明，同時也證明了西元前12至13世紀愛琴海文明消長的趨勢。

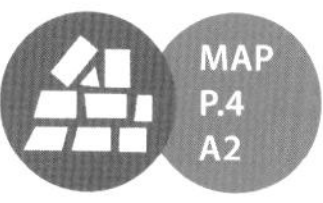

特洛伊遺址 Troy

已有三千多年歷史的特洛伊，直到1871年為德籍業餘考古學家謝里曼(Heinrich Schliemann)在達達尼爾海峽南方發現，終於使神話野史得到實證。

出土的特洛伊遺址深達9層，各個文化層顯示每個時代不同的發展。最底層可溯及西元前3000年，第1到第5層(Troy I ~Troy V，約3000~1700BC間)相當於銅器時代晚期文化；第6層(Troy Ⅵ，1700~1250BC)和第7層(Troy Ⅶ，1250~1000BC)的年代接近特洛伊戰爭時期；第8層(Troy Ⅷ，700~85BC)為希臘時期建築；最上層(Troy Ⅸ，85BC~AD500)是羅馬帝國時期遺跡。

為了幫助遊客了解遺址原先的規模，土耳其政府於遺址東邊800公尺建造了博物館，2018年10月完工，鐵鏽色的立方底外型，內部使用粉光水泥、原木和玻璃交錯，博物館中使用大量的互動展示，現代感十足。

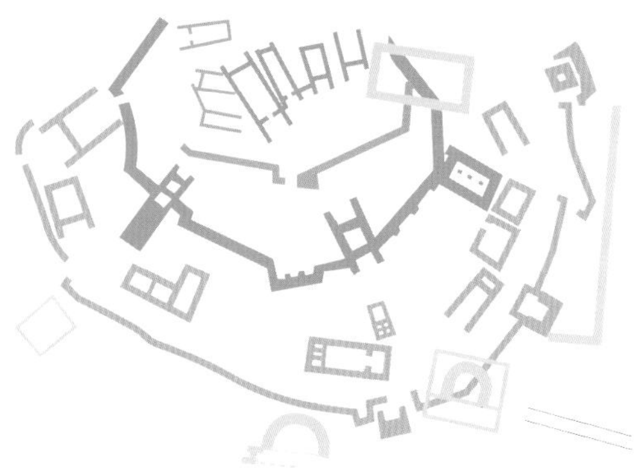

特洛伊遺址平面圖

從恰那卡雷的Dolmuş Garajı搭乘共乘小巴前往，車程約半小時。

特洛伊遺址

位於恰那卡雷南方25公里 8:30-17:30 0286 217 6740 600TL，適用博物館卡

特洛伊博物館Troya Müzesi

Merkez İlçe, Tevfikiye Köyü, Truva 6 sokak No:12 0286 217 6740 8:30-17:30 600TL，適用博物館卡

DID YOU KNOW

大街上的屠城木馬和布萊德·彼特有關？

看過布萊德·彼特(Brad Pitt)飾演阿基里斯(Achilles)的電影《特洛伊》，一定會對停在恰那卡雷港口邊的木馬感到熟悉。這座造型新穎的木馬就是《特洛伊》片中的道具，電影播映過後，自2004年9月15日就留在恰那卡雷Cumhuriyet Meydanı廣場上，令恰那卡雷自此因而多了一個地標。

興兵屠城為美人

在希臘神話中，特洛伊人從斯巴達王室擄走希臘美女海倫，因此和斯巴達、希臘城邦結下樑子，展開10年戰爭。特洛伊防備能力出眾，久攻不破，希臘人便造了一座藏有希臘戰士的大型木馬，希臘人將木馬棄置於城外，並假意乘船離去，特洛伊人遂迎這座木馬入城，到了晚上，希臘戰士從木馬中出來，和登陸的希臘軍裡應外合，一舉攻陷特洛伊城。

DID YOU KNOW

連埃及豔后也著迷的紅泥浴

卡拉達島北側海岸冒出海底溫泉的洞穴又被稱為「美人洞」，地方傳說古代埃及豔后克利歐佩特拉(Cleopatra)在凱撒遇刺身亡後逃離了羅馬，之後在愛琴海待了三年，當時她沉迷於此地的泥巴浴，泥巴是從海底挖掘出來的，呈紅土色澤，用來敷臉和身體美容養顏。

海底溫泉就從洞穴汩汩冒出，洞穴向裡延伸200公尺，形成一座天然游泳池，海底溫泉的溫度只有32℃，富含鎂、鈉、鉀等礦物質。

在博德魯姆港灣西邊最熱鬧的Neyzen Tevfik濱海大道上，停泊著上百艘風帆遊艇，提供博德魯姆近海一日遊行程。

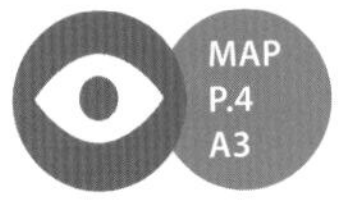

博德魯姆藍色巡航
Bodrum Blue Cruise

博德魯姆近海的典型行程是搭遊艇沿著聖彼得城堡外緣出海，直接航向卡拉達島(Karaada，意為黑色島嶼)，換小船後登島，島嶼北側海岸有一大洞穴，這裡有著名的海底溫泉和紅泥浴。下一站為歐塔肯特海灣(Ortakent Bay)，這個宜人的小海灣擁有一彎礫石海灘，景色宜人。

最後船會駛向「水族館」(Aquarium)，此處其實是海灣圍繞起來的平靜海域，遊艇停泊在海面上，讓遊客自在地下水浮潛、戲水，與魚群共游，幾個點玩下來就耗去一天時間。

博德魯姆的各家遊艇公司提供不同的出海行程，其中包括夜間航行，可以根據自己需求和船公司討論、預定出海行程。

博德魯姆市區不大，步行可達濱海大道。市區裡有共乘小巴(Dolmuş)，但要注意經常塞車。 Neyzen Tevfik Caddesi 夏季期間，早上10:00~11:30出發，17:30~18:00返航 最簡單的博德魯姆外海航行一圈，停留數個小島的一日遊，每人約20歐元起，許多由船公司都提供行程，建議多詢問比較。

平底船沿著平穩的達里揚河航行，一邊是遊船和小鎮，一邊是陡峭山壁及蘆葦。

泥巴池十分有趣，每個人總嘗試浮沉在泥巴池裡，裹上厚厚黑黑的泥巴之後再轉戰到陽光底。

不論男女老少，一個個泥人一字排開站在大太陽下曝曬，畫面十分滑稽。曬乾了，再到蓮蓬頭下沖掉一身黑泥，換上一層嶄新的皮膚。

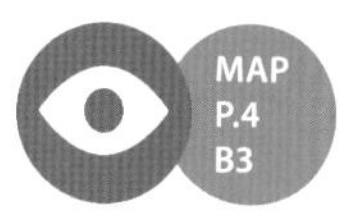

達里揚與蘇丹尼耶溫泉
Dalyan & Sultaniye Kaplıcaları

達里揚原本只是一個河流經過的小漁村，因為鄰近有呂西亞人的岩窟墓穴以及十分有趣的泥巴浴，逐漸發展成一座觀光小鎮。

整座小鎮被達里揚河所切穿，河上泊滿專門載觀光客遊覽的平底船，沿河遊覽是一賣點，最主要的目的地是前往蘇丹尼耶溫泉(Sultaniye Kaplıcaları)享受特殊的泥巴浴，蘇丹尼耶溫泉是這一趟遊船的重頭戲，溫泉溫度終年維持在39℃，泉質富含鈣、硫磺、鐵、鉀及其他礦鹽，有益於皮膚和風濕。

此外，遊船還停靠考諾斯(Kaunos)遺址及地中海岸的伊足蘇海灘，可以根據自己的需求與當地旅行業者作彈性組合。

位於博得魯姆前往費提耶Fethiye的路上，與費提耶之間約1個小時車程。費提耶和達里揚之間沒有直接的交通，必須搭迷你巴士到Ortaca(約75分鐘)的長途巴士站，再轉乘巴士進達里揚，不過每年5~10月可從費提耶搭乘共乘小巴直接前往。

幾近垂直90度的山壁上，鑿出一個個五角形的呂西亞人墓穴，十分壯觀。

蘇丹尼耶溫泉

20TL起　鄰近溫泉的小鎮位置偏僻，交通不易，建議於當地尋找套裝行程，達里揚鎮上沿著河邊有好幾家提供遊程的旅行業者，可以自行比較各家價格和本身需求。

這處心臟地帶是土耳其人尋求慰藉的心靈故鄉！

安納托利亞中部
Central Anatolia

1923年，土耳其國父凱末爾選擇位於安納托利亞高原中部的安卡拉作為首都，歷史往前推移，知名的古老文明如西台帝國、弗里吉亞王國都曾馳騁於此，再加上此處是古絲路必經通道，東、西方文化在這裡迸出精彩火花。

地大物博的安納托利亞是土耳其的大糧倉，大麥、小麥、馬鈴薯、洋蔥……產量足以供應歐洲和中東地區，而以奇岩美景聞名於世的卡帕多起亞為最具代表性的景點，不僅有造物主在地表留下的雄奇，更有人類文明在岩石底下雕鑿出的傳奇。

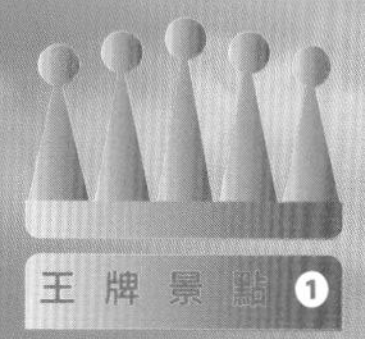

土耳其國父凱末爾定都安卡拉，造就今日坐擁安納托利亞文明博物館、凱末爾陵寢的大都會。

凱末爾遷都到安卡拉，意味著宣示土耳其從此告別鄂圖曼帝國，一個新的共和國在安卡拉重新出發。

安卡拉

Ankara

1923年，土耳其國父凱末爾從伊斯坦堡遷都到安卡拉，將近百年過去，安卡拉已經迅速從一個三萬人口、塵土飛揚的小城鎮，飛漲成人口四百多萬、大廈林立的大城市。

安卡拉原本稱為「安哥拉」(Angora)，因貿易世界聞名的安哥拉羊毛而得名，安卡拉雖然不像伊斯坦堡那麼多采多姿，但具有政府強勢拉抬的優勢，好比安納托利亞文明博物館，其重要性直追伊斯坦堡考古博物館；還有為土耳其民族救星凱末爾所打造的陵寢，更是走遍土耳其也看不到的宏偉工程。

此外，安卡拉地理位置正好位於安納托利亞高原中心，更是前往探訪安納托利亞古代文明的最佳根據地，例如西台帝國(Hittite)首都哈圖夏(Hattuşa)，弗里吉亞王國(Phrygia)首都戈爾第昂(Gordion)。

安卡拉的平價市場、夜市熱鬧滾滾，充滿人潮。

造訪安卡拉理由

1 土耳其國父凱末爾陵寢

2 重量級的安納托利亞文明博物館

3 順遊西台帝國首都哈圖夏

至少預留時間
隨意瀏覽：約3小時
慢慢遊賞：約6小時

航空
安卡拉Esenboğa國際機場位於市中心北邊33公里，幾乎國內航線都會在此交會，到伊斯坦堡航程約1小時，到伊茲米爾約1小時15分。從機場前往市區，可搭乘機場巴士(Havaş)至長途巴士總站(AŞTİ)，車程約45分鐘，巴士配合飛機抵達時間發車，另外也可搭公車進入市中心。

Esenboğa機場
www.esenbogaairport.com

機場巴士Havaş
www.havas.net

鐵路
安卡拉火車站(Ankara Gar)在市中心烏魯斯廣場(Ulus Meydanı)西南方約1公里、科澤雷(Kızılay)西北方約2公里，距離火車站最近的地鐵為Ankaray線的Maltepe站，徒步約10分鐘。高速鐵路線開通後，安卡拉經Eskişehir至伊斯坦堡的車程縮短至4小時。此外，高鐵至Eskişehir車程約1.5小時；到Konya車程約2小時。

TCDD國鐵
www.tcdd.gov.tr

長途巴士
巴士總站就位於地鐵Ankaray線的終點站，到伊斯坦堡車程約6小時；到伊茲米爾約8小時；到安塔利亞約8小時；到卡帕多起亞的Göreme約5小時(長途巴士終點停靠在Nevşehir，再轉搭接駁小巴至Göreme)。

地鐵
安卡拉的地鐵共有3條線：綠色Ankaray線從巴士總站AŞTİ發車，經Maltepe(火車站)、Kızılay往東到Dikimevi；原本的M1、M2、M3合併稱為M(紅線)，與Ankaray線交會於Kızılay，經Ulus向西北方至OSB Törekent；M4與M相交於Atatürk，向北至Şehitler，遊客較少利用。
www.ego.gov.tr

市區巴士
安卡拉的巴士四通八達，加上共乘巴士(Dolmuş)、迷你巴士(Mini Bus)，幾乎所有重要景點及巴士總站、火車站都能串連。看公車上的地名標示比看路線要來得好辨識，例如看到Ulus、AŞTİ、Gar、Çankaya就知道公車要前往的地方。

善用安卡拉卡Ankarakart
如果停留時間長，會搭乘多次大眾交通工具，建議可購買儲值式的安卡拉卡，用安卡拉卡搭乘地鐵、公車票價均為7.5TL。卡片及車票可於地鐵站的櫃檯或自動販售機購買。

庶民經濟繁榮，小攤處處可見。

怎麼玩安卡拉才聰明？

熱鬧商圈在科澤雷區

安卡拉的城市規模相當大，整個城市大致以Ankaray大道和M1兩條地鐵交會的科澤雷區(Kızılay)為中心，這裡也是安卡拉最現代、熱鬧的商圈，購物中心、商店、餐廳林立，也是中高價位旅館的聚集地。

旅遊精華在烏魯斯區

從科澤雷區搭地鐵向北過兩站就是烏魯斯區(Ulus)，安納托利亞文明博物館和大城堡都位於此區域，這裡有市場、大眾食堂，平價旅館也都集中在這一區。

巴士怎麼搭看這裡

巴士總站AŞTİ(Ankara Şehirlerarası Terminali İşletmesi)位於市區西邊，距離市中心科澤雷區約4.5公里，車站內有行李寄放處(Emanet)，必須出示護照。總站內不是各家巴士公司一字排開，而是依照巴士前往的城鎮設有不同的乘車口，如要前往市中心只要找到Kızılay-Sıhhiye-Ulus的立牌等車即可。

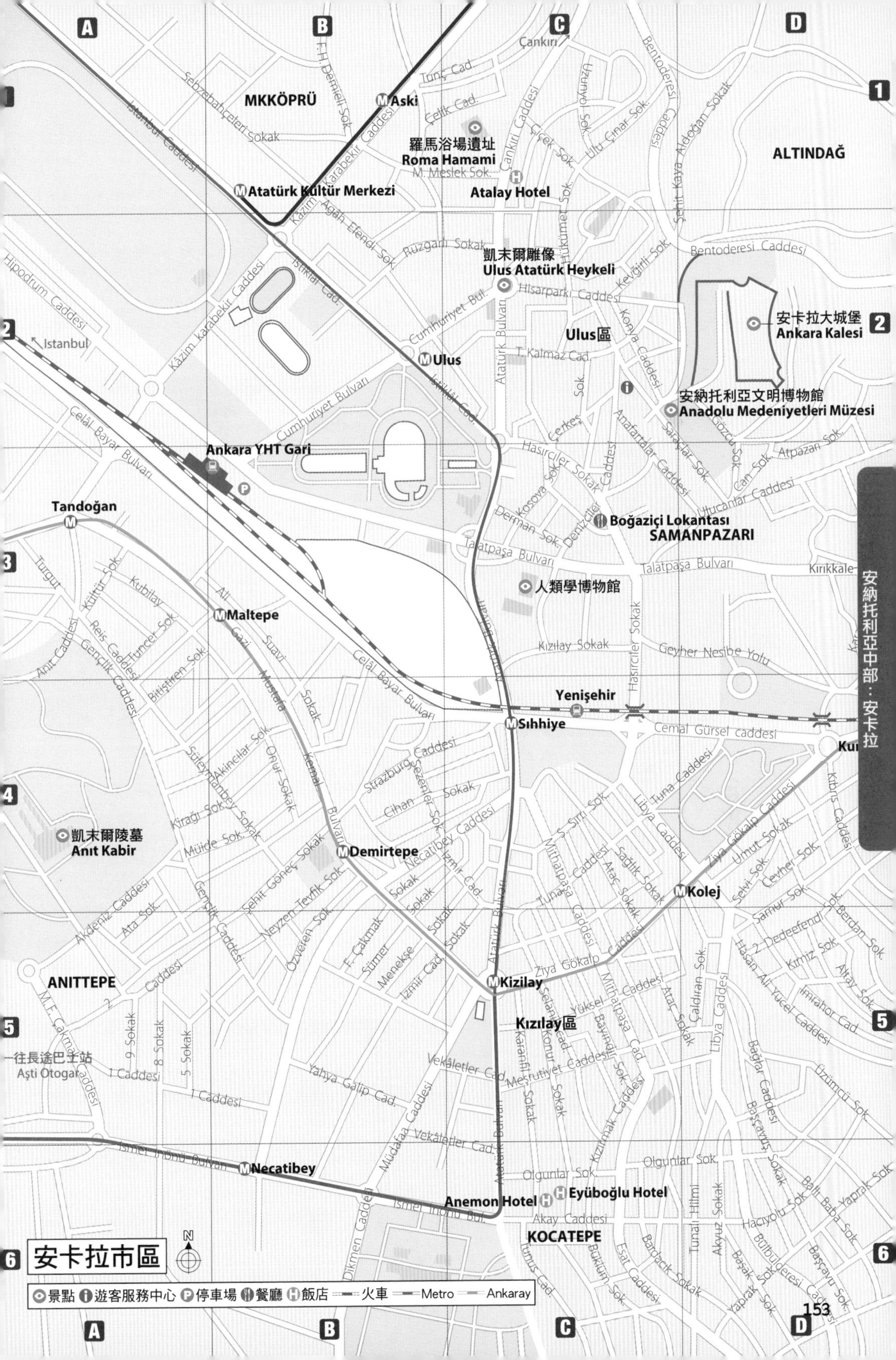
安卡拉市區
景點
遊客服務中心
停車場
餐廳
飯店
火車
Metro
Ankaray
MKKÖPRÜ
Aski
羅馬浴場遺址
Roma Hamami
Atalay Hotel
Atatürk Kültür Merkezi
ALTINDAĞ
凱末爾雕像
Ulus Atatürk Heykeli
Ulus
Ulus區
安卡拉大城堡
Ankara Kalesi
安納托利亞文明博物館
Anadolu Medeniyetleri Müzesi
Ankara YHT Gari
Tandoğan
Boğaziçi Lokantası
SAMANPAZARI
人類學博物館
Maltepe
Yenişehir
Sıhhiye
凱末爾陵墓
Anıt Kabir
Demirtepe
Kolej
Kizilay
Kızılay區
ANITTEPE
往長途巴士站
Aşti Otogar
Necatibey
Anemon Hotel
Eyüboğlu Hotel
KOCATEPE
Istanbul
Çankırı
Kırıkkale
Hipodrum Caddesi
İstanbul Caddesi
Sebzebahçeleri Sokak
Tunç Cad.
Çelik Cad.
Çankırı Caddesi
Uzunyol Sok.
Bentoderesi Caddesi
Şehit Kaya Aldoğan Sokak
Çiçek Sok.
Ulu Çınar Sok.
Hükümet Sok.
Kâzım Karabekir Caddesi
Agah Efendi Sok.
Rüzgarlı Sokak
İstiklal Cad.
Hisarparkı Caddesi
Kevgirli Sok.
Cumhuriyet Bul.
Cumhuriyet Bulvarı
Atatürk Bulvarı
T. Kalmaz Cad.
Konya Caddesi
Anafartalar Caddesi
Saraçlar Sok.
Gözcü Sok.
Atpazarı Sok.
Can Sok.
Ulucanlar Caddesi
Celâl Bayar Bulvarı
Hasırcılar Sokak
Kosova Sok.
Derman Sok.
Talatpaşa Bulvarı
Kızılay Sokak
Geyher Nesibe Yolu
Hasırcılar Sokak
Turgut
Kültür Sok.
Kubilay
Tuncer Sok.
Reis Caddesi
Gençlik Caddesi
Anıt Caddesi
Bitiştiren Sok.
Gazi Mustafa Kemal Bulvarı
Suavi Sokak
Cemal Gürsel caddesi
Strazburg Caddesi
Sezenler Sok.
Cihan Sokak
Tuna Caddesi
Libya Caddesi
S. Sırrı Sok.
Ziya Gökalp Caddesi
Kıbrıs Caddesi
Akıncılar Sok.
Onur Sokak
Süleymanbey Sokak
Kiraği Sok.
Müide Sok.
Necatibey Caddesi
İzmir Cad.
Mithatpaşa Caddesi
Sağlık Sokak
Ataç Sokak
Umut Sokak
Selvi Sok.
Cevher Sok.
Şehit Güneş Sokak
Neyzen Tevfik Sok.
Akdeniz Caddesi
Ata Sok.
Gençlik Caddesi
Özveren Sok.
F. Çakmak
Sümer
Menekşe
Samur Sok.
Dedeefendi Sok.
Berdan Sok.
Kırmız Sok.
Altay Sok.
İmrahor Cad.
Hasan Ali Yücel Caddesi
Yüksel Caddesi
Selanik Cad.
Konur Sokak
Karanfil Sokak
Bayındır Sok.
Çaldıran Sok.
Meşrutiyet Caddesi
Vekâletler Cad.
Yahya Galip Cad.
Müdafaa Caddesi
İsmet İnönü Bulvarı
İsmet İnönü Bul.
Kızılırmak Caddesi
Bağlar Caddesi
Başçavuş Sokak
Üzümcü Sok.
Olgunlar Sok.
Akay Caddesi
Dikmen Caddesi
Tunus Cad.
Bükülüm Sok.
Esat Caddesi
Bardacık Sokak
Tunalı Hilmi
Akyuz Sokak
Hacıyolu Sok.
Bülbülderesi Caddesi
Ballı Baba Sok.
Yaprak Sok.
Başak Sok.
M. E. Çakmak Caddesi
9 Sokak
8 Sokak
5 Sokak
1 Caddesi
2 Caddesi

安納托利亞文明博物館及哈圖夏遺址的文明珍寶是全國之冠，凱末爾陵寢則展現愛國情操。

主展場沒有其他博物館最常出現的希臘羅馬大理石雕像，完全展現土耳其古文物。

館藏展現安納托利亞百萬年歷史。

MAP P.153 C2

安納托利亞文明博物館
Anadolu Medeniyetleri Müzesi

博物館建築前身為一座15世紀的有頂市集，屋頂上有10個圓頂。

這座博物館的重要性幾乎與伊斯坦堡的考古博物館等量齊觀，取名為安納托利亞，意味著收藏品多半以安納托利亞這塊土地上的古代歷史為主軸，呈現古代土耳其本土的意象。

博物館本身的建築是一座15世紀的有頂市集(Bedesten)，屋頂上面有10個圓頂。從展廳右側進入，大致從舊石器時代、新石器時代、石器銅器並用時代、銅器時代、亞述帝國(Assyrian)、弗里吉亞(Phrygian)、烏拉爾圖(Urartian)、里底亞(Lydian)，其中曾經在安納托利亞歷史上扮演極重要角色的西台帝國(Hittite)文物，占據展廳正中心的主要空間，至於希臘羅馬時期的雕像則被安置在地下樓層。

Gözcü Sokak No:2 06240 Ulus / ANKARA 地鐵Ulus站，再步行約22分鐘 0312 324 3160 8:30-17:30，16:45停止售票 280TL，適用博物館卡

新石器時代
Neolithic，11000 BC ~5500BC

人們開始在村落定居，種植作物、畜養牲畜，並製作貯藏和炊煮器皿。最重要的考古遺址為孔亞(Konya)東南方50公里的恰塔霍育克(Çatalhöyük)，目前已被列為世界遺產。代表性文物是一尊《坐在豹頭王座上的女神》的大地之母泥塑，年代約5750BC，女神有對大乳房，象徵多產，雙腿之間似乎一個小男孩正要出生。此外，還有彩繪在牆上的《紅牛》壁畫，描繪狩獵情景，年代約為西元前6000年前。

石器銅器並用時代
Chalcolithic，5500 BC ~3000BC

從石器漸漸進入銅器的時代交替期，人們的房舍已蓋在石頭基座上，並以太陽曬乾的泥磚為建材，主要工藝品包括精緻的陶器、繪有圖案的雕像，多數都是從哈吉拉(Hacılar)出土，地點接近帕慕卡雷(Pamukkale)，因為出土多半是彩繪的陶器，也可說是彩陶文化。

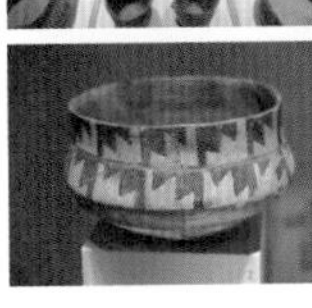

銅器時代
Bronze Age，3000 BC ~1950BC

多數銅器時代的工藝品發現於阿拉加霍育克(Alacahöyük)的墓穴裡，其工藝技術已臻完美，具宗教象徵意涵的各式太陽盤(Sun Disc)是矚目焦點，其中《三頭鹿太陽盤》已成為安卡拉的城市象徵，墓穴同時也發現了金、銀、合金、琥珀、瑪瑙、水晶等飾品。

西台帝國
Hittite，1750 BC ~1200BC

曾經與埃及並駕齊驅，三千年多前在安納托利亞高原顯赫一時的西台帝國，其帝國遺物(主要從首都哈圖夏出土)多半存放在伊斯坦堡和安卡拉兩地，其中又以安納托利亞文明博物館的收藏最為完整，不但把中央的主力展區騰出來，更按照帝國不同時期陳列著名的半獅半鷲獸、雷神浮雕、獅身人面像、獅子門等石雕作品，質量均佳。

亞述殖民貿易時期
Assyrian Trade Colonies，2000BC

大約與安納托利亞早期銅器時代的同一時間，亞述商人來到安納托利亞進行貿易，同時代來了他們從蘇美人學到的楔形文字，這也是安納托利亞歷史上最早出現的文字紀錄。

弗里吉亞
Phrygian，1200BC

弗里吉亞王國位於安納托利亞高原中西部，領土原屬西台帝國，首都為戈爾第昂(Gordion)，西元前8世紀後半是國勢最強盛的時候，展品中最不可思議的是一件可折疊的木製桌子。

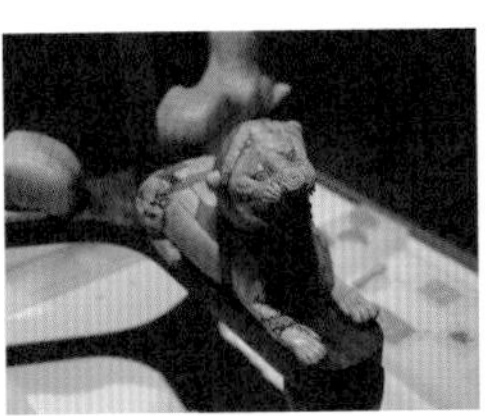

烏拉爾圖文化
Urartu，900 BC ~600BC

位於安納托利亞東部一帶，其文化成就主要表現在建築和冶金技術，建築方面包括了神殿、多柱式的宮殿、水壩、灌溉渠道、水塘、及道路等，留給後世的文物有象牙雕塑、銀針和銅針、寶石項鍊等。

凱末爾陵寢建築式樣莊重簡單，但細節中融合許多土耳其歷史、民族特色及對凱末爾的崇敬。

大門左右兩側浮貼著塗上金粉的銘文，都是凱末爾的「嘉言錄」。

整個陵寢建築群的東西南北各有一條列柱迴廊。

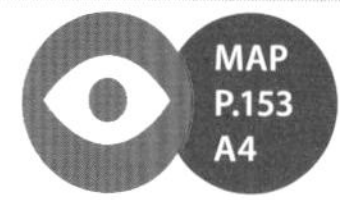

凱末爾陵寢
Anıt Kabir

凱末爾陵寢有個土耳其名稱「阿尼特卡比」(Anıt Kabir)，是現代土耳其國父穆斯塔法·凱末爾·阿塔圖克(Mustafa Kemal Atatürk)長眠之地。此地占地遼闊，不但是當地居民遊憩空間，各級學校指定的校外教學地點，更是外地遊客不能錯過的景點。多年來，土耳其人始終死心塌地的崇拜凱末爾這位「不朽偉人」。

1938年11月10日，凱末爾病逝伊斯坦堡，隨後遺體送回安卡拉並暫時安置在人類學博物館大廳。為了紀念這位國家民族的偉人，當局特別成立一個委員會籌蓋一座宏偉的陵寢，1944年動工，並在1953年凱末爾逝世紀念日當天，也就是他死後15年，遺體長眠在陵寢的地底下。

陵寢坐落在安卡拉西郊的一座小丘上，可以將整個安卡拉市盡收眼底。整個區域包含公園、廣場、陵寢、兩座塔及陳列凱末爾遺物的博物館，建築式樣莊重簡單，但細節中融合許多土耳其歷史、民族特色及對凱末爾的崇敬。

Ankaray地鐵線的Tandoğan站，出站後步行5分鐘可達Gençlik街的入口檢查哨 Anıt Cd., Çankaya 0312 231 2805 2~5月中9:00-16:30；5月中~10月9:00-17:00，11~1月9:00~16:00 免費 入場有安全檢查，並須寄放大型行李，博物館內禁止攝影。

自由塔與獨立塔
Hurriyet Kulesi&İstiklal Kulesi

正式進入陵寢前，左右有兩座低塔，左邊「自由塔」內陳列陵寢建築的資訊及凱末爾喪禮的照片，塔前三男雕像代表著各行各業的土耳其人；右邊是「獨立塔」圖解整個陵寢區，塔前的三女雕像表達對凱莫爾逝世的悲痛，兩位婦女手持穀物花圈，象徵國家富足。

石獅大道Aslanlı

雙塔前方是一條寬敞筆直的石獅大道，長262公尺，由24隻西台帝國的石獅形象構成，在西台帝國時代，獅子象徵著權勢和力量，用以凸顯凱末爾的權力威望。走過石獅大道，便進入陵寢主體。

儀式廣場Tören Meydan

整個陵寢建築群由東西南北四條列柱迴廊圍出一個四方形廣場，地板彩色大理石磚鋪成幾何圖形，如同一張大型土耳其地毯，正面是「榮耀大廳」，也就是凱末爾陵所在。四面迴廊是阿塔圖克與獨立戰爭博物館（Atatürk ve Kurtuluş Savaşı Müzesi ）博物館，除了展示獨立戰爭的過程，並陳列著與凱末爾的遺物、畫像、公文、制服、所讀的書、與他國元首往來文件(包括當年中國的委員長蔣中正)、坐車、喪禮的靈柩車，甚至把他養的狗製成標本，同時還不斷播放他生前的演講錄音。

榮耀大廳Şeref Holü

「榮耀大廳」是整個建築群的重點，順著階梯拾級而上，來到柱廊下，大門左右兩側浮貼著塗上金粉的銘文，銘文會定時更換，都是凱末爾的「嘉言錄」。脫下帽子穿過巨大銅門，高挑空盪的廳堂盡頭就是凱末爾的石棺，石棺由一整塊特殊的彩色大理石製成，但他的遺體並沒有安放在石棺裡，而是埋在地底下。參觀地下室時會經過墓室，可以透過監視器螢幕看到墓室內的實況，墓室採用塞爾柱風格的八邊形設計，棺木四周圍繞81個黃銅罐子，罐內裝著土耳其81個省份的土讓。

除了凱末爾本人的陵寢，在榮耀大廳正對面的迴廊下，還有土耳其第二任總統伊斯麥特·伊諾努(İsmet İnönü)的石棺，他也是凱末爾當年的革命伙伴。

衛兵交接與謁陵

整個莊嚴肅穆的陵寢區，不能缺少守陵的衛兵，他們一個個釘子似地站在各自的崗位上，透出一身剽悍之氣，即使遇到遊客在旁搞怪拍照依然不動如山。在衛兵交接或者有貴賓前來謁陵，衛兵進行操槍表演，遊客就能一飽眼福。

城堡最高點是位於最北側的白色堡壘(Ak Kale)，可以從這裡俯瞰全城。

興建堡壘所使用的建材，都是取材自羅馬時代所留下來的城牆石塊。

MAP P.153 D2

安卡拉大城堡
Ankara Kalesi

大城堡位於安納托利亞文明博物館旁的山丘上，從制高點可以俯瞰整個安卡拉市中心。安卡拉是一座迅速發展的城市，而這一區依然保留著古老樣貌。西元622年，安卡拉被波斯人占領，838年又被阿拉伯人攻陷，防守軍隊便在高處興建防禦城堡。

整座城堡分成內外牆，外牆建於9世紀時拜占廷皇帝米迦勒三世(Michael III)，內牆建造時間則可追溯到7世紀，這兩段城堡興建年代正好對應兩次被侵略的歷史，而今天所見到的整體外貌，則是在塞爾柱和鄂圖曼時代陸續重修。

城堡下有不少老房子經過整建又重現生命，變成視野極佳的咖啡屋、茶店、餐廳及紀念品店，有些老屋也成了藝術家進駐的工作室，而不少商店販售著羊皮、羊毛，提醒著人們，這裡就是以安哥拉羊毛聞名的古城安哥拉(Angora，安卡拉舊名)。

公車Hisar站，或地鐵Ulus站徒步25分鐘，從安納托利亞文明博物館後方往山上走 Hisarparkı Caddesi 免費

前往城堡的途中，可遇到不少販賣手工藝品的商店和小販。

藏在城堡下的時光隧道

由於大城堡就位於老社區烏魯斯區(Ulus)，順著山丘爬上城堡的途中，穿梭在巷弄間，會發現一些老舊的房舍、狹窄的巷弄、幽暗的光線，彷彿一座現代大城市裡的鄉下小村落。在這裡，人們還過著傳統生活，婦人們坐在自家門前或倚著城牆邊整理毛線、編織手工藝。

在安卡拉東方約兩百公里處，座落著哈圖夏遺址，對古代西台帝國有興趣的人，一定得來此朝聖。

哈圖夏曾經是一座非常迷人的城市，圖為近代重新修築的古城門。

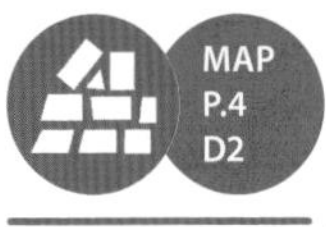
MAP P.4 D2

哈圖夏遺址 Hattuşa

INFO

須先從安卡拉搭乘長途巴士至Sungurlu，再轉接駁巴士至波阿茲卡雷(Boğazkale)，遺址就在村外1公里。走遺址一圈大致約5公里，亞茲里卡亞(Yazılıkaya)則在哈圖夏遺址下方3公里。

8:30-17:00　50TL

西台在早期的安納托利亞歷史裡扮演著極重要的角色，足堪與古埃及匹敵，雙方曾兵戎多年，當時的西台國王哈圖西里三世(Hattusili III)和埃及法老王拉姆西斯二世(Ramses II)曾簽訂喀迪煦(Kadesh)和平條約。

哈圖夏是西台帝國的首都，如今劃入世界遺產範圍，哈圖夏城牆綿延達7公里，遺址中最引人矚目的就是獅子門及獅身人面像，較完整的石雕和出土文物都珍藏在伊斯坦堡及安納托利亞文明博物館內。

大神殿Büyük Mabed

走進遺址，右手邊的石堆是原本的大神殿，祭祀雷神提舒伯(Teshub)和太陽女神赫帕圖(Hepatu)，神殿長165公尺、寬130公尺，裡面有儀式廳、行政區、貯藏室，是整個遺址裡保存最好的西台神殿。

獅子門Aslanlı Kapı

西台人咸信獅子可把惡靈擋在城外，兩頭獅子雕像護衛的大門清晰可辨，面對西南，建於西元前13世紀。整座哈圖夏城共有6座城門，這是其中之一，獅子門是目前保存得最完整的一段，如果還原城牆原貌，城門應該是一座拱門，但上半部現已損毀。

帝王之門Kral Kapı

帝王之門面對東方，門上兩尊「門神」是西台的「戰神」，右手持斧、腰帶有劍，用來保護這座城池。現在看到的浮雕是複製品，真品存在安卡拉的安納托利亞文明博物館。

大堡壘Büyük Kale

為西台王國的皇宮所在地，主要分成3座庭院，考古隊從這裡挖掘出2,500件古物，其中包括西台國王和埃及拉姆西斯二世簽訂的和平條約，那是以楔形文字刻在一片泥版上，是人類歷史上最早的一份和平條約，目前收藏在伊斯坦堡考古博物館。

獅身人面之門Sfenksil Kapı

從獅子門再往前走約六百公尺，來到獅身人面之門，外表已毀損，原應有兩座石灰岩雕的獅身人面像，兩座真品目前分別存放在伊斯坦堡考古博物館及德國柏林博物館，有趣的是，獅身人面的人頭樣貌其靈感來自埃及女神哈特(Hathor)。

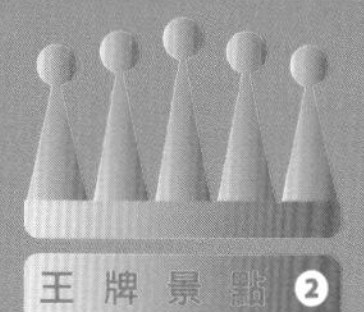

早在13世紀，番紅花城就是東、西方貿易商旅必經的驛站，優雅的鄂圖曼宅邸是城內最搶眼的特色。

造訪番紅花城理由

1. 古意盎然的鄂圖曼宅邸
2. 獨特的番紅花城歷史博物館
3. 列入世界遺產的土耳其浴場

運用磚、木打造的鄂圖曼宅邸，是番紅花城獨具的特色，目前約有一千五百棟房子列入被保護的宅邸。

番紅花城有長途巴士往返安卡拉(車程約3小時)及伊斯坦堡(車程約7~7.5小時，也有夜車服務)，當搭長途巴士進入番紅花區域，會先停靠工業區的Karabük站，切記不要在此下車，巴士最後會停靠在Kıranköy的巴士總站，也就是上番紅花城區，距遊客聚集的Çarşı舊城區只有1公里距離，可轉搭共乘小巴至Çarşı，如徒步沿斜坡往下走約45分鐘。

至少預留時間
隨意瀏覽：約4小時
漫步遊賞：約1天

番紅花城 Safranbolu

MAP P.161

13世紀是以製作馬鞍和皮鞋為主的商城，到了17世紀時，黑海地區繁盛的商賈貿易使得番紅花城邁入顛峰期，富豪廣建華宅，1994年躋身世界遺產之林。

番紅花城是個不靠海的小山城，不過，距離黑海海岸也只有50公里，這個區域因為盛產番紅花因而得名，現在老城區內也有很多商家販售這個高貴香料，遊客如要購買要小心假貨。

穿梭在番紅花城恰爾什(Çarşı)區的巷弄裡，不需要地圖，也不必在意哪棟建築有什麼特殊之處，隨意散步，每個轉角、每條街弄、每棟建築，隨處都是風景。就算對某棟特殊建築特別好奇，多半會有告示牌，介紹建築名稱及簡單歷史，彷彿一座城市博物館。所產的傳統甜點土耳其軟糖(Lokum)，更是名聞遐邇。

番紅花城的精華全藏在窄街巷弄間，走著走著，處處是風景。

販售紀念品的商店，不似伊斯坦堡大市集那樣到處充斥著拉客和叫賣聲，遊客更可放鬆心情，隨意選購。

穿梭在巷弄裡，會遇到令人驚奇的個性商店。

藏在清真寺後面的老市集

科普魯律·麥何密特帕夏清真寺(Köprülü Mehmet Paşa Camii)的後方藏著阿拉斯塔市集(Arasta Pazarı)，舊名叫Yemeniciler Arastası，意思是「鞋匠市集」，過去聚集了約48間手工製鞋業的工作室，後來因製鞋沒落凋零，市集也隨之荒廢。近年經整修翻新，變身為一處集合手工藝品店、咖啡廳、製鞋店、旅店、浴場的特色市集，區域不大，但很有味道。

DiD YOU KnoW

土耳其這項特產在番紅花城最有名！

土耳其知名特產Lokum是一種加了開心果、榛果、核桃等堅果的軟糖，最外層裹上糖粉、椰絲，番紅花城因為當地的水富含礦物質，做出來的軟糖質地輕盈甜香，聞名全國，走在老城區，到處可見販售土耳其軟糖的店面，這是理想的伴手禮，記得試吃過再買，選購最喜歡的口味。

怎麼玩番紅花城才聰明？

鄂圖曼老宅住一晚

番紅花城的韻味藏在鄂圖曼老宅的木梁衍架間，住進古色古香的私人院落，腳下踩著嘎嘎作響的木頭地板，掀起串著木棍的手工蕾絲窗簾，徹底感受歷史情懷，留下最難忘的住宿體驗。

洗個脫胎換骨的土耳其浴

坐落在舊城中心的俊吉土耳其浴場(Cinci Hamamı) 建於1645年，覆著顯眼的紅磚半圓形屋頂。這間土耳其浴場被列入世界遺產，內部充滿陳舊的歷史感，男女浴室分開，洗澡時能感受古老浴室的風韻。

登上山丘收攬市區全景

登上老城南邊希德爾立克山丘(Hidirlik Tepesi)，報酬是番紅花城最迷人的全景。最好傍晚抵達，夕陽為鄂圖曼老宅及清真寺刷上金光、紅暈，家家戶戶炊煙冉冉，溫暖黃燈一盞一盞點亮，視野無敵。

穿梭在老城區的巷弄，欣賞紅瓦白牆黑窗櫺的鄂圖曼老宅，走訪番紅花城歷史博物館，分外愜意~

歷史博物館坐落在恰爾什區西北側的山丘上，視野極佳，可俯瞰老城，建築外觀呈鮮豔的芥末黃色。

不少老照片呈現番紅花城過去的面貌及老一輩的容顏。

展示城民生活史，包括打鐵店、手工皮鞋店、藥店、甜點店、香料店、錫器銅器店等傳統面貌。

庭園內還放置許多安納托利亞的老鐘塔縮小模型。

番紅花城歷史博物館
Safranbolu Kent Tarıhı Müzesi

番紅花城歷史博物館的前身是舊行政官署(Eski Hükümet Konağı)，1907年由省長興建，後來遭逢祝融而棄置，直到2007年才改建為一座博物館。

博物館收藏的主題圍繞在番紅花城的文化、歷史、社會和經濟各個層面，因此成為周邊學校校外教學的重要場所。展區主要分成三層，入口處的地面樓陳列了番紅花城的歷史、地圖及概況介紹；二樓則展示鄂圖曼時代的家具、服裝和省長辦公室；往下層走則是還原番紅花城的生活史，特別是過去因為貿易而興盛的年代以及傳統工藝，直到現在，漫步在老城區的巷弄間，還會發現一些日漸凋零的古老行業。

Çeşme Mahallesi Hükümet Sokak 週二至週日9:00-17:00 週一 www.safranbolu.gov.tr

服役了兩百多年的老鐘

博物館後方的老鐘塔是鄂圖曼時期的首相İzzet Mehmet Paşa送給番紅花城的禮物，建於1797年，為土耳其年代最久而依然服役中的鐘塔，可爬上鐘塔內部參觀。

鄂圖曼宅邸 Ottoman Houses

MAP P.161 A2B2

鄂圖曼宅邸建築是架好木結構後再填塞泥磚，最後再塗上乾草、泥巴混合的灰泥，位於城鎮中心或有錢人家的房子，會再粉刷上一層白灰。房子裡平均約有10到12個房間，並劃分成男區(Selamlık)和女區(Haremlık)，壁龕、櫥櫃、壁爐都嵌入牆壁，有的天花板裝飾得非常繁複，甚至還用木頭做出吊燈的模樣。

屋子格局還包括飼養牲畜和儲放工具的庭院(Hayat)；可旋轉的櫥櫃便於在廚房裡準備食物，並方便傳遞食物到另一個房間；隱藏在櫥櫃裡的浴室；以及控制屋子空調的大火爐。

DID YOU KNOW

好羨慕啊！人人都是有殼蝸牛

在鄂圖曼時代，生活富裕的番紅花城居民都擁有兩棟房子，一棟位於城鎮中心的Çarşı區，此處位於三條山谷交會處，冬天防風又防寒；等天氣暖和了，居民搬到位於Bağlar區的夏屋。1938年，郊區城鎮Karabük建起一座鋼鐵廠，Bağlar區蓋起了現代化的房舍，保留古老風貌的Çarşı區因而成為熱門遊覽區。

番紅花城保留許多鄂圖曼時代的屋宅，可說是以一個完整聚落保存了下來。

想了解典型的鄂圖曼宅邸，可參觀希德爾立克山丘下的鄂圖曼住宅博物館(Kaymakamlar Müze Evi)。

鄂圖曼屋宅的結構是木造的，一般有2層或3層樓，樓層之間以樑托結合，上層的樓面比地面樓寬大。

房子最重要的空間是Pergola，ㄇ字型木製長椅緊貼三面牆壁，中間配置暖爐或圓桌，兼顧客廳、餐廳、娛樂、宗教儀式的功能。

王牌景點 3

奇妙的駱駝岩、香菇頭、精靈煙囪，以及數量驚人的洞穴教堂和壁畫，構築成卡帕多起亞獨有的驚奇！

造訪卡帕多起亞理由

1 容納萬人的地下城市

2 千奇百怪的嶙峋怪石

3 珍貴的洞穴藝術畫作

航空有內弗歇希爾機場(Nevsehir Kapadokya Airport)及開塞利機場(Kayseri Erkilet Airport)，長途巴士總站則位於內弗歇希爾(Nevşehir)西南方5公里。卡帕多起亞區域廣，遊客主要以居勒梅、于爾居普、阿凡諾斯、內弗歇希爾為基地，各城鎮有巴士聯繫，于爾居普往返阿凡諾斯的路線會途經歐塔希沙、居勒梅戶外博物館、居勒梅、恰烏辛、帕夏貝、策爾維戶外博物館。租車自駕最好事先上網預定，並記得備好國際駕照。

至少預留時間
隨意瀏覽：約1天
悠閒細賞：約2~3天

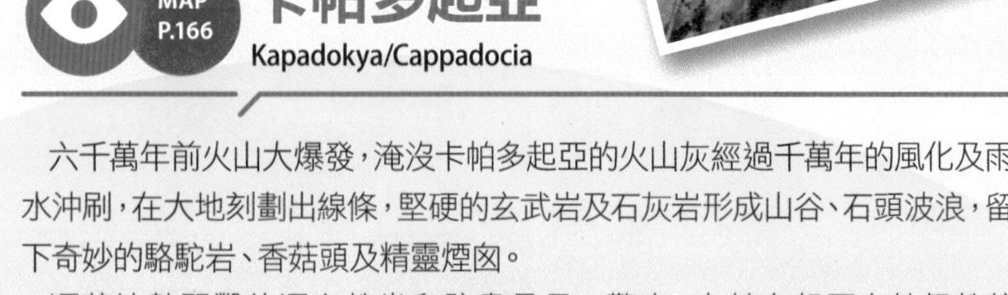

卡帕多起亞

MAP P.166

Kapadokya/Cappadocia

六千萬年前火山大爆發，淹沒卡帕多起亞的火山灰經過千萬年的風化及雨水沖刷，在大地刻劃出線條，堅硬的玄武岩及石灰岩形成山谷、石頭波浪，留下奇妙的駱駝岩、香菇頭及精靈煙囪。

順著地勢開鑿的洞穴教堂和壁畫是另一驚奇，卡帕多起亞自基督教萌芽起就是虔誠之地，布滿教堂、修道院、隱士修行所，先知聖約翰等人更在此留下足跡。

1980年代之後，旅遊業竄起，卡帕多起亞進入新紀元，奇特地貌、洞穴窖藏的葡萄美酒、耗費工時的地毯、繪工精細的陶瓷品，還有千年洞穴改建成旅館、民宿、餐廳，全都轉化成觀光資源。

六千萬年前，兩座逾三千公尺的埃爾吉耶斯(Erciyes)及哈山(Hasan)火山大爆發，火山灰淹沒卡帕多起亞，造就日後的奇特地貌。

此生必體驗的熱氣球之旅

到卡帕多起亞一定不能錯過搭乘熱氣球觀賞奇幻地貌及日出的體驗！熱氣球只在清晨時刻及天候允許下才准許飛行，每個熱氣球載客數約8~28人。經驗豐富的駕駛員能透過加氣、升火及拉動繩索，精確控制氣球的高度和方向，近距離欣賞地貌美景及體驗凌空飛翔的快感。

熱氣球升空都在一大清早，業者會準備簡單的早餐，經過60~90分鐘的飛行落地後，會備妥香檳慶祝並頒發證書。費用依據搭乘淡旺季、時段、服務內容而有180~340歐元的差異。要注意的是，土耳其民航局有規定每日可升空的熱氣球數量，所以逢旺季(4~5月、9~10月)建議提早報名。

怎麼玩卡帕多起亞才聰明？

住宿獨特的洞穴旅館

洞穴旅館在改建前可能是貯藏葡萄、水果，也可能是製酒、養羊，經過整修搭配火爐、老式家具、擺個水煙、鋪上地毯、裝上古董吊燈，甚至建造土耳其浴室，非常具有土耳其風格。

洞穴中用餐奇特經驗

洞穴餐廳裡佈置石桌、石椅、石圓頂，一邊吃著陶甕燜煮的豆子羊肉、鹹優格、麵包蘸葡萄糖漿，一邊欣賞肚皮舞、旋轉舞或傳統民族舞的表演，留下最特殊的用餐經歷。

必BUY特產豐富多樣

卡帕多起亞特殊的土壤種植葡萄釀出美酒，盛產的安哥拉羊毛織出土耳其地毯，而紅河(Kızılırmak)帶來適合製陶的紅土，造就阿凡諾斯陶瓷鎮，都是此地不可錯過的特產。

DiD YOU KnoW

深達15層宛如螞蟻巢穴的地下城！

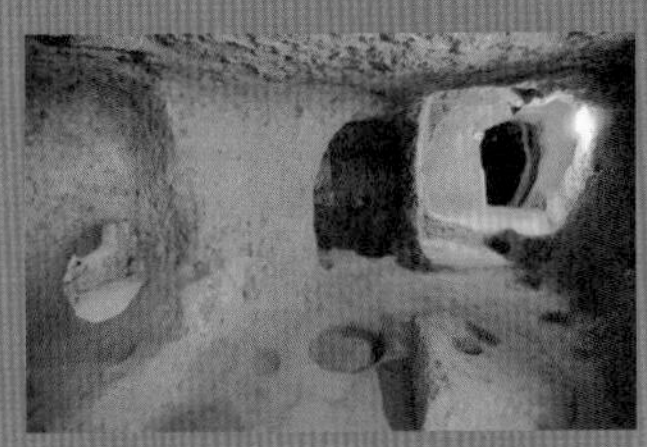

在基督教還被視為異教的羅馬帝國時代，基督門徒聖保羅在居勒梅設立神學院，在4~9世紀間居勒梅成了小亞細亞的信仰中心。為了躲避迫害，基督徒鑿開硬岩建立地下城，所有地上的活動，包括豢養牲畜、釀酒、生活、教育全轉進地下，目前發現的地下城達36座，最深挖掘至地下15層，達地底35~40公尺，可容納至少一萬五千人避難於此。

從西元前1200年起，西台人、弗里吉亞人、波斯人、希臘人、阿拉伯人、突厥人，在此鑿出一段一段的歷史，東西文明深化彼此，成就神奇。

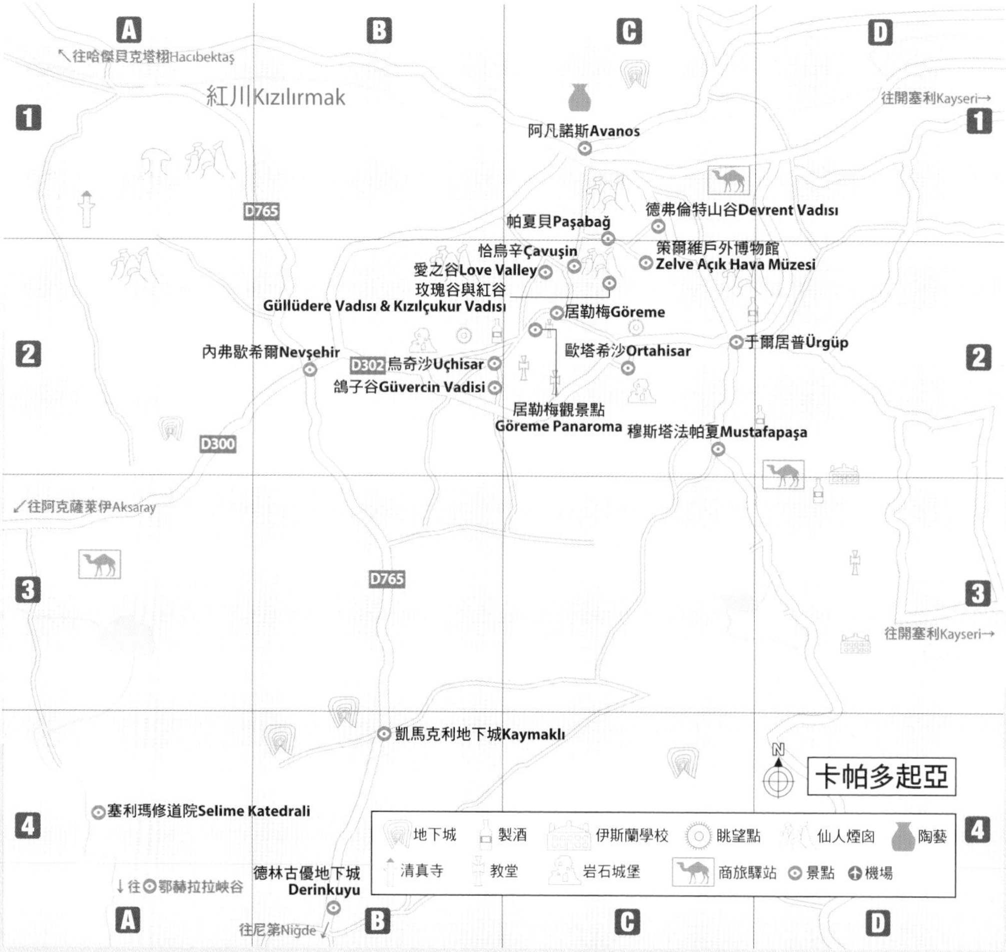

卡帕多起亞

A B C D

1 2 3 4

↖往哈傑貝克塔栩Hacıbektaş

紅川Kızılırmak

往開塞利Kayseri→

阿凡諾斯Avanos

D765

德弗倫特山谷Devrent Vadısı

帕夏貝Paşabağ

恰烏辛Çavuşin

策爾維戶外博物館 Zelve Açık Hava Müzesi

愛之谷Love Valley

玫瑰谷與紅谷 Güllüdere Vadısı & Kızılçukur Vadısı

居勒梅Göreme

內弗歇希爾Nevşehir

D302 烏奇沙Uçhisar

歐塔希沙Ortahisar

于爾居普Ürgüp

鴿子谷Güvercin Vadisi

居勒梅觀景點 Göreme Panaroma

穆斯塔法帕夏Mustafapaşa

D300

↙往阿克薩萊伊Aksaray

D765

往開塞利Kayseri→

凱馬克利地下城Kaymaklı

塞利瑪修道院Selime Katedrali

↓往 鄂赫拉拉峽谷

德林古優地下城 Derinkuyu

往尼第Nigde↓

N

地下城 製酒 伊斯蘭學校 眺望點 仙人煙囪 陶藝

清真寺 教堂 岩石城堡 商旅驛站 景點 機場

卡帕多起亞的精華區以居勒梅為中心，與烏奇沙、阿凡諾斯、于爾居普構成必遊的金三角地帶。

居勒梅是遊歷卡帕多起亞最重要的起點之一，市區不大，但可見到豐富的奇岩景觀。

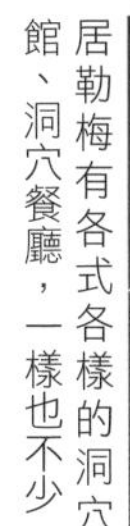

居勒梅有各式各樣的洞穴旅館、洞穴餐廳，一樣也不少。

往村莊外圍走，周邊山谷間一整片的奇岩怪石，有「居勒梅奇觀」之稱。

居勒梅 Göreme

居勒梅可以說是卡帕多起亞地區最具代表性的小村落，它方圓不過一公里，但是論地形景觀、論洞穴社區、論壁畫，都是最豐富而且密集，可見到香菇岩、精靈煙囪、情人石等各種不同形狀的岩石。

「居勒梅」的意思是「讓你看不到」(You cannot see here)，基督徒躲在洞穴中讓阿拉伯人看不到，靠的是在巨石中挖出教堂、住居和牲口豢養的洞穴社區，形成共居、共同生活的文化。

居勒梅以巴士總站為核心，周邊聚集了商店、餐館、旅行社、熱氣球公司、租車公司、土耳其浴室，可謂五臟俱全，以洞穴為號召的旅館則集中在市區的西邊及南邊。

位於卡帕多起亞精華區的中心點，巴士總站就位於城鎮中心

想眺美景就往村外走

沿著主要大道Adnan Menderes向西南方前行，距離村落約3分鐘車程(步行約20分鐘)，在路邊有處觀景台O Ağacın Altı，可以從高處俯瞰石林包圍的居勒梅和一望無際的黃褐大地。

MAP P.167 B2

居勒梅戶外博物館 Göreme Açık Hava Müzesi

名列世界遺產的居勒梅戶外博物館，其洞穴教堂約有三十座，全是9世紀後，躲避阿拉伯的基督徒鑿開硬岩，以十字架形式、圓拱蓋教堂，牆上、天花板的宗教壁畫更是藝術傑作。

位於居勒梅村外，從市中心順著指標往山丘走約一公里。 Müze Caddesi 0384 271 2167 8:00-17:00 居勒梅戶外博物館480TL，參觀黑暗教堂須加付130TL，適用博物館卡

聖巴西里禮拜堂Aziz Basil Şapeli

位在入口處的聖巴西里禮拜堂，年代可回溯到11世紀，在主半圓壁龕上有耶穌像，旁邊則是聖母子畫像。北側的牆壁有聖希歐多爾(St. Theodore)畫像，南面壁畫則是聖喬治(St George)騎著馬的畫像，壁畫殘破不全。

蘋果教堂Elmalı Kilise

進入蘋果教堂必須先穿過一道洞穴隧道，教堂裡有4根柱子、8個小圓頂、1個大圓頂及3個半圓壁龕。命名為「蘋果」，有一說是指中間圓頂上的天使加百列畫像，也有一說是教堂門口的蘋果樹。教堂裡有幾處壁畫僅僅是以赭紅色線條及幾何圖案崇敬上帝，這是725年~842年禁絕偶像崇拜時期所留下來的。

聖芭芭拉禮拜堂 Azize Barbara Şapeli

與蘋果教堂一樣，部分為725年~842年以赭紅色顏料畫上線條及幾何象徵圖案，今天看來，簡單就是美。至於《基督少年時》、《聖潔的瑪麗亞與聖芭芭拉》濕壁畫，都是後來畫上去的。

Did You Know

蛇教堂中有位雌雄同體的聖者？

取名為「蛇教堂」(Yılanlı Kilise)，是因為教堂裡左手邊的壁畫，聖喬治(St George)和聖希歐多爾(St. Theodore)攻擊一條像蛇的「龍」，君士坦丁大帝及母親手握十字架站在一旁。

右手邊的壁畫則是一位裸體白鬍老翁，卻有著女性的胸部，原來是傳說中的埃及聖女安諾菲莉歐斯(Onouphrios)，她因長得太美，不斷遭到男人騷擾，為專心修道，她向聖母祈禱，終於神蹟發生，「她」的面容變成了「他」，並因虔誠被晉封為聖，所以，這座教堂又稱為「聖安諾菲莉歐斯教堂」。

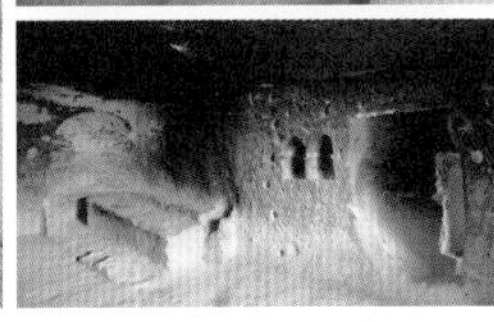

儲藏室/餐廳/廚房Kiler/Mutfak/Yemekhane

這一區的洞穴內部沒有畫作，洞外有石階，洞內彼此相連，依序為儲藏室、餐廳和廚房。博物館裡有幾處廚房與餐廳，其中以這處最大，石頭挖出長桌和座位，足以容納40-50位教士，牆壁的壁龕儲藏食物，地上的洞則用來榨葡萄汁製酒。

黑暗教堂 Karanlık Kilise

這是博物館裡唯一要另外付費才能進入的教堂，其價值是因為教堂保留著滿滿的濕壁畫。黑暗教堂得名於窗戶少，裡面光線昏暗，也因為如此，壁畫的色彩得以鮮豔如昔。這些壁畫幾乎全數是舊約《聖經》故事，包括《耶穌被釘在十字架上》、《被猶大背叛》、《祈禱圖》、《天使報佳音》、《進入伯利恆》、《基督誕生》、《基督少年時》、《最後晚餐》……都屬耳熟能詳的故事。

拖鞋教堂 Çarikli Kilise

拖鞋教堂是因左側石牆《基督升天》壁畫的下方有一個腳印而得名，教堂裡最著名的一幅畫是圓頂中央的《全能的基督》。

聖凱瑟琳禮拜堂 Azize Katarina Şapeli

位於黑暗教堂和拖鞋教堂之間，這座小禮拜堂的壁畫描繪聖喬治、聖凱瑟琳，以及聖母瑪麗亞和聖約翰隨侍耶穌基督兩側的《祈禱圖》(Deesis)。

鈕釦教堂 Tokali Kilise

鈕釦教堂又稱為「托卡利教堂」，它位於戶外博物館外，從博物館門口順著山丘向下走約50公尺，千萬不要錯過。它是博物館內最大的教堂，保有描述基督一生的濕壁畫，藍底紅線條及白色的運用，讓人嘆為觀止。

圓椎巨岩相連形成龐大社區，視覺感驚人。

烏奇沙奇岩景緻宛如電影中的異星世界。

烏奇沙 Uçhisar

「烏奇沙」是「第三個堡壘」的意思，另二處是于爾居普及歐塔希沙，三地以烏奇沙的地勢最險，也是海拔最高的村落。想看最典型的洞穴社區，來烏奇沙堡壘(Uçhisar Kalesi)最清楚，像火山椎的堡壘挺立在山丘上，幾公里外遠遠就可以看到，是卡帕多起亞最顯著的地標之一。

爬到堡壘頂端，視野驚人，卡帕多起亞諸多山谷一覽無遺，一個個圓椎形巨岩上順著地勢蔓延，每個岩石都有數不清的洞口，相連形成龐大的社區，據說在外敵入侵時，平時就存備水糧的居民可以躲上數月不外出。

位於居勒梅西南方3公里，開車約10分鐘，由內弗歇希爾往返阿凡諾斯和居勒梅的巴士，都會經過烏奇沙。 烏奇沙堡壘80 TL

鑽進精靈洞穴裡喝咖啡

想知道真正民居的洞穴屋內部長什麼樣子，烏奇沙聚落是最佳選擇，還有幾戶留下來經營洞窟咖啡館，走進去可見整座錐形巨岩開鑿成好幾層，就是從前一家人居住的地方，順著窄木梯一層層向上爬，空間和高度都越來越窄小，寬闊明亮的區域佈置成喝茶喝咖啡的地方，壁面較小的為儲物櫃，處處有生活的痕跡，有種拜訪山頂洞人的特殊體驗。

歐塔希沙堡壘是卡帕多起亞最高的獨立精靈煙囪。

MAP P.166 C2 歐塔希沙 Ortahisar

在一片白屋群間，兀自挺立著高達86公尺高的歐塔希沙堡壘(Ortahisar Kalesi)，如同烏奇沙，它是一處巨型洞穴社區，也屬基督徒的避難所。

Ortahisar意思是「中間的城堡」，這塊平頭式的龐大石塊位於居勒梅和于爾居普之間，由於崩落之故，每一個穴居的開口都已完全洞開，登頂後可以望見遠方海拔3916公尺高的埃爾吉耶斯火山(Erciyes)白色雪峰。

堡壘下的小鎮有多座教堂，歐塔希沙最有名的是所謂的「柑橘洞」，專門用來貯存檸檬、橘子、葡萄柚等柑橘類水果，長久以來，貿易柑橘水果就是小鎮最重要的經濟活動。

鎮上有一座小型的歐塔希沙民俗文化博物館(Ortahisar Kültür Müzesi)，裡面陳列一些模型，介紹卡帕多起亞的穴居生活，以及當地人如何製作著名的葡萄糖漿(Pekmez)、製餅、織地毯、農業耕作等。

小鎮居民還以馬車代步。

位於居勒梅東南3公里、于爾居普西南5公里。從城鎮中央廣場有迷你巴士來往Ürgüp和Nevşehir。如果要到居勒梅，必須走1公里的的路程到主幹道上招手搭車；從居勒梅開車前往約10分鐘。 歐塔希沙堡壘20 TL

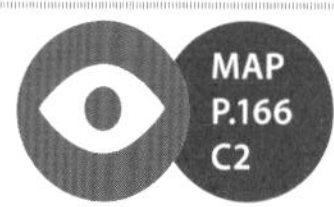

于爾居普
Ürgüp

位於特曼尼山丘(Temenni Hill)下的于爾居普，舊名叫「阿希亞那」(Asssiana)，早在亞歷山大帝時代就出現在地圖上。除了岩石奇景、豐富特產帶來絡繹的商旅，于爾居普更因歷任首長的集體建設，讓美景轉化成觀光資源，鄂圖曼時代更是大力建設，所以于爾居普是卡帕多起亞最富有、也是景觀最豐富的城市之一。

于爾居普原本住了不少的希臘人，自從1923年政策迫使他們大舉遷回希臘之後，很多洞穴住宅因此空下來，現在只有少數貧困的吉普賽人仍住在洞穴中。而位於特曼尼山丘上的富豪住宅遺跡、墓塚仍可見，在山上可眺望被奇景包圍的于爾居普。

身為卡帕多起亞這個觀光勝地的主要門戶之一，于爾居普因此發展出兩項重要的觀光產業，一是土耳其地毯，一是葡萄酒。

位於內弗歇希爾(Nevşehir)東邊23公里，居勒梅東邊9公里，也是卡帕多起亞區域內的交通、住宿重要據點，區域間的巴士非常頻繁。巴士站就在市中心廣場旁邊，周圍有許多餐廳和商店。

「三姊妹岩」(Üç Kız Kardeşler)是于爾居普知名地標，就位於鎮外主要道路旁，是猶如孿生姊妹的三個香菇頭精靈煙囪。

卡帕多起亞致力發展旅遊業之後，不少洞穴宅邸紛紛被改建成精品旅館，成為招攬觀光一大號召。

土拉桑酒莊Turasan Winery

YTevfik Fikret Caddesi

0384 341 4961 9:00-18:00

卡帕多起亞的土壤適合葡萄生長，四千多年前就已經有釀酒的紀錄，土拉桑酒莊成立於1943年，是卡帕多起亞知名的品牌，在伊斯坦堡、安卡拉、安塔利亞都有分店。提供十多種不同的酒讓遊客試飲選購，從中價位到媲美歐洲的高檔酒都有，其中也包括受到遊客喜愛的煙囪造型葡萄酒，但真正品質好的葡萄酒建議還是買玻璃瓶裝。

于爾居普土耳其浴場 Ürgüp Şehir Hamamı

Yeni Cami Mahallesi stiklal Cad. No: 18

10:00-23:00 0384 341 2241

于爾居普土耳其浴場就位於于爾居普主要廣場邊，是卡帕多起亞地區數一數二的老浴場，這棟建於塞爾柱時代的澡堂，維持傳統土耳其浴的特色，搓洗、按摩的功夫都很道地，十分適合來此消除一整天的疲累。

Hadosan土耳其地毯工廠

YAhmet Taner Kışlalı C.ı No:4,Ürgüp

0384 341 2222

這是一家許多旅行團都會參觀的地毯工廠，工人會示範從煮繭、抽絲、染色，到分辨棉、毛、絲的不同和編織過程，不同展示室裡陳列著大大小小、不同花色的地毯，地毯數量多達兩萬多件，價格也令人咋舌，其中一件絲毯堪稱「鎮廠之寶」，2×3公尺大小，由兩位女性負責編織，耗費兩年半的時間，從不同方向看會呈現出不同顏色，價值高達150,000美元！

站在策爾維戶外博物館的怪石谷地中，可親見火山熔岩大地遭風吹雨刷切割出山谷、波浪石及精靈煙囪，大自然進行了上百萬年，現今還再持續。

策爾維戶外博物館
Zelve Açik Hava Müzesi

策爾維在9到13世紀是修道士修行的地方，直到1952年之前都有人住在這裡，因為岩石崩塌不適人居，居民才遷村到數公里之外。

爬進洞穴教堂，看在禁止偶像崇拜的時代，基督徒如何用幾何圖形代表聖父、聖子、聖靈，也可走進洞穴廚房，看洞穴裡的石磨、儲藏糧食的儲藏穴、火爐及餐廳。其中比較有名的有魚教堂(Balıklı Kilise)、葡萄教堂(Uzumlu Kilise)及鹿教堂(Geyikli Kilise)，都是因為上面的壁畫而得名。

基督徒廢棄的洞穴則由伊斯蘭教徒接手，一處並存著十字架結構教堂及伊斯蘭尖塔清真寺，提醒人們那一段不同種族、宗教和平共存的美好時代。

策爾維位於居勒梅和阿凡諾斯之間，阿凡諾斯往返于爾居普的巴士會經過停靠。 8:00-17:00 策爾維戶外博物館及帕夏貝通票280TL，適用博物館卡

耐走運動鞋助你飛簷走壁

策爾維戶外博物館的岩石有的是住家，有的是教堂，更多是基督徒的避難所，在這些洞穴上方還有鴿子洞，是非常完整的卡帕多起亞人的生活縮影。因歷經岩石崩塌，洞窟高低落差常達數百公尺，處處是陡峭斜坡、谷地，記得穿方便行動的服裝及運動鞋，才能俐落得四處穿梭，有些洞窟內較暗，最好帶手電筒。

卡帕多起亞各種不同造型的精靈煙囪、自然地景，全都集中在策爾維戶外博物館。

走進洞穴，可見到教堂、住家不同的遺跡。

MAP P.166 C1

帕夏貝 Paşabağ

帕夏貝因曾屬於一位官員(Paşa)所有而得名，這裡有著全卡帕多起亞最美的精靈煙囪，因也像地表長出一朵朵大蘑菇，所以又稱為「蘑菇谷」。高聳入天的煙囪裡，一樣曾是住所及教堂，其中一個三頭式的煙囪，還曾是隱士聖賽門(St Simeon)的隱修所。有趣的是，這裡連警察的守衛哨(Jandarama)都位於精靈煙囪裡。

帕夏貝位於居勒梅和阿凡諾斯之間，和策爾維戶外博物館相距1.5公里，阿凡諾斯往返于爾居普的巴士會經過停靠。 策爾維戶外博物館及帕夏貝通票280TL，適用博物館卡

圓圓胖胖的白色圓錐巨石，頂端戴了頂深色尖帽，傳說有精靈住在這些煙囪石內，所以有「精靈煙囪」之名。

DiD YOU KnoW

「香菇頭」是怎麼長出來的？

精靈煙囪的地形最能代表卡帕多起亞地區的岩石風化過程，當岩漿噴發凝固後，位於下層的火山凝灰岩風化速度快，逐漸形成角錐狀，而上層的黑色玄武岩較堅硬，所以最後就留下了一顆香菇頭。

恰烏辛教堂遺跡是今天觀光客參觀的重點。

恰烏辛教堂紅、白、綠、褐壁畫色澤仍在，著色細緻古樸。

恰烏辛村附近也有香菇頭及煙囪形狀的岩石，這裡也是前往玫瑰谷的起點。

MAP P.166 C2

恰烏辛 Çavuşin

由於岩山的崩落，原本是歷史小城的恰烏辛在數十年前就廢村，移居到現在的公路旁，而在舊村落崖壁的最上端有一座約翰受洗教堂，應該是卡帕多起亞最古老的教堂之一。

公路邊可見到恰烏辛教堂(Çavuşin Kilise)遺跡，壁畫色澤仍在，與居勒梅戶外博物館的黑暗教堂相比，恰烏辛教堂因年代早兩個世紀，加上沒有隔絕陽光，因此保存狀態較遜色。

位於居勒梅和阿凡諾斯之間，阿凡諾斯往返于爾居普及往返內弗歇希爾的巴士都會經過停靠。 恰烏辛教堂8:00-17:00 恰烏辛教堂60TL

阿凡諾斯 Avanos

比起卡帕多起亞大部分地區呈現乾燥的岩石景象，阿凡諾斯的景觀特別不一樣，城鎮中央流過紅河(Kızıl rmak)，是土耳其最長的內陸河，全長1,335公里，紅河富含鐵質，取出的土壤非常適合做陶器，阿凡諾斯就位於紅河的上游河畔，因而成為知名的陶瓷小鎮。

阿凡諾斯有不少工作坊從鄂圖曼時代就供應皇室所需，至今仍是名廠名牌，購買任何作品都會附上證明書。目前所展示的陶瓷製品，上面所繪製的花紋有的是創新風格，有的則複製鄂圖曼時期的伊茲尼磁磚。

位於居勒梅北邊10公里，和于爾居普、內弗歇希爾之間有巴士往返。

阿凡諾斯有許多陶瓷工作坊，可參觀他們的工廠，了解美術人員描繪花紋、利用西台帝國傳承自今的古法製胚。

Did You Know

美味燜肉就藏在陶罐裡！

Avanos小鎮因生產陶器聞名，也催生出了陶罐燜肉Testi Kebabı這道特別的地區風味料理。這是一道慢火細燉的美食，將牛肉、雞肉或羊肉連同番茄、洋蔥、鷹嘴豆、馬鈴薯等一起放進寬肚窄口的陶罐，傳統做法是封口後放進大型柴燒窯中，燜燒數小時，鎖住原汁原味的鮮美。
用餐過程也是充滿戲劇感，一手拿起陶罐、一手拿著刀子，對準陶罐上的橫紋輕輕敲幾下，陶罐應聲而裂，濃郁香氣衝出，誘發食慾，軟嫩肉塊經過長時間慢燉，混合蔬菜的甜味，配飯或蘸麵包都適合。

老師傅靈巧的拉胚製陶，背後隱含了累積二、三十年以上的功力，遊客參觀完可至展示間採購。

居瑞陶瓷博物館Güray Müze

Yeni Mahalle Dereyamanlı Sokak No.44
0384 511 2374
4~10月9:00-19:00；11~3月9:00-18:00
www.guraymuze.com/

博物館分成三區：第一區是古代廳，展示安納托利亞各年代的陶瓷器，最早可溯及石器銅器並用年代(Chalcolithic)，也就是彩陶時期，大多為屈塔西亞(Kütahya)出土的彩陶；第二個展廳是20和21世紀土耳其知名陶藝家的作品；第三個展廳則不定期展覽當代的繪畫、雕塑、攝影、陶藝等作品。

博物館本身也是一個陶藝工坊，除了可參觀陶藝工作人員生產製作陶瓷的各個過程，也展售形形色色的陶瓷藝品。

居瑞陶瓷博物館位於地底下20公尺，展示安納托利亞地區不同年代的陶瓷。

阿凡諾斯陶瓷工藝興盛，不少陶瓷藝品就展示在洞穴裡。

在陶瓷工坊可觀看彩繪、上釉的過程。

工作人員拉胚功夫一流。

遊客還可親身體驗拉胚的樂趣

陶瓷工坊

Ömürlü Seramik
Yeni Mah.2 Cad.3 Sok. No.26, Avanos
Çavuşin Seramik
V. Mehmet Yılmaz Cd., Avanos

阿凡諾斯陶瓷工藝相關的工廠、工坊林立，遊客除了採購各式各樣的工藝品外，也可參觀整個拉胚、彩繪、上釉的過程，參加卡帕多起亞的當地旅行團，都會選擇一間工作坊參觀。

Ömürlü和Çavuşin Seramik都是這一類的陶瓷工坊，展示數千件精緻的陶瓷藝品，也有比較平價適合當紀念品的彩繪陶盤、陶碗。如果擔心陶瓷器皿沉重易碎不方便攜帶，這裡也有包裝寄送服務。

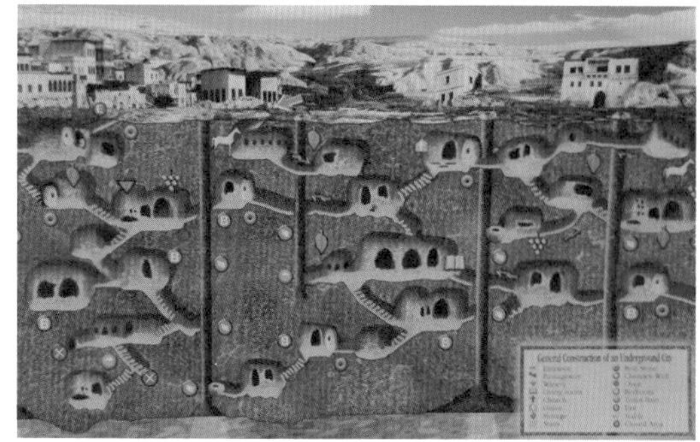

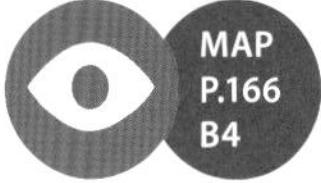

地下城 Yeraltı Şehri

西元7世紀，阿拉伯人迫害、襲擊基督徒，基督徒攜家帶眷潛入地底，地上活動包括豢養牲畜、釀酒、烹煮、教育、宗教等全轉入地下進行，在地底生活可長達1~2個月。

窄而複雜的通道只容一人進出，基督徒巧妙利用槓桿原理推動兩噸重大圓石門，使地下城成為堅固的堡壘。空氣循環系統是利用深達70~80公尺的垂直通氣孔，提供地下四萬平方公里，並可讓深達9層的地下城，最底及最上層保持13℃~15℃的均溫，因此，地下城很適合釀酒，更不怕惡劣的氣候。

地下城在8世紀後就漸漸荒廢，直到20世紀才一一被發現，目前可知的有36座，而每一座可參觀的部分是全城的20%~40%左右而已，其中，凱馬克利(Kaymaklı)地下城範圍最廣，而德林古優(Derinkuyu)地下城最深，共有9層，深達85公尺，最多可容納一萬五千人避難於此。

凱馬克利地下城位於內弗歇希爾南邊19公里，德林古優地下城在凱馬克利的南邊10公里。內弗歇希爾與尼第(Niğde)之間的公車會在這兩座地下城停。 4~10月8:00~19:00；11~3月8:00-17:00 凱馬克利地下城300TL，德林古優地下城300TL，適用博物館卡

卡帕多起亞的地下城不像「穴居」這麼簡單，而是複雜的生活機制，居室、餐廳、教室、倉庫、羊圈、酒窖等空間錯綜複雜。

遊客壓低身子穿梭鑽行，鑽過一條又一條狹窄幽暗的地道，體會穴居的生活。

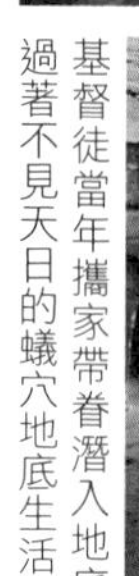
基督徒當年攜家帶眷潛入地底，過著不見天日的蟻穴地底生活。

Did You Know

地下城不解之謎

地下城從何時開始挖掘不可考，考古證據只說明自西台文化時期起，地下城就有了雛型，但什麼目的不可知，至今仍有許多未解之謎，包括：建立一座容納五、六千人生活的地下城，是用何種工具及多少人力挖鑿的？挖出來的土堆如何丟棄？如何在不被敵人偵測的情形下烹煮三餐？長期居住的排泄物怎麼處理以避免污染環境引發傳染病？可有能治療病人的醫療設備？

一整片奇岩怪石成了考驗想像力的山谷。

像不像牽手跳舞的人？

德弗倫特山谷 Devrent Vadısı

MAP P.166 C1

從策爾維戶外博物館駛往阿凡諾斯或于爾居普，車行山谷間，在匯入主幹道之前，有一整片岩石群突出於崖壁上，這一片奇形怪狀的石頭激發出天馬行空的奇想，所以又被暱稱為「想像力山谷」。

在這一群岩石中，又以一塊狀似駱駝的岩石最為有名，目前已用柵欄隔離保護，其他還有「三個跳舞的人」、「海豚」、「海豹」、「拿破崙的帽子」、「親吻的鳥」、「旋轉舞僧侶」等，該是釋放想像力的時候啦！

位於阿凡諾斯和于爾居普之間主幹道的叉路上，于爾居普開車約7分鐘

玫瑰谷與紅谷 Güllüdere Vadısı & Kızılçukur Vadısı

MAP P.166 C2

玫瑰谷與紅谷是位於居勒梅和恰烏辛之間的山谷，以一整片呈現粉紅色澤的岩石聞名，沒有道路直達，只有為數不少形狀奇特的精靈煙囪，名列卡帕多起亞最著名的健行路線之一。

這裡也是卡帕多起亞觀賞日落最熱門的地點之一，原本粉紅色的岩石，隨著夕照變化，或紅、或橙、或桃、或紫，十分夢幻，這裡的精靈煙囪也隱藏著幾座教堂，像是圓柱教堂(Kolonlu Kilise)、十字教堂(Haçlı Kilise)等。

位於居勒梅和恰烏辛之間，開車大約10分鐘，沒有公共交通，可從居勒梅步行前往。

一整片炫色
奇岩展現夢幻的夕陽
絕景。

可參加行程騎馬到此處看日落。

這一片呈現粉紅色澤的岩石是遊客嚮往的秘境。

什麼地方或背景會誕生像旋轉舞這樣的宗教儀式？來到孔亞的梅芙拉納博物館就知道答案！

石棺室中的視覺焦點就是梅芙拉納的石棺，旁邊為他的父親及其他地位較高的苦行僧，梅芙拉納石棺上纏著巨大頭巾，象徵其無上的精神權威。

最重要的館藏是一只珍珠貝寶盒，據說裡面放著穆罕默德的鬍鬚。

館內還展出許多僧侶模型，還原當時在道場的苦行生活。

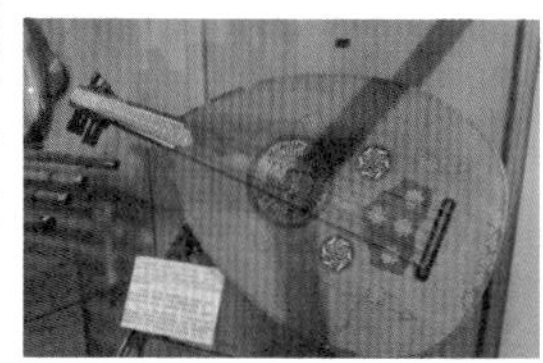

陵墓旁邊的「儀式廳」(Semahane)是過去苦行僧跳旋轉舞之處，陳列了儀式進行所演奏的樂器、僧侶配戴的念珠、法器等。

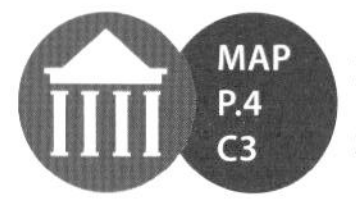

梅芙拉納博物館
Mevlâna Müzesi

梅芙拉納博物館是孔亞的一級景點，博物館前身是伊斯蘭蘇菲教派旋轉苦行僧侶修行的場所，創始人傑拉雷丁·魯米(Celaleddin Rumi，或稱為梅芙拉納Mevlâna)也埋葬於此，因此，對穆斯林而言，這裡是非常神聖的地方，每年至少有150萬人造訪此地。

進入博物館區，中庭的水池過去供苦行僧侶淨身，今天讓前來朝聖的信徒使用。中庭兩側分成兩個主要展區，一邊是梅芙拉納的陵墓及伊斯蘭聖器，另一邊則展出旋轉僧侶的苦行生活。館內收藏各式可蘭經、地毯、吊燈、木雕的麥加朝向壁龕等珍貴聖物。

伊斯坦堡、安卡拉都有班機飛往孔亞(Konya)，孔亞機場位於市中心東北方13公里，搭機場巴士(Havaş)前往市中心，再轉搭地面電車至Mevlâna Kültür Müzesi站下車可達。 Aziziye Mahallesi Müze Alanı Caddesi No:1 4~9月9:00-19:00；10~3月9:00-17:00 0332 351 1215 www.kulturportali.gov.tr/turkiye/konya/gezilecekyer/mevlna-muzesi 進入博物館如同清真寺一樣要脱下鞋子，女性得包頭巾。這裡也提供塑膠鞋套。

梅芙拉納與旋轉苦行僧侶

傑拉雷丁·魯米被追隨者尊稱為梅芙拉納(Mevlâna，在阿拉伯語是「我們的導師」之意)，其詩集和宗教著作在伊斯蘭世界享有崇高地位，是蘇菲教派神祕主義重要的思想家，並發展出心靈合一與宇宙大愛的哲學思想。

梅芙拉納所創的旋轉苦行修行，主要是透過歌謠和旋轉舞儀式(Sema)尋找和阿拉之間的神秘結合，旋轉僧侶所戴的帽子代表墓石，所罩的外袍代表墓穴，裙子代表喪禮上覆蓋的布。進行旋轉舞時，脱去外袍象徵解開束縛、脱離墓穴；右手掌朝上，左手掌朝下，象徵阿拉把愛傳給每個人。

對宗教和歷史有興趣，來此感受拜占庭和十字軍遺風！

黑海&安納托利亞東部
Karadeniz & Eastern Anatolia

黑海&
安納托利亞東部

一直到1920年代之前，黑海沿岸地區仍深受希臘文化的影響。這裡也是全土耳其最濕潤的地方，茶園、榛果樹、菸草產出大宗農產品，並擁有綿延千餘公里海岸線所孕育的豐富漁產。

遼闊的東安納托利亞坐擁海拔5,137公尺的第一高峰亞拉拉特山、面積3,713平方公里的第一大湖泊凡湖。底格里斯河和幼發拉底河穿過山脈，形成人類文明史上的重要文明發詳地「美索不達米亞平原」。這般壯闊的大山大水，使得東安納托利亞散發著一種迷人的豪放野性之美。

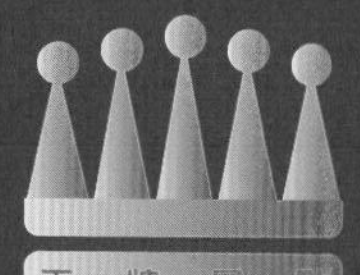

尼姆魯特結合古代希臘和波斯的神祇形象，再次見證處於東西要衝的土耳其，呈現文化融合現象。

造訪尼姆魯特山國家公園理由

1. 名列世界文化遺產
2. 人頭巨像獨一無二
3. 夢幻絕倫的夕陽美景

安條克一世雕像屹立了兩千年。

距離國家公園最近的3座城市分別是西北邊的Malatya，車程約3小時，以及西南邊的Adıyaman和Kahta，都有旅行社安排前往尼姆魯特山的行程。從安卡拉可搭乘飛機至Malatya。從Adıyaman可以搭乘巴士到山腳下的Kahta，上山車程約30分鐘，可以直接包計程車上山。在卡帕多起亞也有旅行社安排尼姆魯特山國家公園的行程，一般為2-3天。

尼姆魯特山國家公園

MAP P.5 F2

Nemrut Dağı Milli Parkı

坐落在安納托利亞高原東南側的尼姆魯特位於2,150公尺的高山，是西元前1世紀科馬吉尼王國(Commagene Kingdom)國王安提奧克一世(Antiochus I)所建的陵寢及神殿，中間以碎石堆建高50公尺的錐形小山是安條克一世的墳丘，東、西、北三側闢出平台各建有一座神殿，三神殿型制一模一樣，自左至右的巨石像分別是獅子、老鷹、安提奧克一世、命運女神提基(Tyche)、眾神之王宙斯(Zeus)、太陽神阿波羅(Apollo)、大力神海克力士(Hercules)，然後再各一座老鷹、獅子，每一座頭像都高約兩公尺，頭像下的台階則是一整排的浮雕，上面刻著希臘和波斯的神祇。

Karadut Köyü
240 TL

至少預留時間
隨意瀏覽：約0.5小時
仔細欣賞：約2小時

兩千年來，歷經多次地震摧殘，西側神殿除了把頭像立起來，石塊仍然四散錯落。

觀賞日落這樣玩才盡興！

許多遊客會特別選擇在日落前登上尼姆魯特山，以觀賞絕美的夕陽景色。當夕陽橙黃光芒打在風化龜裂的頭像上，加上身處孤高的峰稜，更顯古文明的神祕感。要特別注意的是，不要過於貪戀夕陽美景，記得要在天色轉暗前走下階梯，到達登山口搭車回遊客中心，以免天色過暗視線不佳不利走山路。

禦寒衣及防滑鞋助你登頂！

上山車輛只能駛至山前的遊客中心，在此統一搭乘接駁車至登山步道口，下了接駁車後，順著階梯爬高650公尺，便可見到頂峰上的奇景。山上天冷，即便是在夏季上山，也要記得攜帶禦寒的外套，並因上山的路不免有碎石，要記得選穿一雙防滑的鞋子走碎石路。

怎麼玩 尼姆魯特山國家公園才聰明？

上山避開嚴冬雪季

尼姆魯特山國家公園4月中~10月初開放時間為日出~日落；10月~4月中開放時間為8:00至日落，雖然是終年開放，但會依天候變化的狀況而做應變，最常發生的情形是嚴冬時節遇大雪紛飛，因路面積雪或結凍宣告封路關閉，因此，最好避免冬季造訪以免敗興而歸。

觀日出注意登山安全

除了日落，在東側平台觀賞日出也是熱門的遊程，不過，賞日出得摸黑上山，請記得備妥手電筒或頭燈，上山途中務必注意踏穩腳步緩慢前行，並注意禦寒保暖。

DID YOU KNOW

滅國之君的遺世偉業

科馬吉尼王國勢力微薄，夾在賽留卡斯(Seleucid)帝國和帕底亞(Parthians)王國之間尋求生存的空間，但安條克一世沉溺在自比天神的妄想中，還支持帕底亞反抗羅馬，最終招致羅馬大軍壓陣滅國，徒留尼姆魯特這片宏偉的建築。這處古蹟被世人遺忘了兩千年，直到一位德國工程師受鄂圖曼之託、探勘安納托利亞東部的交通，才於1881年在山頂上發現了這處驚人的古蹟。

黑海及東部地區佔地遼闊，豪放野性的高原景致及複雜衝突的民族文化，等著你探訪~

城市西側3公里的湖岸邊，有一座綿延的土丘城堡盤據天際，千年來留下不同文化、政權修葺的痕跡，是凡城重要的歷史見證。

張子午攝

凡城 Van

位在土耳其最大的湖泊凡湖東岸的凡城，外表現代、機能便利，其中卻蘊藏深厚且層層交織的文明痕跡。西元前9世紀時，此地就是烏拉爾圖王國(Urartu)的根據地，西元1世紀之後，則為信仰基督宗教的亞美尼亞王國的領土。一直到鄂圖曼土耳其帝國征服整個小亞細亞，這仍是一座屬於亞美尼亞人的城市。直到20世紀初，亞美尼亞人的生活痕跡與文化被土耳其政府連根拔起、趕盡殺絕。

與伊斯坦堡航程約2小時10分鐘；與安卡拉航程約1個半小時。搭長途巴士到珊樂烏爾法約10小時；到安卡拉約19小時，有接駁巴士到市中心。另有渡輪可越過凡湖到對岸的塔特凡(Tatvan)，但速度較慢，約需4~5小時。

登上城堡高處，近旁碧藍的凡湖一望無際，此刻才體會何以當地人稱它為「海」。

張子午攝

張子午攝

遺世獨立的孤島與教堂

位於凡湖西南方的阿卡達瑪島Akdamar Adası花木扶疏，倘佯在這個被湖光山色所包夾的小島上，仿若來到一處世外桃源，島上有著一座亞美尼亞建築精華「聖十字教堂」，建於10世紀，教堂也因其遠僻的地理條件，得以躲過大規模的破壞，保存下相對完整的樣貌。此教堂最令人驚艷的，莫過於圍繞著外牆的浮雕及帶狀裝飾紋樣，亞美尼亞人用一種帶著童趣的造型風格來刻畫《聖經》種種場景、帝王皇后、動植物的圖像，充滿了質樸的生活感。

從凡城來此可在市區Cumhuriyet Caddesi搭乘往西南方小鎮紀瓦希(Gevaş)的迷你巴士，巴士會直接停靠在鎮外的碼頭，碼頭邊有渡輪可抵達阿卡達瑪島。

加濟安提普古意盎然，若有機會一訪，會發現它像隱藏的寶藏，處處是驚喜。

張子午攝

加濟安提普城位於高丘上，城牆的周長長達一千兩百公尺。

張子午攝

距離城市不遠處的市郊，經考古發現一座羅馬時代的古城遺址佐格瑪(Zeugma)，出土的馬賽克壁畫多數保存在佐格瑪馬賽克博物館(Zeugma Mozaik Müzesi)。

張子午攝

MAP P.5 E3

加濟安提普 Gaziantep

加濟安提普位在安納托利亞高原連接中東其他地區的重要孔道上，這裡自古以來就發展蓬勃，充滿活力。

沿著城堡下方的坡地，直到市區繁忙的大街，群集了眾多造型獨特的房子，走進小小的門口，寬闊的中庭映入眼簾，四周由兩層樓宇圍繞，這就是以前給絡繹於途的商旅休息的驛站(Han)。雖然如今已失去原始用途，但有的改修成茶館，有的賣地毯、日用品，也有規劃成展覽場地，展示本城的老照片，與老驛站迷人的氛圍融合在一起，引人駐足良久。

機場距離市中心約20公里，與伊斯坦堡有班機往返，飛行時間約1小時50分，可搭Havas機場巴士至市區。長途巴士站距市區北方6公里，有迷你巴士可以接駁至市區，搭長途巴士到伊斯坦堡要17小時，到安卡拉約10小時。

DiD YOU KnoW

愛吃果仁蜜餅？來這裡就對了

土耳其人嗜甜如命，甜食更是五花八門，深受當地人喜愛。其中，有一種以層層酥皮製成，內餡裹入碎堅果，再淋上蜂蜜的果仁蜜餅(Baklava)最有代表性。雖然整個中東地區都有這種甜食，但一般公認還是土耳其的最精緻可口，而土耳其最知名的Baklava之都，就在加濟安提普，因為這裡有品質最好的開心果！位在老城區的İmam Çağdaş從1887年就開始賣起Baklava，是公認口味最經典的一家，若有機會造訪這座城市，別忘了嘗一嘗那香酥、濃郁、甜滋滋的經典甜食。

張子午攝

張子午攝

黑海沿岸的大城特拉布宗位在最東北方的邊緣，雖然地理位置偏遠，整座城市的活力卻令人驚豔，站在高處眺望一艘艘貨輪點綴在海面上。

張子午攝

張子午攝

每當華燈初上，人行步道上總是人來人往，充滿熱鬧歡樂氣氛。

張子午攝

特拉布宗是土耳其最希臘化的城市，除了重要的拜占庭教堂及修道院，要隨著當地人輕鬆地走在大街與海港旁，是特拉布宗最吸引人的地方。

MAP P.5 F1

特拉布宗 Trabzon

特拉布宗可說是黑海及土東一帶最繁榮的城市，它的地理位置就是它得天獨厚的優勢，緊鄰外高加索、俄羅斯，一路到伊朗，從戰略、貿易，到文化交流，自古以來都是最重要的樞紐。

曾經短暫存在的特拉布宗王國(Empire of Trebizond)，是最後一個被鄂圖曼土耳其攻占下來的基督教政權，因此，這座城市被「土耳其化」的歷史，相對而言是比較晚的。在今日與俄羅斯頻繁的交流下，人們的穿著、打扮、習慣都較開放，使得這座城市與土東其他地方有著完全不同的面貌，彷彿百年前各色人種、宗教多元並存的景象，再度重現在這建在山坡上的港口城市。

機場距離市區6公里，與伊斯坦堡、安卡拉、伊茲米爾均有飛機往返，機場有接駁小巴前往市區。長途巴士站位在市區東南方約3公里處，與市中心有接駁小巴，搭長途巴士到伊斯坦堡要18小時，到安卡拉12小時。市區主街道Atatürk Alanı及Trabzon Meydan Parkı廣場是市內交通的中心，由此有各種共乘巴士可前往主要景點。

DiD YOU KnoW

希臘東正教神秘的朝聖之地

蘇美萊修道院(Sümela Monastery)距特拉布宗市區46公里，隱藏在聳峙險峻的山壁上，底下有溪流與森林環抱，就像一座神秘堅固的堡壘。傳說在西元4世紀末羅馬皇帝狄奧多西一世(Theodosius I)時期，在洞穴中發現聖母瑪麗亞的聖像，便在此處建起修道院。13世紀特拉布宗王國時得到皇室的支持，達到興盛高峰。後來歷經鄂圖曼土耳其帝國占領，但一直是希臘東正教的朝聖之地。到了20世紀，大批的希臘裔居民被遷走，修道院荒廢，近年開啟重修工作。鑿進山壁的岩石教堂是核心建築，繪滿《聖經》故事場景及無數的聖像畫，閃現著動人的氣勢。

張子午攝

張子午攝

張子午攝

張子午攝

鍚瓦斯位於安納托利亞高原的中部與東部之間，海拔1275公尺，在古絲路暢旺的年代，這裡是商旅貿易路線上的重要停靠站。

錫瓦斯
Sivas

在現代土耳其的歷史上，錫瓦斯占有一席之地，第一次世界大戰期間，國父凱末爾就是在這裡的議會擬定計畫，終止列強割據，解放土耳其。目前錫瓦斯仍留存少許塞爾柱時代的建築，近郊有兩處重要的景點，一是名列世界遺產的狄弗利伊大清真寺和醫院(Great Mosque and Hospital of Divriği)；另一個是世界上絕無僅有的Balıklı Kaplıca溫泉，溫泉水裡悠遊著一種有本事耐高溫的小魚，「魚醫生」專治極難斷根的皮膚癬。

溫泉位於Kangal，距離錫瓦斯有一個半小時車程，此地有療養中心。病患一入池，「魚醫生」就迅速自四方聚攏在病患的身邊，輕輕啄食病患身上的皮膚癬，牠們只啄食病人身上患皮膚癬的部位，不會碰觸健康部位的肌膚。

錫瓦斯近郊擁有知名的溫泉魚療養中心，許多皮膚患者不遠千里而來求診。

與伊斯坦堡有航班往返，飛行時間1.5小時。火車站位於市區，長途巴士總站位於市區南邊1.5公里，搭長途巴士到伊斯坦堡要13小時，到安卡拉約7小時，到開塞利約3小時，大部份巴士公司會提供前往市中心的小巴接駁。

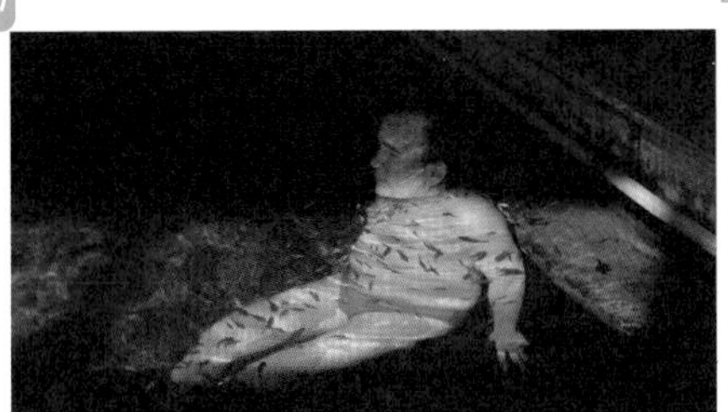

有皮膚癬的困擾找魚醫生就對了！

因為溫泉魚的療效卓著，全球各地的病患總是不遠千里而來，依據Kangal當地療養中心開出的療程所載，病患每天須入池兩次，在溫泉中浸泡兩次的總時數約2~6小時，而這樣的療程須持續進行21天才見效。台灣也有一些溫泉業者引進這種魚醫生，而這裡就是溫泉魚的原鄉。

卡爾斯地處邊陲，風情與其他城鎮大不相同。

張子午攝

卡爾斯四處可見精緻的窗格及欄杆，充滿濃濃的俄羅斯氛圍。

張子午攝

卡爾斯
Kars

卡爾斯位在國境的邊陲，一直到晚近才歸為土耳其，風情迥異於土耳其大多數城鎮。塑造這座城市獨特風貌的因素有兩項：第一是10世紀在此立國的亞美尼亞巴格拉蒂王朝(Bagratids)，鄰近區域絕大部分居民的信仰及文化，都受亞美尼亞強烈影響；第二個因素是俄羅斯，19世紀俄土戰爭時，此地被俄羅斯攻下，一直掌控到20世紀初，整座城市的規劃、房屋的興建，全是在這段期間所進行的，街上可見顏色淡雅的磚造平房，充滿濃濃的異國氛圍，被稱為土耳其的「小俄羅斯」。

卡爾斯在土耳其有「小俄羅斯」之稱。

張子午攝

相較於保存完整的俄羅斯建築，大部分的亞美尼亞教堂及建築都被嚴重破壞，就像是距卡爾斯不遠的阿尼古城遺址，靜靜躺臥在寂靜中，見證曾有的繁榮與滄桑。

機場位於城市南邊6公里處，有班機往返伊斯坦堡和安卡拉，可搭乘Servis Otobüs接駁巴士前往市中心。長途巴士有固定班次往來艾爾茲倫(車程3小時)，至多烏拜亞濟特須先坐車到Iğdır再轉車。市區巴士公司在Faikbey Caddesi街附近有售票辦公室，並提供免費接駁小巴至長途巴士站。市區不大，以方格狀棋盤式規劃，步行十分輕鬆。

張子午攝

在地特產就是這兩味！
卡爾斯的蜂蜜(Bal)和起士(Peynir)都是全土耳其最佳的，大街小巷都有在賣，有機會到此一遊時可別忘了一嚐。

卡爾斯城堡Kars Kalesi

這座城堡最早從巴格拉蒂王朝開始興建，牆上飾有許多亞美尼亞十字架紋飾(Khachkar)及銘文，到了鄂圖曼帝國時代，在原規模又再加築。登上城堡，整座城市便一覽無遺的盡收眼底。

城堡下方的區域過去曾經風華一時，有座橫跨河岸的百年石橋，兩岸各有一座土耳其公共浴池，還有一排豪華宅邸及亞美尼亞教堂，可惜現都已荒廢，只剩斷垣殘壁，透出一股寧靜的氛圍。

隔著一條河岸，卡爾斯城堡盤踞在城市上方，居高臨下。

張子午攝

在卡爾斯漫長的歷史中，這座教堂也隨之有不同的變遷。

張子午攝

庫姆貝特清真寺Kümbet Camii

坐落在城堡下方不遠處，始建於10世紀，原名神聖使徒教堂(Holy Apostles Church)，是唯一保存完整的亞美尼亞古教堂，十字型的中心四周各有半圓的壁龕，圓拱上是尖頂，圍繞著尖頂下的牆面有《聖經》裡12使徒的淺浮雕，造型樸拙有力。

這座教堂在16世紀被鄂圖曼土耳其改建為清真寺，19世紀又被俄羅斯改為東正教教堂，之後荒廢一段時間，現在又成為一座清真寺。可喜的是，經過整修並沒有失去教堂的原貌，保存了亞美尼亞文化曾經存在的痕跡。

阿尼古城Ani

180 TL

阿尼古城位在土耳其與亞美尼亞的邊界，一片地勢險峻的開闊平地，三邊都被山谷與溝壑包圍，易守難攻。它在9世紀時為亞美尼亞王國的首都，因處於戰略及貿易重地，發展迅速，到了11世紀已成為世界上最繁華的都城之一，教堂、修院、宮殿、城堡一座接一座，最高峰的時候城裡約有二十萬居民，可媲美當時的君士坦丁堡，被稱為「一千零一座教堂之城」，2016年被列入世界文化遺產。而今只見滿地瓦礫與殘餘的斷壁，只能在蒼茫的大地中，想像曾經存在的偉大文明。

少數留存的教堂，仍能看到完美的等邊六角形、尖頂三角椎、盾形的廊簷格局。

張子午攝

明暗相間的石牆堆砌展現亞美尼亞典型的建築風格。

張子午攝

殘留的遺址仍可見到精緻的幾何雕刻。

經過蒙古、波斯、鄂圖曼帝國的劫掠、占領，以及近代土耳其與亞美尼亞的衝突與爭議，這座城市幾乎被毀壞殆盡。

張子午攝

DID YOU KNOW

先知就是誕生於此！

張子午攝

在一旁的山丘底下的洞穴，就是傳說伊斯蘭教的先知伊布拉辛(Ibrahim，基督教稱為亞伯拉罕)的出生地，排隊走進裡面，可以飲用神聖的泉水，吸引各地的信徒來此朝聖。

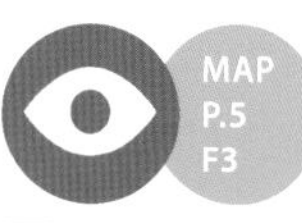

珊樂烏爾法 Şanlıurfa

MAP P.5 F3

烏爾法可說是全土耳其最傳統及保守的城市之一，離敘利亞邊境僅約60公里，此地一直都受到阿拉伯文化強烈影響，走在舊城區可以聽見許多人講阿拉伯語、婦女著黑色罩袍，還有市集聲音、氣味，都洋溢著濃濃的阿拉伯情調。

烏爾法同時也是個重要的朝聖之地，相傳伊斯蘭教的先知伊布拉辛就是在此出生，市內重要的清真寺都位在規劃完善的Golbasi公園內。

長途巴士站位於市區北側約5公里，有班車通往土東各城市，至加濟安提普車程約2小時；至凡城車程約9小時。

張子午攝

走上山坡上可見到古城堡遺跡，兩根羅馬時代柱頭帶著蜷曲植物裝飾，此處是一絕佳的觀景平台，可眺望城市全景。

哈蘭Harran

距烏爾法南方的50公里的哈蘭，是古代美索不達米亞平原地區重要的商業、文化及宗教中心，8世紀時，伊斯蘭世界的第一所大學就是在此成立，將希臘時代的天文、哲學、自然科學、醫學等知識轉譯成阿拉伯文，使重要的西方經典得以保存、延續，促使許多重要的思想發明在伊斯蘭世界進一步完成。

張子午攝

哈蘭在過去千年有著輝煌的歷史。

張子午攝

現在這處遺址只剩幾座牆垣、柱頭及滿地的瓦礫。

蜂窩民宅陰涼舒適

哈蘭鎮上可見造型獨特的「蜂窩」型民居，由泥、乾糞及簡單的支架堆造，這種原始的造屋技術已有千年歷史，具陰涼及散熱效果，使居民得以度過夏日高達50℃的酷熱天候。

張子午攝